歴史を育んだ風土

シリア領内を流れるユーフラテス河

ティグリス河畔の
アッシュル遺跡

クルディスタン

王の佇まい

左・アッカド王頭部像　サルゴン王あるいはナラム・シン王。ニネヴェ出土、前24世紀後半—前23世紀前半、銅、高さ36cm、イラク博物館蔵

右・流水の壺をもつグデア王像　珍しくほぼ完全な姿で、流水の壺をもつ。ギルス地区出土、前22世紀中頃、閃緑岩、高さ62cm、ルーヴル美術館蔵

アッシリアのシャルマネセル3世に跪くイスラエルのエヒウ王　黒色オベリスク（図4—13参照）の上から2段目にあたる

伝ギルガメシュ像　新宮殿の守護神像として、エンキドゥと対で安置された。ドゥル・シャルキン出土、前721—前705年、モスール大理石、高さ470cm、ルーヴル美術館蔵

きらびやかな工芸品

黄金製髪飾り　プアビ后妃の墓（図1—11〔上〕参照）出土、前2600年、黄金、ラピスラズリ、紅玉髄など、ペンシルヴェニア大学博物館蔵

ロゼット文のついた木と山羊　ウル王墓、大死坑出土、前2600年、黄金、銀、ラピスラズリ、銅など、高さ42.6cm、ペンシルヴェニア大学博物館蔵

ライオン頭部像　プアビ后妃の墓の羨道から出土、前2600年、銀、ラピスラズリなど、高さ11cm、幅12cm、ペンシルヴェニア大学博物館蔵

アンズー鳥　シュメル人が創造したライオン頭の霊鳥。マリ出土、前3000年紀前半、ラピスラズリ、黄金、高さ12.8cm、ダマスカス国立博物館蔵

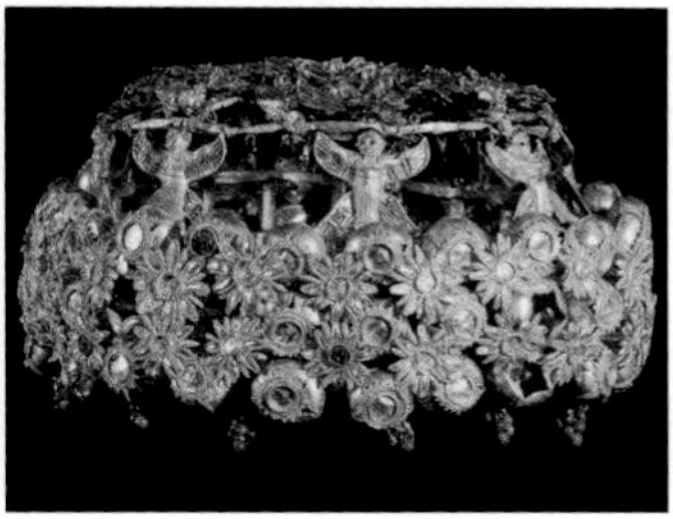

黄金の冠　「ニムルドの秘宝」の1つ。ヤーバ后妃の墓出土、前9—前8世紀、黄金、貴石、イラク博物館蔵

歴史を刻んだ建造物

ウルのジックラト

ドゥル・クリガルズのジックラト　前14世紀に建立。上部は補強され、下部は修復された

イシュタル門　バビロン市の市門の１つ。彩釉（さいゆう）煉瓦で牡牛とムシュフシュ（竜）を表現。ペルガモン博物館（ベルリン国立博物館の１館）蔵

中公新書 2613

小林登志子著

古代メソポタミア全史

シュメル、バビロニアから
サーサーン朝ペルシアまで

中央公論新社刊

はじめに

古代メソポタミア史についてのご質問にお答えします。

Q　古代メソポタミア史とは、いつ頃の歴史でしょうか。

A　紀元前三五〇〇年の都市文明のはじまりから、前五三九年の新バビロニア王国の滅亡までの約三〇〇〇年間の歴史です。ただ長ければ良いということではありませんが、短い歴史にくらべて、ありとあらゆるできごとがつまっていて、おもしろいです。

同じ頃の日本はおおむね縄文《じょうもん》時代です。縄文時代は「平和で豊か」としばしば形容されます。「平和」を否定するものではありませんが、緊張感の少ない島国の一国平和主義の原点が縄文時代にあるのではないでしょうか。

Q　ということは、メソポタミアは戦争が多かったのでしょうか。

A　そうです。メソポタミアはほぼ現在のイラク共和国にあたります。周囲が開けていて、常に異民族が侵入し、政権の担い手がしばしば交代しました。でも、戦争をするだけではありません。対立から共存へと、成文法を整え、口約束ではなく契約を文字にしました。

躍動感のある古代メソポタミア史は、現代人が学ぶべき叡智《えいち》の宝庫です。こうした社会の通史を知ることは、変化を好まない日本という国およびその将来について考える際に、大きなヒントになるでしょう。

Q　メソポタミアは一つの国と考えてよいのでしょうか。

A　メソポタミアは政治的に一つにまとまることはありましたが、元来は南部のバビロニアと北部のアッシリアの二つの地域に分かれていました。

外来勢力の侵攻に対処しつつ、内部ではバビロニア・アッシリアの対立と共存という、緊張関係にありました。こうした厳しい環境こそが、後代の人間への遺産となる普遍的都市文明を生み出したともいえます。

また、バビロニア・アッシリアの対立は、アラブ人が支配する現代のイラクでの「北部はスンニ派」「南部はシーア派」の対立へと、つづいているといえるでしょう。つまり、古代メソポタミア史を知ることは現代イラク情勢を、ひいては中東情勢を理解するための基本にもなります。

Q　古代人も「メソポタミア」といっていたのでしょうか。

A　古代メソポタミア史約三〇〇〇年の歴史に登場する人々は「メソポタミア」の語を使って

いません。メソポタミアを統一したハンムラビ王（前一七九二―前一七五〇年）も「メソポタミアの王」とはいいませんでした。序章で説明しますが、「メソポタミア」の語は後代になってようやく出てきます。

近年、歴史学では原語の表記が尊重されています。しかし原語にしたがって「シュメルとアッカドおよびアッシュルの地の歴史」と書いたら、読者に「それはなに？」といわれてしまうでしょう。「バビロニアとアッシリアの歴史」あるいは「メソポタミアの歴史」の方が、なじみがあると思います。

高校生や一般の読者に古代メソポタミア史の流れをわかりやすく紹介しようというのが、本書の方針です。そこで、世界史の教科書で使われているメソポタミア、アッシリア、バビロニアなどの、よく知られている用語を使うことにしました。

Q　それでは、本書の構成を教えてください。

A　かいつまんでご案内いたします。

「序章　ユーフラテス河の畔、ティグリス河の畔――メソポタミアの風土」で、メソポタミアの地理を扱います。イラクをふくむ西アジアといえば、多くの日本人は砂漠を連想するかもしれません。ところが、メソポタミアは砂漠ではなく、しかも北部と南部ではちがった地理的環境にあることをお話しします。

つづいて第一章から第四章までで、古代メソポタミア史の流れを見ていきます。約五〇〇年ずつに区分できる、起承転結のはっきりした歴史です。

「第一章　シュメル人とアッカド人の時代――前三五〇〇年―前二〇〇四年」では、メソポタミア南部での都市文明のはじまりから約一〇〇〇年間を、考古資料からたどることになります。前二五〇〇年になると、粘土板に楔形《くさびがた》文字シュメル語で書かれた史料が出土し、歴史時代にはいります。活躍するのはシュメル人とアッカド人です。

ちなみに、アラブ人の登場は古代メソポタミア史の終末近くですから、アラビア語の史料はありません。

「第二章　シャムシ・アダド一世とハンムラビ王の時代――前二〇〇〇年紀前半」は、前代の発展を継承した時代です。新たな主役はアムル人です。ハンムラビ王が生きたのはこの時代です。また、この頃からメソポタミア北部の歴史もたどれるようになります。アッシリアのシャムシ・アダド一世（前一八一三―前一七七六年、諸説あり）がハンムラビを凌《しの》ぐ王だったことにもぜひご注目ください。

「第三章　バビロニア対アッシリアの覇権争い――前二〇〇〇年紀後半」の時代は国際交流が活発になります。遠くアナトリアやエジプトなど外部の勢力の動きとも連動して、メソポタミアの歴史が大きく転換していきます。

結末の「第四章　世界帝国の興亡――前一〇〇〇年―前五三九年」で新アッシリア帝国（前

一〇〇〇—前六〇九年）および新バビロニア王国（前六二五—前五三九年）の興亡について話すことになります。

本書では、新バビロニア王国の滅亡後のメソポタミアの歴史も駆け足でたどります。国は滅んでも、メソポタミアで人々は生活していました。次々に異邦人によって支配されるメソポタミアを「**終章　メソポタミアからイラクへ——前五三九年—後六五一年**」で、アラブ人に支配されるまでを扱います。だから、『古代メソポタミア全史』です。

Q　古代メソポタミア史から得られることはなんでしょうか。

A　すでにお話ししましたが、もう一つ例をあげましょう。日本では、日本人の人口が減少し、一方で多くの外国人が日本に住むようになりました。たとえば、将来の日本では「旧日本人」と「新日本人（外国人）」といった表現が使われるかもしれません。アイヌのように、「旧日本人」がきわめて少数になることもありえます。国は滅亡することもあるし、国民が入れ替わることもあります。こうした例を過去に求めれば、古代メソポタミア史こそ最適です。

古代メソポタミア史は最古の歴史です。文明社会の諸要素がすでに出そろっているし、国際社会を生きる人間たちの原像を見ることができます。

四〇〇〇年のたっぷりした時間の流れをたどる、古代メソポタミア全史の醍醐味《だいごみ》をご堪能ください。

目次

はじめに　i

序章　ユーフラテス河の畔、ティグリス河の畔
――メソポタミアの風土　1

一　メソポタミアとは　3
二　メソポタミア南部の先史時代　14

第一章　シュメル人とアッカド人の時代
――前三五〇〇年―前二〇〇四年　19

一　シュメル人の都市国家　21
二　ウルク市――文字が生まれた都市　27
三　ウル王墓の謎　34
四　ラガシュ市――シュメル学ここにはじまる　38

五　アッカド王朝——最初の統一国家　50
六　ウル第三王朝——シュメル人の最後の統一国家　64

第二章　シャムシ・アダド一世とハンムラビ王の時代
——前二〇〇〇年紀前半　83

一　アッシリアの歴史はじまる　85
二　アナトリアへ出かけたアッシュル商人　91
三　シャムシ・アダド一世のアッシリア　98
四　群雄割拠のイシン・ラルサ時代　108
五　ハンムラビ王の統一　117

第三章　バビロニア対アッシリアの覇権争い
——前二〇〇〇年紀後半　137

一　謎の強国ミタンニ王国——前一六世紀末期から前一四世紀中期まで　140
二　「アマルナ文書」が語る時代——前一四世紀中期　153

三　大国の仲間いりを果たしたアッシリア――前一四世紀後半以降　162
四　カッシート王朝のバビロニア支配　173
五　ネブカドネザル一世のイシン第二王朝　186

第四章　世界帝国の興亡――前一〇〇〇年―前五三九年――191
一　世界帝国の成立　195
二　先帝国期――前九世紀　198
三　帝国期の幕開け――前八世紀後半　209
四　絶頂期――前七世紀　220
五　文武両道のアッシュル・バニパル王　228
六　バビロニア最後の煌き――新バビロニア王国　239

終　章　メソポタミアからイラクへ――前五三九年―後六五一年――255
一　アケメネス朝ペルシア帝国のバビロニア征服　257
二　ギリシア人の支配　265

三　アルサケス朝パルティア対ローマ　268
四　サーサーン朝のメソポタミア経営　273

あとがき　280

主要参考文献　289
図版引用文献　293
索　引　304

古代メソポタミア全史見取り図

前　年紀	メソポタミア南部	メソポタミア北部	
5500	ウバイド文化期		序章
4000後半 3000	ウルク文化期 ジェムデット・ナスル期 初期王朝時代		第1章
	アッカド王朝	アッカド王朝	
	ウル第3王朝	ウル第3王朝	
2000前半	古バビロニア イシン・ラルサ王朝 バビロン第1王朝	古アッシリア	第2章
2000後半	中バビロニア カッシート王朝 イシン第2王朝	中アッシリア ミタンニ王国 中アッシリア	第3章
1000前半	新アッシリア	新アッシリア	第4章
	新バビロニア	新バビロニア	
1000後半	アケメネス朝 アレクサンドロス3世 セレウコス朝 アルサケス朝 ローマ帝国 サーサーン朝	アケメネス朝 アレクサンドロス3世 セレウコス朝 アルサケス朝 ローマ帝国 サーサーン朝	終章

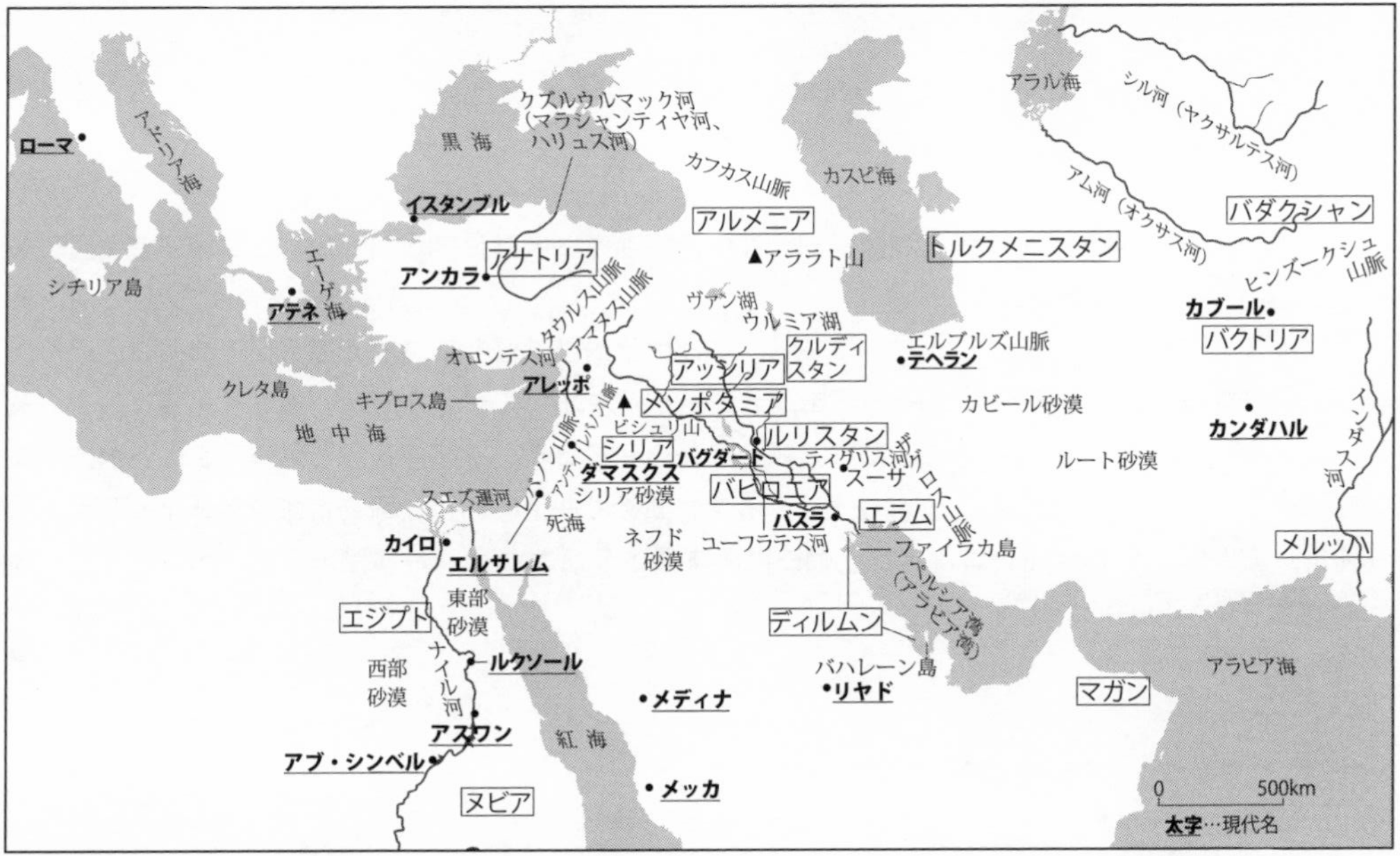

ローマ
アドリア海
シチリア島
アテネ
エーゲ海
イスタンブル
黒海
クズルウルマック河
（マラシャンティヤ河、
ハリュス河）
アナトリア
アンカラ
クレタ島
キプロス島
地中海
オロンテス河
タウルス山脈
アマヌス山脈
アレッポ
レバノン山脈
アンティレバノン山脈
ビシュリ山
シリア
ダマスクス
シリア砂漠
スエズ運河
死海
カイロ
エルサレム
東部
砂漠
エジプト
西部
砂漠
ナイル河
ルクソール
アスワン
アブ・シンベル
ヌビア
紅海
メディナ
メッカ
ネフド
砂漠
カフカス山脈
アルメニア
アララト山
ヴァン湖
ウルミア湖
アッシリア
クルディ
スタン
メソポタミア
バグダード
ルリスタン
ティグリス河
ザグロス山脈
スーサ
バビロニア
バスラ
エラム
ユーフラテス河
ファイラカ島
ペルシア湾
（アラビア湾）
ディルムン
バハレーン島
リヤド
カスピ海
トルクメニスタン
エルブルズ山脈
テヘラン
カビール砂漠
ルート砂漠
アラル海
シル河（ヤクサルテス河）
アム河（オクサス河）
バダクシャン
ヒンズークシュ
山脈
カブール
バクトリア
カンダハル
インダス河
メルッハ
マガン
アラビア海
0
500km
太字…現代名

凡例

＊地名、人名などの表記はよく知られている呼称を採用し、おもに日本オリエント学会編『古代オリエント事典』岩波書店、二〇〇四年を参照した。

＊人名のうち、王名の後は在位年、そのほかの人名の後は生没年を表す。

＊年代は諸説あるが、本書はおもに『古代オリエント事典』による。歴史時代の王の在位年、できごとの年代などの絶対年代は「頃」を省略した。

＊［……］は原文欠損を示す。

＊図版引用資料の材質（石の種類など）や寸法などは引用文献の記載をおもに採用した。

序章
ユーフラテス河の畔、ティグリス河の畔
――メソポタミアの風土

メソポタミア南部（上）と北部（下） メソポタミア最南部のペルシア湾付近の湿地に見られる葦小屋と、羊が放牧されている、メソポタミア北部のモスール市北西の丘陵地

一　メソポタミアとは

交通の大動脈、ユーフラテス河

世界最古の都市文明が興ったのは、ユーフラテス河（口絵1上）の畔《ほとり》であった。

ユーフラテス河はその大部分がイラク共和国に属していて、アナトリアつまり現在のトルコ共和国東部の、アララト山付近の水源から、シリア・アラブ共和国を通過して、河口付近の都市バスラまで、約二八〇〇キロメートルもある。西アジア最長の河川がユーフラテス河で、交易の大動脈であった。このことはユーフラテス河の別名として、シュメル語で「銅（ウルドゥ）河」と呼んだことが物語っている。文明生活を営むには金属が必要で、人類が利用した最初の有用な金属は銅であった。銅の鉱石がイラン・イスラーム共和国方面からペルシア湾（アラビア湾ともいう）を経由して、ユーフラテス河を遡《さかのぼ》って運ばれていたのである。

陸上交通以上に船舶交通が発達していて、河川をさかんに行き交う船の衝突もあったので、『ハンムラビ法典』（第二章参照）第二四〇条には、河を遡る船の責任が明記されている。

ユーフラテス河畔には前四〇〇〇年紀後半からシュメル人が築いた諸都市が発達した。古代オリエント世界第一の都市と謳《うた》われたバビロン市（現代名バビル、カスル、メルケスほか）もまたこの河の畔で前一八〇〇年頃から繁栄した。

序―1　トルコ領内を流れるユーフラテス河

序―2　河船の模型　この形の小船は今もマーシュ・アラブが使っている。ウル王墓789号墓出土、前2600年頃、銀、長さ64cm、イラク博物館蔵

また、ユーフラテス河はメソポタミア防衛の長い濠《ほり》の役割も果たし、西方からの勢力がユーフラテス河を「国境の河」と見ていたことは、この後で何度か話すことになる。

「暴れ河」ティグリス河

ユーフラテス河よりも東方を流れるティグリス河は、水源から河口まで一九〇〇キロメートルと、ユーフラテス河に比較して短く、トルコを発して、ごくわずかな距離だが、シリア領を通過し、イラクを流れていく。支流が山地から直接本流に流れ込むので水位が急増する。このために、しばしば大洪水を起こし、古来「暴れ河」として有名であった。

アッシリア王国の古都アッシュル市（現代名カラト・シャルカト。口絵1中）やニネヴェ市（ヘブライ語名。古代名ニヌア、現在のモスール市東岸。本章扉図（下））などはティグリス河畔に発展した。現在のイラクの首都バグダード市もティグリス河畔にある。

両河ともに、山中の水源から流れ出て、平原に降りてアッシリアの石灰岩の岩盤地帯を通過していく。ここでは古代からほとんどその流れは変わっていない。

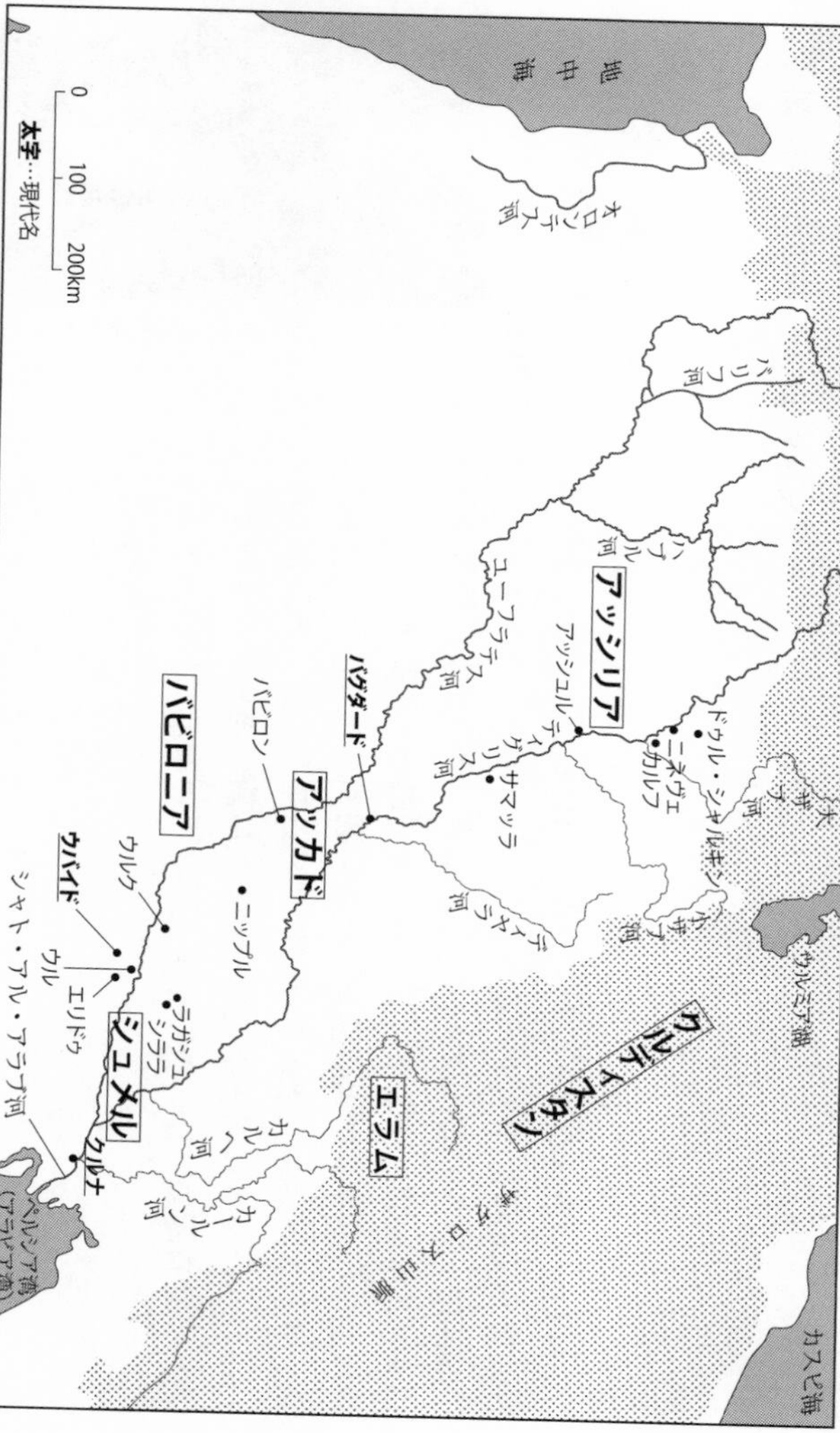
地中海
オロンテス河
バリフ河
ハブル河
ユーフラテス河
アッシリア
アッシュル
ティグリス河
ドゥル・シャルキン
ニネヴェ
カルフ
大ザブ河
小ザブ河
サマッラ
ディヤラ河
バグダード
バビロン
バビロニア
アッカド
ニップル
ウルク
ウバイド
ウル
エリドゥ
ラガシュ
シララ
シュメル
クルナ
シャト・アル・アラブ河
カルヘ河
カルン河
エラム
クルディスタン
ザグロス山脈
ウルミア湖
カスピ海
ペルシア湾
（アラビア湾）
0
100
200km
太字…現代名

序—3　序章関連地図

序―4　バグダード市内を流れるティグリス河

両河の水源地方は冬に雪が降り、春になると雪解け水となって増水し、ときには洪水となった。

『大洪水伝説』

メソポタミアで災害といえば、洪水であった。瞬時に家、人、家畜および作物が押し流されてしまい、理不尽この上ないことである。現代人は洪水の理由がわかっているが、古代人はちがっていた。古代人は洪水の原因は神々が人間を滅ぼすため、と考えた。前二〇〇〇年紀前半の粘土板では、神々の会議で決定された大洪水は避けがたいものの、同時に助けてくれる神もいて、復活再生につながる物語に『大洪水伝説』は仕立てあげられている。多くの人々が一度ならず大洪水にあい、その都度立ちあがっていったからこそ、物語が書き継がれていったのであろう。『大洪水伝説』は、『ギルガメシュ叙事詩』（後述）などに採用され、『旧約聖書』の「ノアの大洪水」（「創世記」六―八章）に継承されている。

「（両）河の間の地」メソポタミア　ユーフラテス河とティグリス河の間、つまり「（両）河の間の地」を意味するギリシア語が

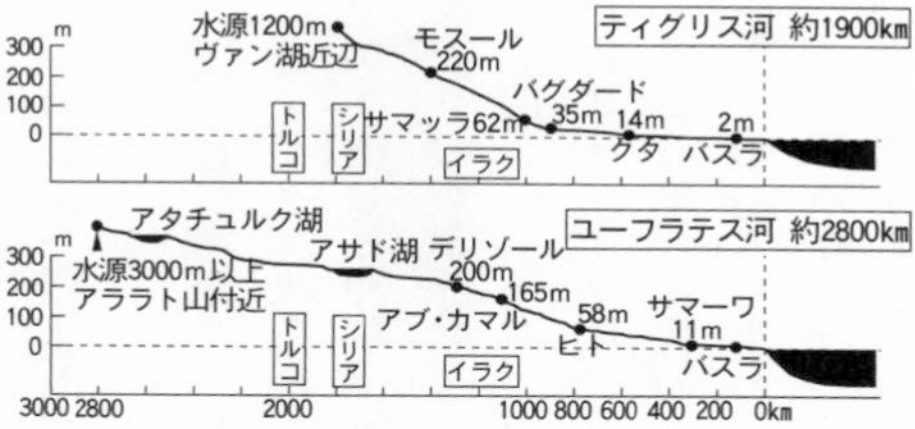

序－5　両河の流れ

序－6　『ギルガメシュ叙事詩』第11書板　『旧約聖書』「創世記」の「ノアの大洪水」に先行する大洪水の話が書かれていることで、一般の人たちにも注目された粘土板。大英博物館蔵

「メソポタミア」である。ギリシア人の歴史家ポリュビオス（前二〇〇？―前一二〇年）の『歴史』やギリシア人の歴史・地理学者ストラボン（前六四／六三―後二三年以降）の『地理誌』はメソポタミア北部のことをメソポタミア、そしてメソポタミア南部をバビロニアと呼んでいる。だが、ローマの政治家で博物学者の大プリニウス（後二三？―七九年）の頃になると、両河の流域全体を通じてメソポタミアと呼ぶようになった。

　メソポタミアは大きく二つの地方に分けられる。バグダードの北方を境として、北部がギリシア語で「アッシュルの地」を意味するアッシリア、南部が「バビロンの地」を意味するバビロニアである。

　メソポタミアの北方は両河の水源のあるアナトリア東部の山岳地

帯、南方はペルシア湾である。東方はザグロス山脈、西方はシリア砂漠で、異民族が南方を除く三方面から侵入してきた。

「バビロンの地」バビロニア

メソポタミア南部、つまりバビロニアはユーフラテス河とティグリス河が押し流してきた泥土が堆積《たいせき》した沖積平野である。この地域では両河の河床が高く、天井川になっていて、蛇行し、たびたびの洪水によって流路がかなり変化した。ニップル市（現代名ヌファル、図序―7）を境に北部をアッカド、南部をシュメルと呼んだ。シュメルはペルシア湾付近の低地帯で、ここから古代メソポタミア文明ははじまった。

ところで、古代のユーフラテス河は現在の位置よりもかなり東寄りに流れていたが、流路が西方に動いてしまった。地図に、現代のユーフラテス河を描き込んで、古代都市遺跡を記入すると、河の畔ではなく、東方に離れて位置づけられることになる。

現在、両河はクルナで合流し（図序―8）、シャト・アル・アラブ河一本になってペルシア湾に注いでいるが、このあたりは葦《あし》の茂る湿地帯で、交通も船が主体となっている。

両河の合流点クルナよりもやや北方で、一八五五年五月二三日、メソポタミア考古学史上忘れられない、「クルナの災難」といわれる大きな事故が起きた。フランス調査隊がアッシリア彫刻などの遺物をボートや革袋の筏《いかだ》に乗せてティグリス河を下った。バスラ市まで輸送される

序—7　ニップル市の地図　現代名ヌファルを、名前の類似からニップルと見当をつけて、19世紀末にペンシルヴェニア大学が発掘を開始した。シュメル語で書かれた文学作品をふくむ約３万枚の粘土板文書が発見され、そのなかにこの地図があった。地図の真ん中にニップル市と書かれ、エンリル神を祀ったエクル神殿も記されている。城門の名前がくわしく書かれていることから軍事目的に利用されたようだ。この地図は実際の発掘作業に利用されるほど正確だった。ニップル出土、前1500年頃、縦21cm、横18cm、フリードリッヒ・シラー大学ヒルプレヒト・コレクション蔵

途中、アラブ人の襲撃を受けたともいうが、貴重な遺物が二〇〇箱以上も沈没してしまった。後日談があって、一九七一年、イラク考古総局、日本オリエント学会、中日新聞社の三者が、江上波夫《えがみなみお》団長の下に沈没地点を調査したが、水没文化財の発見にはいたらなかった。

湿地帯（図序—9）は、二〇一六年に「南イラ

序―8　両河の合流点

序―9　湾岸戦争以前の湿原

クのアフワール―生物の避難場所と古代メソポタミアの都市景観の残影」として、ユネスコ世界遺産（複合遺産）に指定された。アラビア語で湿地を意味するアフワールとともに、ウル市（現代名テル・アル・ムカイヤル）、ウルク市（現代名ワルカ）そしてエリドゥ市（現代名アブ・シャハライン）の三遺跡も登録された。

現在、湿地に住んでいる人々は「マーシュ・アラブ（湿地のアラブ人）」と呼ばれ、七世紀のアラブ人の征服活動とともにはいってきたアラブ人の末裔《まつえい》だが、その暮らしぶりにはシュメル人の時代からの名残が、たとえば葦小屋（本章扉図〔上〕）などに見られるという。

水辺の風景――シュメルの風土

シュメル地方のペルシア湾付近が、湿地であることを表す「謎々」がある。ラガシュ市のラガシュ地区（現代名アル・ヒバ）の発掘が、メトロポリタン美術館とニューヨーク大学とによって一九六八年からはじまり、多数の粘土板文書などが出土した。このなかに前二四世紀頃の、世界最古の「謎々」があった。当時の学校の教材で、都市名などを覚えさせるために工夫され「謎かけ」形式になっている。この「謎かけ」は、たとえば、「その運河はシララギン、その（守護）神は気高いナンシェ女神、その魚は『人を喰《く》う』、その蛇は［……］」と、書かれている。

運河名と守護神名につづいて、魚と蛇の名前があげられ、都市名を当てるようにできている。シララギン運河とは、「シララ地区に流れる」運河の意味で、守護神がナンシェ女神（図序―10）である。「その」とはどこかとの問いかけで、答えは「シララ（あるいはシララン、ニナ。現代名スルグル）地区」になる。

序―10　ナンシェ女神　ナンシェは魚や鳥を司る古いシュメルの女神。ニップル出土、アッカド王朝時代かそれ以前、石灰岩、高さ4cm、ペンシルヴェニア大学博物館蔵

シュメル地方はペルシア湾に近く、運河が張り巡らされ、夏は高温になる湿地には、さまざまな種類の魚や蛇が棲息《せいそく》していた。魚と蛇はトーテムであったとも考えられている。トーテムとは特定の社会集団と、婚姻や禁忌などについて、特別な関係をもつ自然物を指す。

現代のマーシュ・アラブはイスラーム教の唯一神を信じて

いるが、シュメル人にはじまる古代メソポタミア史に登場する人々は、数多《あまた》の神々を祀《まつ》っていた。

キエンギ（ル）とキウリ

シュメル人自身は自らが住んでいる地方を「シュメル」とは呼ばなかった。「シュメル」は後代のアッカド語で、シュメル人自身は「キエンギ（ル）」と呼んでいた。一方、「アッカド」はシュメル語で「キウリ」という。まとめるとアッカド語の「シュメルとアッカド」はシュメル語では「キエンギとキウリ」といい、シュメル人も、アッカド人も「バビロニア」とは呼ばなかった。

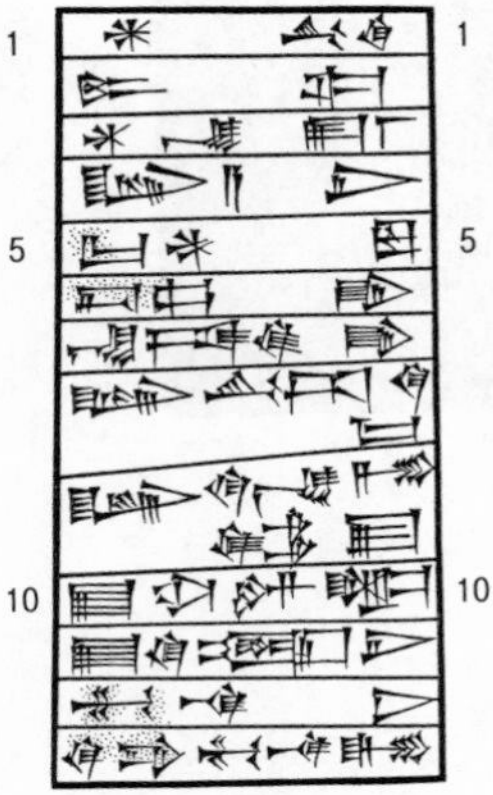

1	ナンナ神、
	エンリル神の長子（にして）、彼の王のために、
5	ウルナンム、
	強き男、
	ウルク市の主人、
	ウル市の王、
	キエンギとキウリの王は、
10	エテメンニグル、
	彼の愛する神殿を
	建立し、
	再建した。

序―11 キエンギとキウリの王　ウルナンム王の王碑文9行目に「キエンギとキウリの王」と書かれている

「キエンギ」とは、以前の学説では、シュメル語で「葦（ギ）の主人（エン）の土地（キ）」の意味と説明されていた。ペルシア湾付近の湿地には、竹を思わせるような太い葦もはえていて、小屋や船の建材などに古代から現代にいたるまで利用されているので、この解釈は正しいと思われていた。

ところが、「キエンギ」は正しくは「キエンギル」で、末尾の子音が落ちた語との説が有力となり、現在ではこの説が受けいれられている。では、「キエンギル」とはなにかと問われると、特定できていないし、「キウリ」の意味も特定されていない。

「アッシュルの地」アッシリア

メソポタミア南部とちがった地理的な環境にあるのが、アッシリアである。「アッシュルの地」を意味するギリシア語がアッシリアであり、バグダードよりも北方のメソポタミア北部を指す。アッシュルの語源はわからない。

アッシリアの中核部分は、クルディスタン山地（口絵1下）とティグリス河と小ザブ河に囲まれた逆三角形で、「アッシリアの三角形」といわれる。アッシリア王国の首都であったアッシュル市、カルフ市（現代名ニムルド）、ドゥル・シャルキン市（現代名コルサバード）そしてニネヴェ市は、いずれもこの三角地帯に位置した。

ティグリス河の水は通年で涸《か》れることなく流れているが、アッシリアの農業はほとんど春の降雨に依存していた。なだらかな平原と険しい丘陵地の広がるなかに、都市や村落が営まれ、大麦、小麦の畑や果樹園を背景に、牧畜の風景が見られる。こうした景観は古代から現代にいたるまで、あまり変わらないという。

アッシリアは地理的に有利な条件に恵まれていた。沖積平野のバビロニアにはありえない石灰岩、砂岩および大理石の一種である雪花石膏《せっかせっこう》(アラバスター)のような石材をいつでも入手できた。この石材を新アッシリア帝国(前一〇〇〇—前六〇九年)の浮彫彫刻は利用していた。

また、前五〇〇〇年よりも以前から、交易がおこなわれていた。たとえば、金属が普及する以前には、ガラス質の火山岩で、切れ味の良い刃物をつくれる黒曜石の需要が多かった。そこで、黒曜石の主産地アナトリアへの交易網が発達していた。

二 メソポタミア南部の先史時代

古代メソポタミア史の編年

地図と年表があれば、歴史の勉強は一人でもできるといわれるが、古代メソポタミア史では、古代の地名が現在のどこかわからないこともあるし、年代もまた諸説ある。

前三〇〇〇年紀(前三〇〇〇—前二〇〇一年)から前一〇〇〇年紀前半の相対年代、つまり王の即位順や治世年数は、『シュメル王朝表』(『シュメル王名表』ともいう)など、いくつかの王名表が残っていることで、ある程度確定しているが、前三〇〇〇年紀の編年は確実ではない。

西暦で何年かといった、絶対年代の確定には、天文観察記録を用いるが、前三〇〇〇年紀の記録は残されていない。それでも、前二〇〇〇年紀になると有力な記録がある。バビロン第一王朝第一〇代アンミ・ツァドゥカ王治世の二一年間にわたる「金星観測記録(ヴィーナス・タブレット）」（新アッシリア時代の写本）である。天体現象は規則的だから、天文学上の計算でその年を西暦に置き換えられる。いくつかの説が提案され、「高年代」「中年代」および「低年代」の三つが残った。例をあげると、アンミ・ツァドゥカ治世一年が、それぞれの説で前一七〇二年、前一六四六年および前一五八二年になる。アンミ・ツァドゥカ治世が「中年代」説で、前一六四六—前一六二六年となると、それによって、たとえば第六代ハンムラビ王治世は前一七九二—前一七五〇年と確定されることになる。

メソポタミア史では、「中年代」説が一般的に使われているが、仮説であり、また近年低年代が採用されている例がふえている。

二つの国の興亡の歴史

アッシリアとバビロニアの両方が、一人の王の下に支配されたことは一度ならずある。しかし、メソポタミアの歴史は基本的に同一文化圏の二つの国、アッシリアとバビロニアの興亡の歴史である。アッシリアが、本格的に歴史に登場するのは前二〇〇〇年を過ぎてからで、第二章から登場する。

そこでまず、先に文明社会を形成していたメソポタミア南部の歴史から見ていくとしよう。

序―12　野生山羊が大胆なデザインで描かれた彩文土器断片
ラガシュ市ギルス地区出土、前4000年紀中頃

灌漑農耕の開始

すでに前八〇〇〇年頃には、ザグロス山脈の山麓《さんろく》地帯で雨水に頼る天水農耕がはじまった。天水農耕では年間降水量が二〇〇ミリメートルは必要であった。このため降水量が一五〇ミリメートルと少ないメソポタミア南部では天水農耕は無理だった。

前七〇〇〇年紀末から前六〇〇〇年紀前半に、メソポタミア中部で展開したサマッラ文化期には灌漑《かんがい》設備が発見されている。前六〇〇〇年紀後半になると、メソポタミア南部の乾燥地帯で大麦の栽培で安定した収穫を得られるようになり、新しい文化も灌漑による農耕がはじまり、が生まれた。これがウバイド文化である。

ウバイド文化期

メソポタミア南部に、人々が最初に定住したのはウバイド文化期（前五五〇〇―前三五〇〇年）である。ウバイドとは、ウル西方六キロメートルに位置する遺跡名である。ウバイド、エリドゥなどの遺跡からは濃い茶褐色の文様を特徴とする彩文土器が出土している。ウバイド文化の担い手は特定されていない。

前六〇〇〇年紀のウバイド文化期からはじまるエリドゥは、都市国家のなかで、もっとも古い都市の一つである。エリドゥでは、都市神、つまり都市の最高神で、理念上の王と考えられるエンキ神の神殿（図序—13）が、ウバイド文化期からウル第三王朝時代（前二一一二—前二〇〇四年）まで、同一の場所で連続して建てかえられ、時代を追って拡大された。

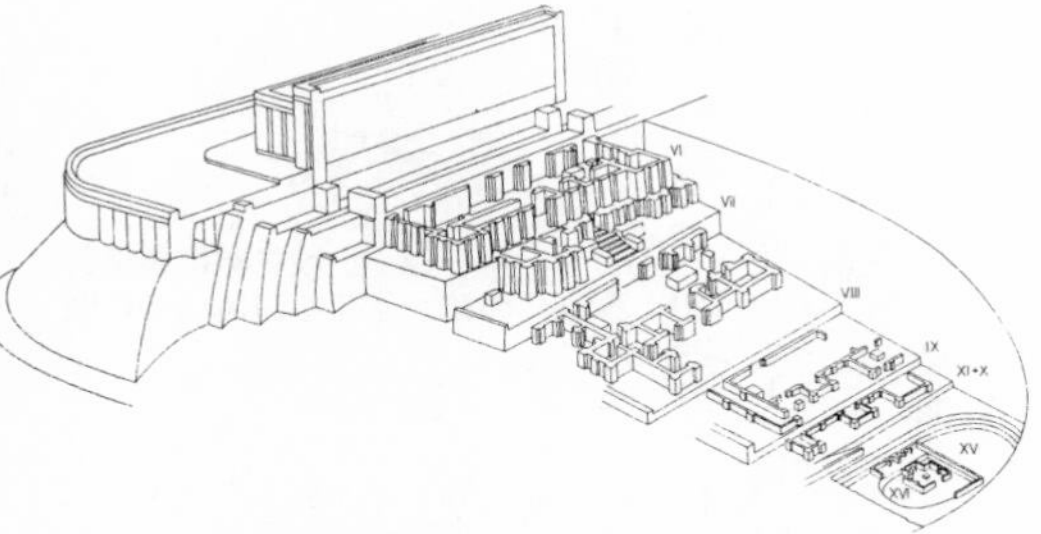

序—13　エンキ神の神殿　エリドゥの遺跡。ウバイド文化期のXVI—VI層の神殿の連続した発展がわかる

豊作が約束される土地

ユーフラテス河とティグリス河が押し流してきた泥土が堆積してできた、メソポタミア南部の豊かな土壌は、人々が工夫し、努力することで、豊作がもたらされた。このことは前二〇〇〇年紀前半にシュメル語で書かれた『農夫の暦』からもわかる。

『農夫の暦』は一年間にわたる麦耕作の農業技術書だが、前三〇〇〇年紀に遡る技術と考えられている。灌漑をほどこし、耕作には牛に犂《すき》をひかせ、条播器《じょうはき》（種蒔《たねま》き用の器具）を使うなどの、知恵、創意工夫、そして努力があれば、豊作は約束された。ちなみに、有用な牛は家畜を代表し、一方野生の獣を代表したのがライオンで、両者はメソポタミア美術で一貫して扱われている。

序―14　上段右端に条播器付きの犂が見える円筒印章影図

さて、驚異的なのは大麦の収穫量が多かったことである。初期王朝時代（前二九〇〇―前二三三五年）末期には、蒔いた一粒の大麦が収穫時に七六・一粒、ウル第三王朝時代には三〇粒と、算出されている。九世紀はじめのシャルル・マーニュ（カール大帝、七四七―八一四年）のフランス北部の荘園《しょうえん》では、一粒の麦を蒔いても、平均二粒しか収穫できなかったという。シュメル地方で、時代が約二〇〇〇年下ると、大麦の収量倍率（播種量に対する収量比）が下がった理由は、土壌の塩化であった。

シュメル地方では塩分に弱い小麦は初期王朝時代から稔《みの》らず、ウル第三王朝時代になるとエンメル小麦さえも稔らなくなった。エンメル小麦は穂の小花に実が二つつく二粒系で、初期の農耕では栽培されたが、現在ではもう栽培されていない。それでも、ほかと比較して豊かな大麦の収穫は、メソポタミア南部に建国する国の経済的な基盤であった。

周囲が開けているメソポタミアでは、異民族の侵入が繰り返された。不毛な土地ならば、誰も侵入しない。穀物のよく稔る、豊かな土地で、両河とペルシア湾を結ぶ交通路を利用した交易活動はさらなる富を生み出した。このため何度も容易に異民族が侵入することになったのである。

次章は、シュメル人とアッカド人が活躍する時代で、メソポタミア史のはじまりである。

第一章
シュメル人とアッカド人の時代
――前3500年―前2004年

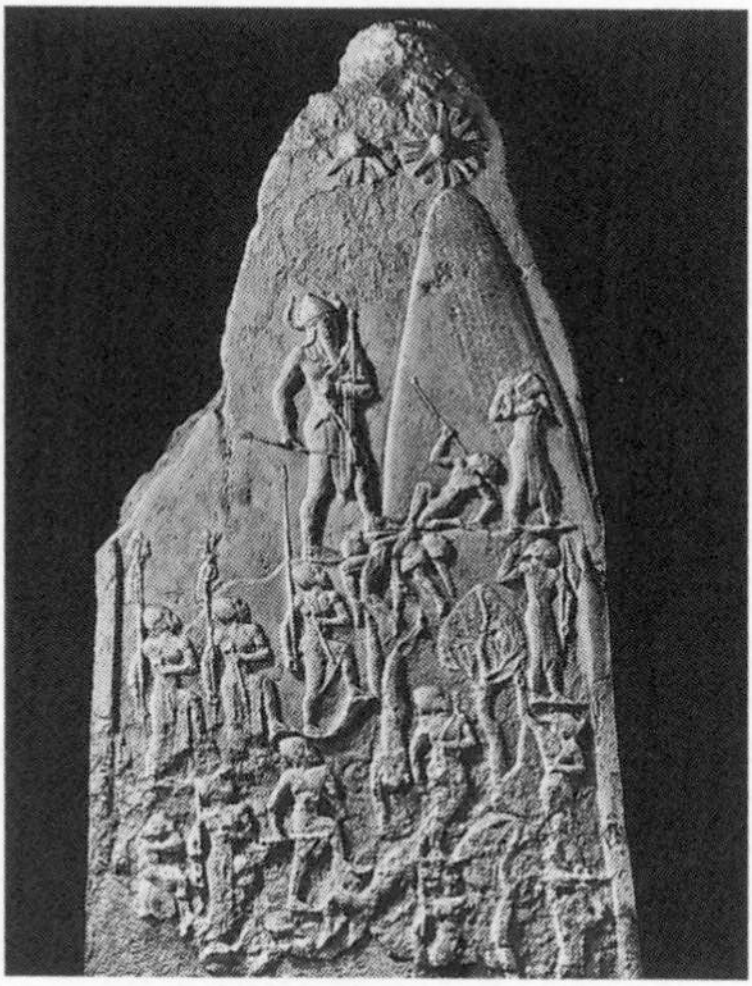

神格化されたナラム・シン王（左・写真、右・王像の線画） 碑中央に立つのが、ザグロス山脈方面の山岳民族ルルブ人征伐に赴いたナラム・シン（線画参照）。王の頭上には神格化を物語る特大の角のついた兜、手には弓と戦闘斧をもち、山岳地方への遠征なのでサンダルをはいている。画面右上方にはザグロス山脈、下方の森林地帯のなかを敵が逃げまどう。1000年以上も後代に、この碑をエラム王国のシュトルク・ナフンテ１世（第三章参照）が戦利品とした。ナラム・シンの王碑文は摩滅してしまったが、シュトルク・ナフンテが、インシュシナク神に奉献した旨を記したエラム語の王碑文が残っている。スーサ出土、前2254―前2218年、赤色砂岩、高さ約２m、ルーヴル美術館蔵

年代	事項
3500	**ウルク文化期**(—3100)
	ウルク古拙文字の発明
3100	**ジェムデット・ナスル期**(—2900)
2900	**初期王朝時代**(—2335)
	第I期　(2900—2750)
	第II期　(2750—2600)
	第IIIA期　(2600—2500)
	第IIIB期　(2500—2335)
2750	キシュのメバラシ(エンメバラゲシ)
2600	ウル王墓
2500	**ウルナンシェ王朝**(ラガシュ第1王朝)(−2350)
2400	ラガシュのエンメテナがウルクのルガルキニシェドゥドゥと同盟締結
2340	ラガシュのウルイニムギナがウンマのルガルザゲシに敗北
2340	ウルクのエンシャクシュアンナが統一を志向
24世紀後半	ルガルザゲシ(ウンマ、ウルク)がシュメル統一
2334	**アッカド王朝時代**(—2154)
	サルゴン(2334—2279)がシュメルとアッカドを統一
	リムシュ(2278—2270)
	マニシュトゥシュ(2269—2255)
	ナラム・シン(2254—2218)がアッカド王朝の版図を最大にする
	シャル・カリ・シャリ(2217−2193)
22世紀中頃	グデア支配のグデア王朝(ラガシュ第2王朝)の繁栄
22世紀後半	ウトゥヘガル(ウルク)がグティ人の支配からシュメル解放
2112	**ウル第3王朝時代**(—2004)
	ウルナンム(2112—2095)
	シュルギ(2094—2047)治世が最盛期
	アマル・シン(2046—2038)
	シュ・シン(2037—2029)
	イッビ・シン(2028—2004)
2004	ウル第3王朝がエラムの侵攻で滅亡

都市国家から統一国家へ

メソポタミアの歴史時代は都市文明が成立した**ウルク文化期**（前三五〇〇―前三一〇〇年）からはじまる。担い手は民族系統不詳のシュメル人である。ついで**ジェムデット・ナスル期**（前三一〇〇―前二九〇〇年）、そして**初期王朝時代**（前二九〇〇―前二三三五年）とつづく。

都市国家の分立状態をおわらせ、最初の統一国家をつくったのは、セム語族（古代オリエントの言語の多くが属し、現在も使用されている。本章第五節参照）のアッカド人が建てた**アッカド王朝**（前二三三四―前二一五四年）で、その後シュメル人の**ウル第三王朝**（前二一一二―前二〇〇四年）がつづく。

一　シュメル人の都市国家

都市文明の成立――ウルク文化期

ウバイド文化期の後期には大きな町が成立し、交易も活発になった。地方から都市への集住が都市国家を誕生させた。

ウルク文化期は都市文明成立の時代で、担い手はシュメル人であった。

都市は城壁で囲まれ、都市とその周辺には数万人が集住した。直接食糧生産に従事しない、さまざまな職業の人も多くなり、王を頂点とする階級が生まれた。

広い沖積平野がつづくメソポタミア南部では、高度な灌漑農業が営まれたが、鉱物、石材そして木材に恵まれていなかった。不足する物資を手にいれるために、この地でよく稔る大麦などを代価として、ほかの地方と経済的な関係をもたざるをえなかった。文明のはじまりから、内向きでは生き残れず、外部との関係が不可欠であった。

こうした地域全体が共通の経済観念をもっていたにちがいなく、その証拠に文字の祖型とされるトークン（後述）、数字が記された粘土板や円筒印章が、広範囲に出土している。

大規模な行政組織と複雑な社会を維持する都市文明の生活様式は、次第に周辺地域に普及し、

1—1　（上）先頭の山羊とそれにつづく２頭の羊　「ウルのスタンダード」饗宴の場面中段。**（下）ユーフラテス河の畔での羊の放牧**　黒い山羊が混ざっている。家畜の群れを制御する技術の１つが「先頭の山羊」である。羊はおとなしいので、性格の激しい山羊を群れに混ぜてやると、山羊が先頭に立ち、羊はその後についていく。羊飼いは山羊を制御すれば、羊の群れ全体を制御できることになり、シュメル人の時代の技術を現在の西アジアでも見ることができる

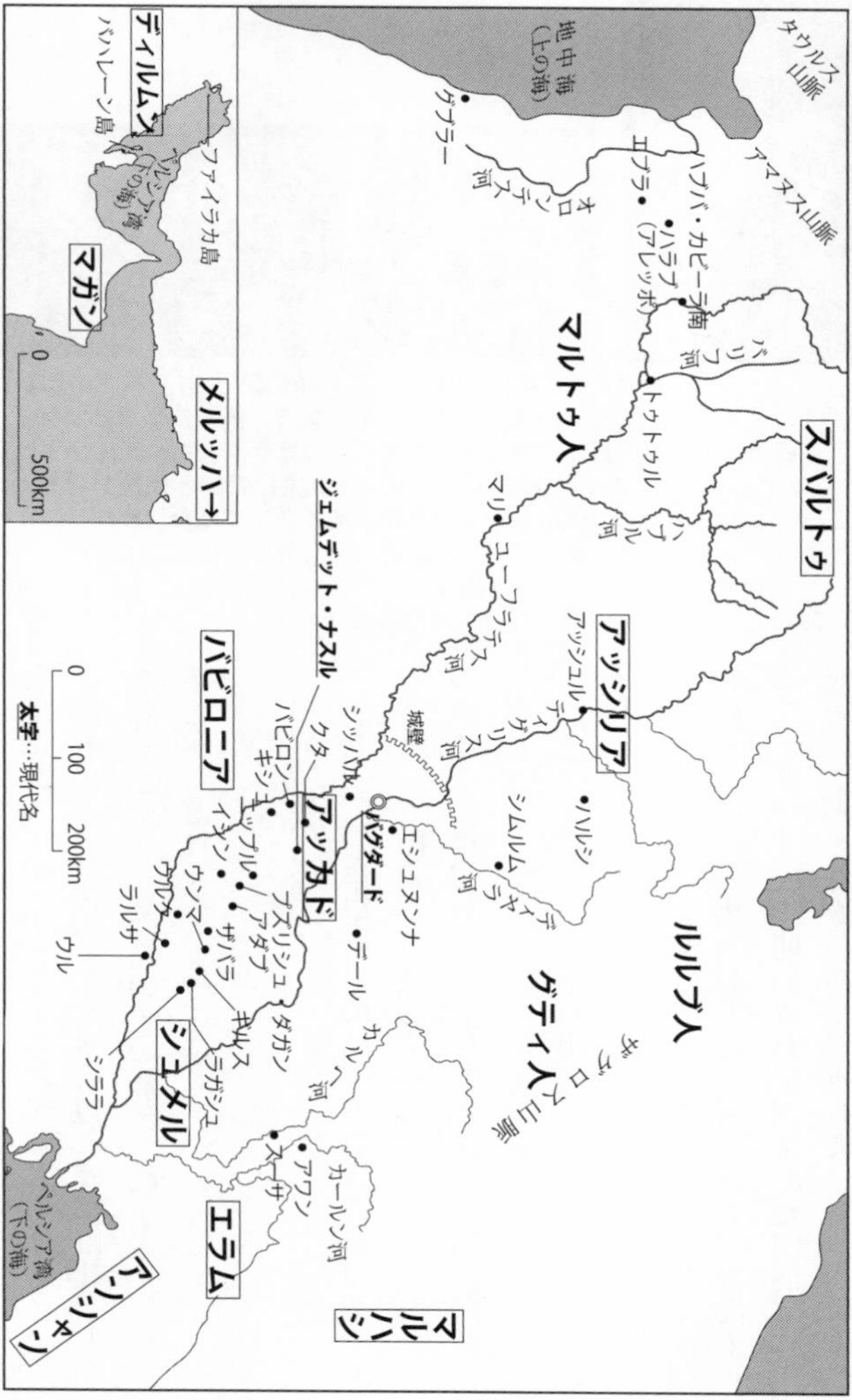
地中海（上の海）
タウルス山脈
アマヌス山脈
グブラー
エブラ
ハブバ・カビーラ南
ハラブ（アレッポ）
オロンテス河
マルトゥ人
バリフ河
トゥトゥル
マリ
ハブル河
スバルトゥ
ユーフラテス河
アッシリア
アッシュル
ティグリス河
城壁
ハルジ
シムルルム
ディヤラ河
ルルブ人
グティ人
ザグロス山脈
ジェムデット・ナスル
シッパル
クタ
バビロン
キシュ
バビロニア
アッカド
バグダード
エシュヌンナ
デール
イシン
ニップル
プズリシュ
アダブ
ウンマ
ザバラ
ウルク
ラルサ
ウル
ギルス
ラガシュ
シララ
シュメル
カルヘ河
スーサ
アワン
カールン河
エラム
マルハシ
アンシャン
ペルシア湾（下の海）
0　100　200km
太字…現代名
ディルムン
バハレーン島
ファイラカ島
ペルシア湾（下の海）
マガン
メルッハ→
0　500km

1—2　第一章関連地図

1―3　**ウルク文化期の円筒印章（左）と印影図（右）**　後代の印章にくらべて大きい。印章の上のつまみは羊である。個人の印章ではなく、行政組織の印章である。印影図中央に立つのはウルク市の王で、王は花（ロゼット文）が咲いた枝をもつ。ロゼット文は戦闘と豊饒を司るイナンナ女神を象徴し、天にあっては金星、地にあってはなつめやしの花である。２頭の羊の背後に立つのもイナンナ女神の象徴で、上に輪がついた葦束である。ウルク付近出土、ウルク文化期後期、大理石、高さ5.4cm、直径4.5cm、ペルガモン博物館蔵

前三〇〇〇年紀後半には、メソポタミアやシリア各地に次々と都市が形成されていく。

都市だけでなく、都市の周辺には都市社会とかかわりをもつ、羊や山羊《やぎ》の放牧（図1―1）を生業《なりわい》とする遊牧社会があった。

円筒印章の出現

前七〇〇〇年紀後半には、人類最古の印章であるスタンプ印章が出現していて、その後使われつづけていたが、ウルク文化期後期には円筒印章が出現した。

円筒印章は、わが国の印鑑ぐらいの大きさをした円筒形の石材などの周囲に、図柄を陰刻で彫ったもので、湿った粘土の上にころがして粘土に図柄をつける。メソポタミアのみならず、古代オリエント世界で広く使われた。刻まれた図柄は時代、地域によって特徴があり、所有者の名前や肩書が

楔形《くさびがた》文字で記されていることもある。円筒印章の図柄は小さいながらも、粘土板に記された記録だけではわからない歴史を伝える、貴重な情報源である。本書では、この後のページで、さまざまな円筒印章の図柄を紹介していく。

初期王朝時代とは

ジェムデット・ナスル期にはバビロニア全域に都市文明が広まっていった。これにつづくのが、初期王朝時代である。分立するシュメルの都市国家は覇権、交易路や領土問題で争った。古代ギリシアのポリス社会（前八世紀—前三三八年）や中国の春秋戦国時代（前七七〇—前二二一年）と同様に、シュメルの都市国家も抗争を繰り返した。

初期王朝時代はさらに第Ⅰ期（前二九〇〇—前二七五〇年）、第Ⅱ期（前二七五〇—前二六〇〇年）、第ⅢA期（前二六〇〇—前二五〇〇年）、第ⅢB期（前二五〇〇—前二三三五年）と細分される。

都市国家分立時代をこのように細かく分けずに、アッカド王朝の初代サルゴン王（前二三三四—前二二七九年）による統一以前だから、「先サルゴン時代（期）」と一括する時代区分を使うこともある。

第Ⅰ期には、都市国家間の恒常的戦争によって、人々は村落を捨てて、城壁によって守られた都市へと集住し、都市の規模が拡大し、多くの都市で城壁が確認されるようになる。

1—4 『シュメル王朝表』 『シュメル王朝表』のもっとも重要な写本で、保存状態が良い。古バビロニア時代、焼成粘土角柱、高さ約20cm、アシュモール博物館蔵

覇権争いはつづき、第ⅢB期、つまり前二五〇〇年以降に、最後の段階にはいる。覇権をめぐる都市間の合従連衡が活発になり、ついにシュメル統一をウルクが成し遂げる。

『シュメル王朝表』

初期王朝時代の都市国家の興亡をたどる際には、『シュメル王朝表』が参考にされているが、書かれていることのすべてが史実とはいえない。

『シュメル王朝表』は都市の名前、各都市の個々の王名と治世年数および合計の王の数と治世年数などが記されている。ウル第三王朝時代に編纂《へんさん》され、その後にイシン第一王朝（前二〇一七—前一七九四年）第一四代シン・マギル王（前一八二七—前一八一七年）までが追加された。古バビロニア時代（前二〇〇四—前一五九五年）のいくつかの写本が出土している。

王権は天から下り、A市からB市へ、B市からC市へと移ったことになるが、実際にはA、B、C市は同時期に共存していたこともあった。

王たちは一人を除いて男性で、例外はキシュ第三王朝のクバウ女王である。クバウ一代で、一〇〇年支配したことになっているが、現時点で実在は証明できない。メソポタミア史には数多くの王が登場したが、実在を確認できる女王は一人もいなかった。

治世年数はありえないような大きい数字から、時代が進むにつれ、実際の治世年数に近くなり、アッカド王朝あたりからの治世年数はほぼ信憑性《しんぴょうせい》がある。

前二三三四年のアッカド王朝による統一以前は、個々の都市国家の歴史になる。都市では、ウル、ウルク、キシュ（現代名ウハイミル）のほかに、エラム地方のアワン市（現在のディズィフルか）、ハマジ市（所在地不明）やユーフラテス河中流域のマリ市（現代名テル・ハリリ）などが記されている。まず、わかっている最古の都市国家の一つ、ウルクから見ていくとしよう。

二　ウルク市——文字が生まれた都市

伝統のあるウルク市

ウルクはアッカド語の呼称で、シュメル語ではウヌグといい、現代名はワルカという。イラク戦争（二〇〇三—一一年）初期の段階二〇〇三年に、自衛隊が復興作業のためにイラクのムサンナ県（州）サマワ市に赴いた。サマワから自動車で約一時間のところにウルク遺跡はある。

ウルク遺跡の発掘は一九世紀半ばにイギリス人が着手し、その後ドイツ隊が断続的に調査をしている。すでにウバイド文化期に定住がはじまり、長く住みつづけられた。紀元後六三四年

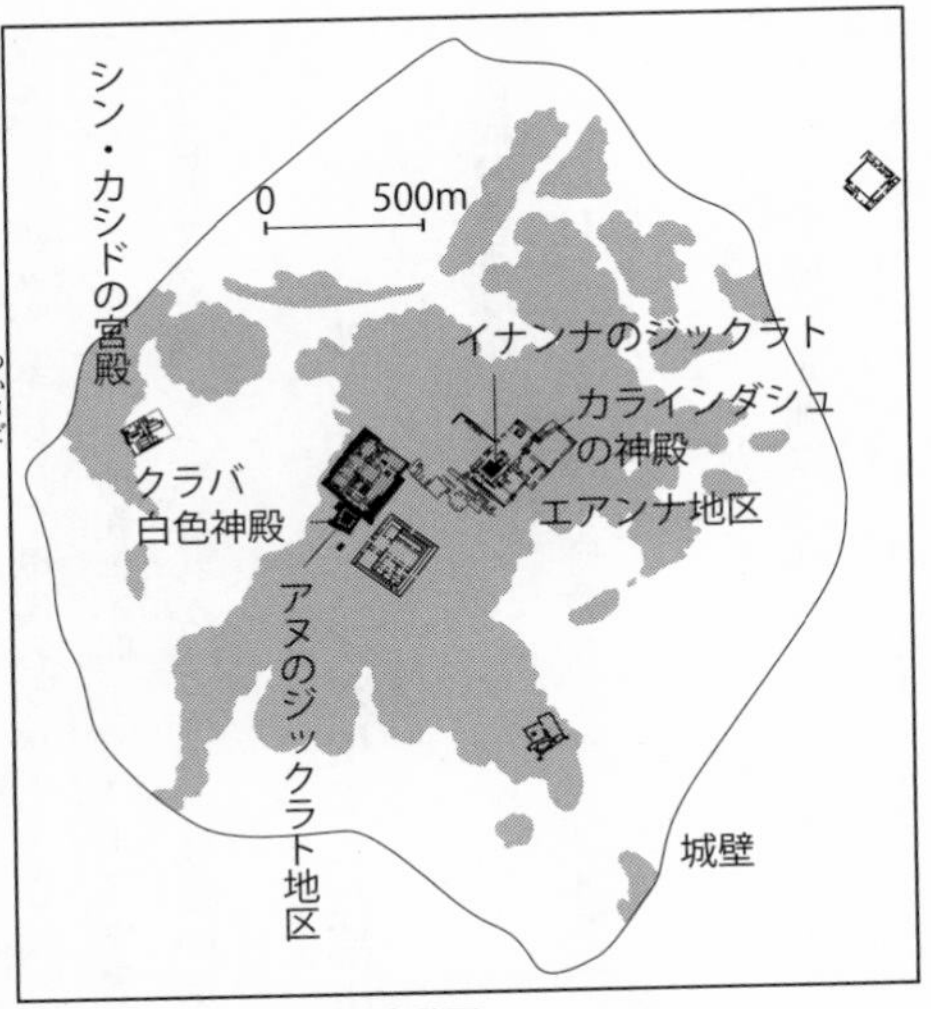

1—5　ウルク市俯瞰図

にアラブ人がメソポタミアへ侵攻するが、この前後に放棄されたようだ。長い歴史をもつ都市だが、もっとも繁栄したのはその名前がつけられたウルク文化期で、人間が造形美術の中心としてはじめて表現された（図1—6）。

ウルクは「アヌのジッグラト」地区とイナンナ女神の聖域エアンナ地区からなる、約六〇〇ヘクタールの広さをもつ古代メソポタミア最大の都市である。イナンナ女神とは、アッカド語ではイシュタル女神として知られ、愛と豊饒《ほうじょう》の女神であると同時に戦争と破壊を司《つかさど》る女神である。王から民衆まで、広い地域で長い時間にわたって信じられたメソポタミア最大の女神である。都市の形はほぼ円形で、都市域を囲む全長約九・五キロメートルの城壁はギルガメシュ王が築いたと伝えられている。また、ウルクは交易活動を円滑にするために複数の植民都市までもっていた。その一例が、ユーフラテス河が南東へ流れを変える彎曲《わんきょく》点の西側に位置するハブバ・カビーラ南遺跡などである。これらの植民都市はアマヌス山脈の木材やタウルス山脈の銀などを、河の流れを利用してウルクに送る拠点であった。

トークンから古拙文字そして楔形文字へ

活発に物が行き交うウルクで、物を管理し、記録する必要が文字を生み出した。文字の祖型はトークンと呼ばれる小型粘土製品である。トークンは粘土を直径二センチメートル前後の大きさの幾何学形にまるめたものである。現在わかっている最古の文字は、このトークンのなかでも羊、牝牛《めうし》などの多様な形をした複合トークン（図1—7〔下〕）の形が、湿った粘土板にペンでひっかいて書かれた古拙《こせつ》文字（絵文字）である。

一九二八—三三年にドイツ隊がエアンナ聖域を発掘し、前三二〇〇年頃のウルク第四層および前三一〇〇—前二九〇〇年頃の第三層から約八〇〇枚の古拙文書を発見した。これが世界最古の文書である。ウルクからはさらに古拙文書が出土し、断片をふくめて約三〇〇〇枚になる。

1—6　（左）ウルク出土男性胸部像　図1—3（右）に見られるウルク王と類似していて、おそらく王の像。イラク博物館蔵。**（右）ウルク出土女性頭部**　「シュメルのモナリザ」といわれ、イラク博物館の至宝。目、眉は象嵌され、頭には被り物があった。2003年に盗まれたが、その後戻った。白大理石、高さ20cm、イラク博物館蔵

「ウルク古拙文書」には約一〇〇〇の古拙文字が使用されている。このなかから、次の段階の楔形文字の原形になった文字は約二〇〇で、表音文字への工夫はまだ見られず、漢字のような表語文字（表意文字）である。意味がわかっても音価がわからない文字もあり、「ウルク古拙文書」は完全に解読されてはいないが、文書の内容は大部分が家畜、穀類、土地などについての会計簿である。

ウルクで発明された文字が整備され、完全な文字体系に整えられたのは前二五〇〇年頃で、文字数も約六〇〇に整理され、シュメル語が完全に表記されるようになった。

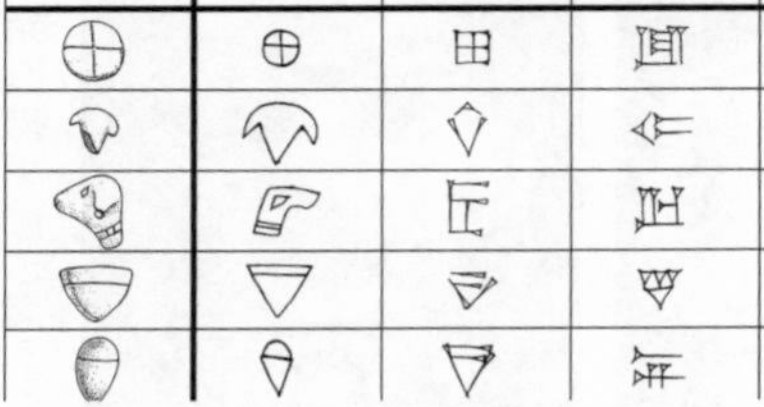

トークン	古拙文字	前2400年頃の楔形文字	前1000年紀の楔形文字	音　価	意　味
				udu	羊
				ab_2	牝牛
				ur	犬
				ninda	パン
				i_3	油

1－7　（上）トークンと古拙文字・楔形文字の比較、（下）複合トークン

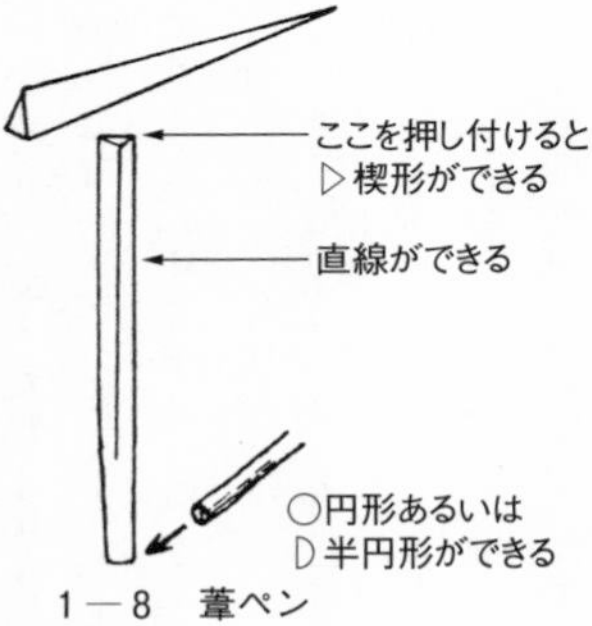
ここを押し付けると
▷楔形ができる
直線ができる
○円形あるいは
D半円形ができる

1－8　葦ペン

同じ頃に、一本で線、円形あるいは半円形そして逆三角形をつくり出せる葦のペンが考案され、起筆が逆三角形の楔形になる文字が記せるようになる。軽く葦ペンを押すだけで書ける楔形文字の誕生である。

楔形文字と『ギルガメシュ叙事詩』の伝播

楔形文字は書く訓練はもちろん必要だが、文字の上手下手を問われることは少ない。書写材料の粘土板はどこにでもある泥が材料で、しかも墨を必要としない経済性と簡便さもあった。だからこそ、シュメル語を書くための楔形文字が、他民族に借用されて、複数の言語を表す普遍的な文字となり、長い寿命を保つことになる。アッカド語、ウガリト語、ウラルトゥ語、エブラ語、エラム語、古代ペルシア語、ヒッタイト語、フリ語などが楔形文字で記された。楔形文字の採用は、メソポタミア文明の伝播《でんぱ》でもあった。

たとえば、シュメル語で書かれたウルクのギルガメシュ王を主人公にした数篇の物語が、死と友情を主題とするアッカド語の物語にまとめあげられた。これが『ギルガメシュ叙事詩』で、やがてヒッタイト語やフリ語に翻訳される。ギルガメシュの活躍は円筒印章の図柄などにも採用され、古代オリエント世界最大の英雄（口絵2下）になった。

文字は実用的なもので、会計簿にはじまる。やがて王たちは文字を使って自分の功業を王碑文（図序—11、1—29参照）として熱心に記し、そしていくつもの王名表も書かれた。こうした記録が出土したことで、歴史の復元ができるのである。

ちなみに、王碑文とは、建造物の壁に打ち込んだり、基礎に埋められた、粘土板、粘土釘《くぎ》、石板などに記された碑文のことで、おもに王の功業が記されている。この習慣は後代までつづき、メソポタミア史の重要な史料である。

1—9　**ギルガメシュ**　ギルガメシュ（左）とエンキドゥ（右、図4—19〔右上〕参照）がフワワを退治する場面である。2人の髪型（口絵2下参照）などから、シュメル語で書かれた物語に基づく図像になっていることがわかる。古バビロニア時代、素焼き粘土の額

エンメルカル、ルガルバンダおよびギルガメシュ

現時点で王碑文が発見されていない、つまり実在を証明できないものの、文学作品で英雄として活躍しているのが、エンメルカル、ルガルバンダおよびギルガメシュのウルクの王たちである。「エンメルカル、ウルク市の王、ウルク市を造りし者、王として四二〇年。ルガルバンダ神、牧人、治世一二〇〇年。（略）ギルガメシュ神、彼の父はリルラ（風魔）、クラバの主人（エン）、治世一二六年」と、『シュメル王朝表』に記されている。

治世年数はありえないほどの長さで、ルガルバンダとギルガメシュは神格化されている。二人は『シュメル王朝表』では父子と書かれていないが、エンメルカルとルガルバンダ、ルガルバンダとギルガメシュはほかの文学作品では、それぞれ父子と書かれていることもある。

実在したエンメバラゲシ王

一方、王碑文の発見で、実在したと考えられるようになった王もいる。文学作品『ギルガメシュ神とアッガ』のなかで、ギルガメシュと戦ったことになっているキシュ市のアッガ王の父、エンメバラゲシ王で、『シュメル王朝表』ではキシュ第一王朝の王に数えられている。

「メバラシ、［キ］シュ市の王」と書かれた石器断片が、初期王朝時代第Ⅱ期のカファジェ遺跡（古代名トゥトゥブ）から出土した。このメバラシがエンメバラゲシを指すようだ。「エン」はシュメル語で「主人」を意味し、王の称号の一つである。後代に「エン、メバラシ」が一つの固有名詞エンメバラゲシになったと考えられている。

その後のウルクの王たち

ウルクは『シュメル王朝表』では、第五王朝まで数えられている。王たちのなかで実在し、活躍したのは次の王たちである。

第二王朝の初代エンシャクシュアンナは、六〇年の治世年数は確認できないものの、前二三四〇年頃に実在し、シュメル統一を志した。また、第二代のルガルウレは前二四〇〇年頃に実在したルガルキニシェドゥドゥ（後述）と同一人物の可能性がある。

第三王朝はルガルザゲシ（前二四世紀後半）一代、二五年の支配で、シュメルを統一する。

1—10　ウル市俯瞰図

第五王朝もウトゥヘガル（前二二世紀後半）一代で、七年半と一五日の支配で、シュメルをグティ人の支配から解放した、ウル第三王朝成立直前の王である。なお、これらの王たちについては、本章後半でもう一度話すことになる。

三　ウル王墓の謎

ウル市の発掘

ウルクと並んで、ウルも歴史の古い都市である。バグダード南東約三五〇キロメートルの遺跡名テル・アル・ムカイヤルは、アラビア語で「アスファルトの丘」の意味で、ここがウルとされている。イラクは産油地なので、天然アスファルトが産出し、アスファルトは接着や防水加工に利用されていた。

ウルの発掘は一九世紀中頃からはじまった。一九二二年から一九三四年にかけて、イギリス人L・ウーリーの指揮下におこなわれた大英博物館とペンシルヴェニア大学博物館の共同調査で、ウバイド文化期からアケメネス朝ペルシア時代（前五五〇—前三三〇年）にいたる地層が発掘され、その後も断続的に発掘作業はつづいている。遺跡は南北一〇三〇メートル、東西六九〇メートルの卵形城壁に囲まれ、城壁内の北部と西部に港があり、中心部は新バビロニア時代（前六二五―前五三九年）の城壁で囲まれた聖域で、このなかに、エテメンニグル（「畏怖《いふ》をもたらす基礎の家」の意味）と名づけられた階段状の聖塔ジックラトも残っている（口絵4上）。

「ウル王墓」

聖域の南端から、一九二七年に前二六〇〇年頃の「ウル王墓」一六基が発見され、注目され

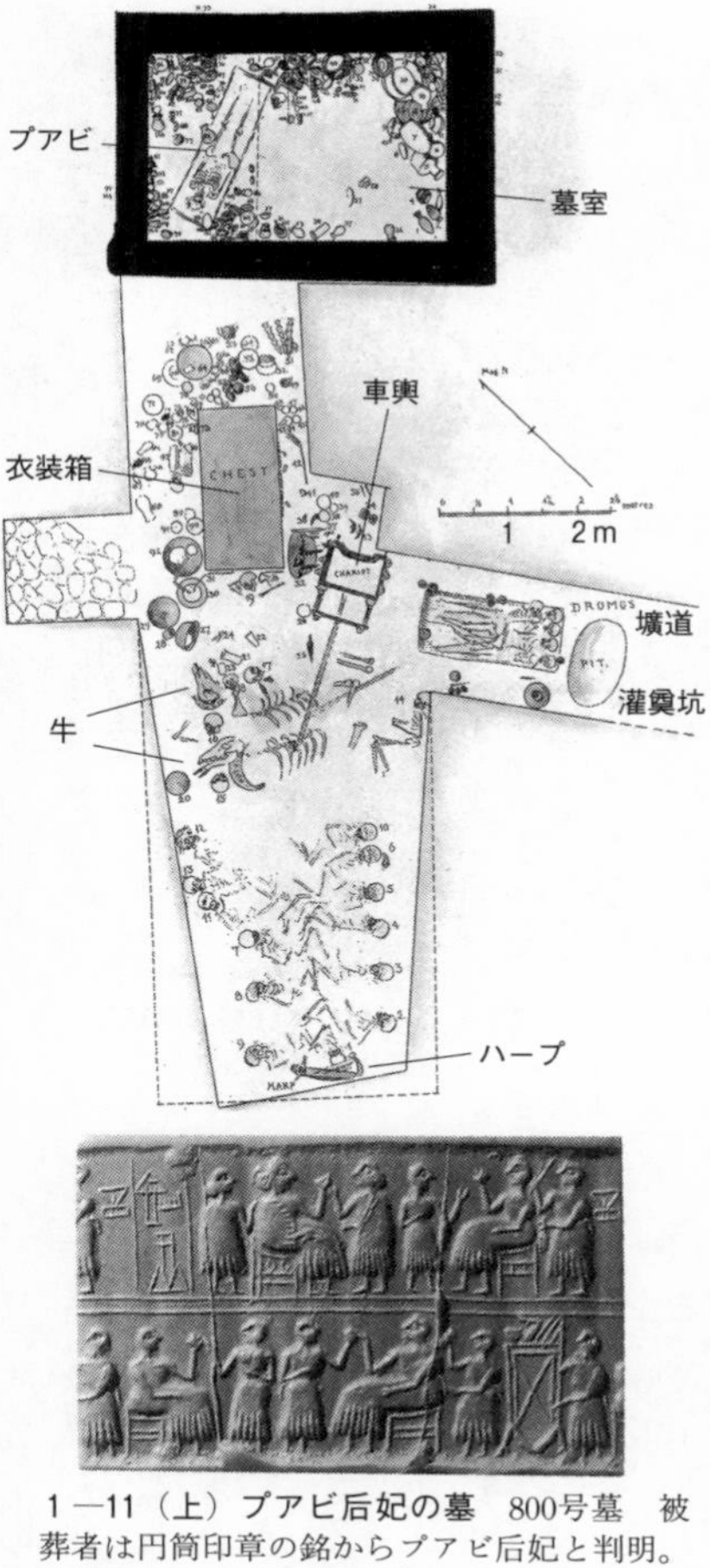

1―11（上）**プアビ后妃の墓**　800号墓　被葬者は円筒印章の銘からプアビ后妃と判明。死坑内に20人、壙道に5人および墓室内に3人の殉死者。（下）**プアビ后妃の円筒印章印影図**　ラピスラズリ、饗宴図上段に「プアビ、后妃」と刻まれている

1―12　ウルのスタンダード（上）戦争の場面と（下）饗宴の場面　ウル王墓779号墓出土、前2600年頃、ラピスラズリ、赤色石灰岩など、高さ約21.6cm、幅約49.5cm、大英博物館蔵

た。シュメル美術の素材の良さや技術の高さを証明する豊かな副葬品（口絵3左上・右上・左中）もさることながら、多数の殉葬者をともなっていたことが問題となった（図1―11〔上〕）。たとえば「大死坑」からは七〇人以上もの、またプアビ后妃の墓からは合計二八人の殉葬者が見つかっている。ウーリーは「王墓説」を唱えたが、豊饒多産を祈念し、性交をともなう「聖婚儀礼」がおこなわれ、神の代理人を演じた者が埋められた儀式の跡との、「反王墓説」も出された。

後代のウル第三王朝時代には、王が死んだ際に后妃が殉死しているし（後述）、また「ウル王墓」が発展したのが、ウル第三王朝時代の王墓とも考えられ、「王墓説」が妥当と思われる。

副葬品のなかで、シュメル美術の素材の良さ、技術の高さを表すとともに、歴史の資料としてもっとも重要な作品が「ウルのスタンダード（旗章）」である。横長矩形《くけい》の前後二面に王の二大責務を「戦争の場面」「饗宴《きょうえん》の場面」に、貴重なラピスラズリ（青金石、瑠璃《るり》）などを素材としたモザイク・パネルで表現した。ラピスラズリの原産地はアフガニスタン・イスラーム共和国北部、ヒンズークシュ山脈にかかるバダクシャン地方で、メソポタミアからは遠く、貴重であった。

「戦争の場面」は外敵に対しては神々が定めた国境や都市を守ることが、一方「饗宴の場面」は都市内部では平安と豊饒をもたらすことが王の責務であることを、目で見える洗練された形で表現している。

1—13　メスアンネパダ王の円筒印章印影図　初期王朝時代に好まれた図柄の1つが闘争図である。野生動物、家畜、合成獣、英雄などが小さな画面にすし詰め状態に刻まれている。「メスアンネパダ、キシュ市の王、ヌギグの夫」と書かれている。メスアンネパダはウル市の王だが、「キシュ市の王」を自称した有力者だった。ヌギグはイナンナ女神の別名

『シュメル王朝表』のウル

ウルは『シュメル王朝表』では、三たび王権の所在地となっている。第一王朝の初代メスアンネパダ王は、八〇〇年の治世年数は疑わしいものの、前二五〇〇年頃に実

在した王である。第三王朝五代の王たちは全員実在した。治世年数も『シュメル王朝表』に記されている数字は一部訂正はあるものの、ほぼ正しい。ウル第三王朝の歴史は本章の最後に話す。

ウルは前一七四〇年頃に、バビロン第一王朝（前一八九四―前一五九五年）のサムス・イルナ王（前一七四九―前一七一二年）によって破壊された。これが致命的だったようで、以後歴史の表舞台には登場しない。

四　ラガシュ市――シュメル学ここにはじまる

ラガシュ市の発見

シュメルのことを知ろうとすると、必ずラガシュ市が登場する。なぜならば、シュメル研究はこの都市からはじまり、ほかの都市については発掘が進んでいないこともあり、わからないからである。イラクがオスマン帝国領だった一八七七年に、駐バスラ・フランス領事E・ド・サルゼックがテルローを発掘した。これ以前のメソポタミアの発掘は北部のアッシリアの遺跡に集中し、しかもおもに前一〇〇〇年紀の遺跡だった。ところが、テルローが前三〇〇〇年紀のラガシュ市ギルス地区の遺跡と判明し、シュメル語粘土板文書が大量に出土したことで、メソポタミア南部に非セム語を話すシュメル人が実在したことが証明された。

楔形文字が解読される過程で、楔形文字を考案したのは非セム語を話す「シュメル人」との意見が出され、学界で活発に議論された。この「シュメル人問題」は、ラガシュが発掘されてシュメル人の実在はわかったものの、原郷はどこかなど、未解決の問題もある。

粘土板文書のほかにも、「ウルナンシェ王の奉納額（図1―15）」「エアンナトゥム王の戦勝碑（通称禿鷹《はげたか》の碑、図1―17）」やグデア王（前二二世紀中頃）の多数の彫像（口絵2右上、1―19）など、考古資料として重要であるだけでなく、経済的にも精神的にも豊かな文明社会を象徴するシュメル美術の逸品が数多く出土した。その出土品のほとんどがルーヴル美術館に収蔵されている。

大きな都市国家ラガシュ市

ラガシュ市は複数の地区からなる特異な都市国家だった。すでに発掘されているギルス地区や序章で話したラガシュ地区、および未発掘のシララ地区など、各地区は一定の距離を置いていて、ギルス、ラガシュ両地区にはそれぞれ城壁がつくられ、シララ地区にも城壁があったようだ。ギルス、シララ両地区は独立国といえるほど大きく、そしてギルス、ラガシュ、シララ三地区は運河でつながれていた。こうしたことは発掘でわかったが、これらの地区がいつ頃、いかなる理由で、一つの都市国家ラガシュになったかはわからない。

1—14（左）ルガルアンダ王の円筒印章が捺された封泥 円筒印章そのものが残っていなくても、封泥が残っていれば、印影図の復元が可能になる。図柄は闘争図で、「ルガルアンダヌフンガ、ラガシュ市の王」と、王の正式名が刻まれている。ギルス地区出土、前24世紀中頃、高さ6.3cm、幅7cm、ルーヴル美術館蔵
（右）バルナムタルラ后妃の円筒印章印影図 「バルナムタルラ、ラガシュ市の王、ルガルアンダの妻」と銘が刻まれている。女性の印章の図柄では饗宴図が好まれていたが、バルナムタルラは闘争図を採用している。しかも2段ではなく、3段に印面が分けられた。円筒印章そのものは残っていないが、高さ4.8cm、直径1.2cmと、細長い印章だった

行政経済文書からわかるシュメル社会

ギルス地区出土の史料は前二五〇〇年頃からの王碑文（約二〇〇枚）と前二三五〇年頃からの行政経済文書（約一七〇〇枚）である。このようにまとまった数の史料が出土したことで、この頃からメソポタミア最南部のシュメルの歴史を本格的にたどれるようになる。

王碑文についてはすでに話したので、ここでは行政経済文書について説明しよう。粘土板に書かれた会計簿のことで、前二四世紀中頃の約二〇年間、エンエンタルジ、ルガルアンダおよびウルイニムギナ（あるいはウルカギナ）三代の后妃の経営体の記録である。ルガルアンダの后妃バルナムタルラの頃

には、この経営体に七〇〇人ぐらいが属していたようだ。

后妃の経営体の記録は初期王朝時代シュメルの社会、経済を知るうえで、重要な情報源である。経済の基盤は所有している広大な耕地で、よく整備された労働組織は定期的に大麦や衣類の支給を受け、一定の耕地も支給されていた。この受給に対しての義務は賦役と軍役であった。

都市国家の王は、都市全域を支配し全住民に人頭税や地租を課すような支配ではなく、広大な耕地と所属員から構成される家産的な独立自営の組織に依存していたようだ。

このような体制はラガシュだけでなく、ほかの都市国家にも当てはまると考えられる。大麦や土地支給に対する賦役として、灌漑施設の維持などの労働が義務づけられた。

なお、后妃の経営体の会計簿は社会経済史の史料としてもっぱら使われているが、物品の出入などについての備忘録から、ラガシュで公的に祀られていた神々や、公的祭祀《さいし》についての情報が得られるし、后妃の活動の一端を知ることもできる。

ウルナンシェ王朝の支配

ラガシュの歴史はまずエンヘガルとルガルシャエングルが前後して王を称し、キシュに従属していた時期もあったが、前二五〇〇年頃にウルナンシェ王を初代に六代約一五〇年の世襲王朝が成立した。「ウルナンシェ王朝」あるいは「ラガシュ第一王朝」と呼ばれ、勢力を拡大し、シュメル内外の都市と覇権を争った。同王朝終焉《しゅうえん》の事情はわからない。その後のラガシュで

ウルナンシェ、ラガシュ市のルガル（=王）、
グルサルの子（=市民）、グニドゥの子が
エニンギルス神殿を建てた
アクルガル、子供
ルガルエゼン、子供
アブダ、子供
アニクルラ、子供
ムクルムシュタ、
子供
アブズバンダ
神殿を建てた
アニタ
ウルナンシェ、
ラガシュ市の
ルガルが
エナンシェ神殿
を建てた
ディルムン船
をして外国から
木材を置いた
（=輸送した）
アドダトゥル、子供
メンウス、子供
アヌンパ、子供
バルル、
蛇使い長
サグディンギィルトゥク

1—15　**ウルナンシェ王奉納額A**　奉納額とは、神殿に奉献した石製の額で、真ん中の孔に神殿の壁面から突き出た棒状の突起を差し込んで掲げた。ウルナンシェ王の奉納額はほかにB、C、Dと全部で4枚あるが、Aが保存状態が良く、大きい。左上と右下に、ひときわ大きく刻まれているのがウルナンシェ王である。左上の頭に籠を乗せた王は、神々のために神殿を建立する王の姿を象徴している。こうした姿はグデア王の定礎埋蔵物の釘人形（図1—19〔下右〕）、シュルギ王の定礎埋蔵物の釘人形（図1—28）およびアッシュル・バニパル王の定礎碑（図4—31）でも確認できる。ギルス地区出土、前2500年頃、石灰岩、高さ40cm、幅47cm、ルーヴル美術館蔵

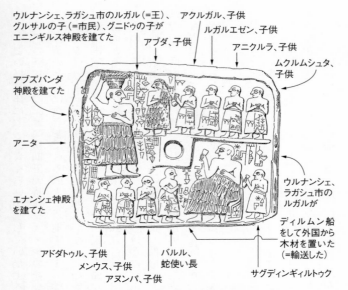

はウルナンシェ王家の傍系と思われるエンエンタルジとルガルアンダ父子が支配するも、ウルイニムギナに王権を簒奪《さんだつ》されてしまう。

「東方の蛮族」エラム王国

ウルナンシェ王朝とその後三代のラガシュは、東方のエラムおよび北方のウンマ市と、しばしば戦わざるをえなかった。それというのも、ラガシュはシュメル地方では、東方に位置し、エラムの侵入口にあたっていたからである。

エラムは本来イラン南西部のスーサ市（現代名シューシュ）を中心とする地域を指した。その後、スーサを都とし、前三〇〇〇年紀中頃から前七世紀前半までイラン高原南西部を支配したのがエラム王国である。

シュメル人は「エラム人はいなごのように群れるが、生きる人に加えられない」、つまり蛮族と見下していた。だが、エラム人の民族的系統はわからないものの、独自の文化をもっていた。

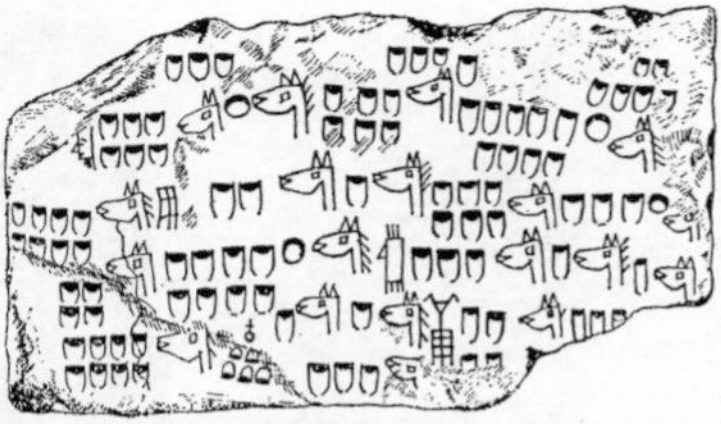

1—16（上）エラム絵文字　ウマ科の動物の会計簿らしい。（下）**エラム線文字**　銀製杯に刻まれた線文字。テヘラン国立考古学博物館蔵

1―17　ラガシュ市の密集戦団　別名「禿鷹の碑」ともいわれる「エアンナトゥム王の戦勝碑」断片。完全だったら、高さ約1.8m、幅約1.3mあったと推測される。厚さは11cm。頭頂部が半円で、下部は長方形で幾段かに仕切られ、浮彫で図像が刻まれるシュメルにおける碑の形式を踏まえている。浮彫の背景にシュメル語碑文が刻まれている。上段、下段ともに先頭に立つのがエアンナトゥム王。ギルス地区出土、前2450年頃、石灰岩、ルーヴル美術館蔵

シュメル文化の影響を受けて、前三〇〇〇年頃に「原エラム文字」（エラム絵文字とエラム線文字の総称）が成立するも、前二〇〇〇年紀からは楔形文字を採用した。エラム語の言語学的系統は現時点で不明である。

肥沃《ひよく》なバビロニア地方と交易関係を維持しながらも、繰り返し侵攻し、バビロニアの王朝を一度ならず滅亡に追い込むこともあり、手ごわい敵であった。バビロニアからのさまざまな戦利品がスーサから出土している。いまだに地下深く埋もれたままであったはずのバビロニア文明の貴重な「遺品」を現代人がルーヴル美術館などで見ることができるのは、エラムが掠奪《りゃくだつ》したおかげともいえる。本書の挿図で「スーサ出土」と記されている出土品のほとんどがこうした戦利品である。

ウンマ市との「百年戦争」

エラム以上に、ウンマとの一五〇〇年以上の長い戦いに、ラガシュの歴代王は苦労した。

ウンマはテル・ジョハが遺跡とされていたが、近年同遺跡南東約六キロメートルのウンマ・アル・アクァーリブ説が出されている。

一般論として、国境を接する隣国と仲良くすることはむずかしい。そもそもラガシュとウンマとの戦争がいつはじまったかはわからないが、小競り合いもふくめ、かなり昔から戦っていたようだ。ラガシュの歴代の王たちは、ウンマとの戦いを王碑文に記した。なかでも、前二四〇〇年頃の第五代エンメテナ王の「回顧碑文」は、両市の戦いの歴史を、前二五五〇年頃にキシュのメシリム王（メサリムともいう）が調停したことからはじめている。ラガシュはメシリムの調停を受けいれざるをえなかった。有力なキシュ王のいうことに、ほかの都市は一目置か

1—18　エンメテナ王立像　背中から腕にかけて彫られた碑文から、ラガシュ市のエンメテナ王像とわかる。こうした像は祈願者像あるいは礼拝者像と呼ばれていて、長寿祈願などの願文を刻んで神殿のご本尊付近に安置された。グデア王像（口絵２上右、図１—19〔下左〕）も同じ種類の像である。頭部がないのは、敵が侵攻した際に、故意に破壊されたとも考えられる。この像はラガシュ市内の神殿に安置されていたが、時期はわからないが、持ち出され、ウル市から出土した。ウル出土、前2400年頃、閃緑岩、高さ76cm、イラク博物館蔵

ざるをえず、ラガシュ、ウンマ両市の国境争いはいったん矛を収めた。

前二五〇〇年頃になると、今度はウルが有力となった。だが、ウルの勢力が衰えを見せるや、ラガシュが台頭する。同時に、ラガシュの宿敵ウンマも勢力を伸張させていた。両市は領土を拡張していく過程でぶつかり、耕作に適した土地を奪いあうことになった。

エンメテナ王の戦争と外交

エンメテナ王は戦争を当代だけでなく、過去に遡り、回顧する王碑文を書かせたが、正義はラガシュにありとの考え方で貫かれている。一方、発掘が進んでいないので、ウンマ側からは、この戦争についての史料は出土していない。

エンメテナは戦うだけでなく、外交も駆使した。約五〇〇年前の第三代エアンナトゥム（図1—17）の治世にウンマと組んでラガシュを攻撃したウルクのルガルキニシェドゥドゥ王と、エンメテナは同盟を結んだ。神殿の壁などに多数打ち込まれた粘土釘に、「そのときラガシュ市の王、エンメテナはウルク市の王、ルガルキニシェドゥドゥと兄弟関係になった」と刻まれていて、この同盟締結で、南方からの脅威を取り除いた。

古代オリエント世界では、同格の国々の間で結ばれる同盟や条約に「兄弟」の語がしばしば使われるが、エンメテナとルガルキニシェドゥドゥのこの「兄弟関係」が最古の例になる。

また、少し後のことだが、ウンマに対処するために、外交の基本「遠交近攻」を実践し、ラガシュはウンマの北方に位置するアダブ市（現代名ビスマヤ）との友好関係を深めるべく、バルナムタルラ后妃がアダブの后妃との間で、贈物の交換を繰り返したことがわかっている。外交となれば、后妃の活躍もあった。

エンメテナ王の「徳政」

戦争や外交における手腕だけでなく、エンメテナについては内政面での仕事もわかっている。「ラガシュ市に自由を確立した。母を子に戻し、子を母に戻した。債務からの自由を与えた」などと、市民に「自由」を与えたことを書いた王碑文が残されている。王には、弱者救済に努め、市民へ「自由」を付与することなどが求められていた。エンメテナは神殿落慶の慶事に、奴隷を解放した。これは日本史の「徳政」にあたるだろう。

「徳政」は一般的には徳のある政治の意味だが、債権破棄や売却地の取り戻しなども意味し、「永仁《えいにん》の徳政令」（一二九七年）は名高い。元寇《げんこう》（一二七四、一二八一年）後に疲弊した御家人《ごけにん》を救済するために鎌倉幕府（一二世紀末―一三三三年）が採用した。御家人所領の売却や入質《いれじち》などを禁止し、すでに売却、入質した所領の取り戻しを認めるなどがなされた。

こうした政策は弱者救済を意図した人道的政策の面も否定できないものの、同時に経済的に破綻《はたん》した人々を放っておくと、市民の階層分化を招き、政権が揺らぎかねないため、政権強化の政策でもあった。

エンメテナの後にも、「弱者救済」の政策は繰り返された。初期王朝時代ラガシュ最後の王ウルイニムギナの王碑文には、「ギルス(つまりラガシュ)の王権を授かったとき、その自由を確立した」と、即位の慶事に奴隷が解放されたことが、書かれている。

さらに、グデア王は「彼の主人(ニンギルス神)が神殿にはいった日から七日間、女奴隷は女主人と同等であり、男奴隷はその主人と並んで立った」と、ニンギルス神を祀ったエニンヌ神殿落慶に、一時的な奴隷解放があったことを王碑文に書いていた。「弱者救済」の理念は継承され、後代の『ウルナンム法典』や『ハンムラビ法典』の序文で、明文化されたのである。

なお、バビロン第一王朝(前一八九四—前一五九五年)でも、「徳政令」は出されていて、このことは第二章で扱う。

ラガシュ市の敗北とその後

エンメテナの治世がおわるとラガシュは衰退に向かった。

前二三四〇年頃に、ウンマのルガルザゲシ王がラガシュに侵攻する。このときのラガシュ王は王位の簒奪者ウルイニムギナで、ラガシュの負け戦であった。

だが、ラガシュはアッカド王朝時代後半の混乱期に自立し、グデア王の治世を中心に再び繁栄したので、この時代を「グデア期(王朝)」または「ラガシュ第二王朝」という。ラガシュの繁栄ぶりを物語るのが、シュメル美術の傑作、グデア王像(口絵2上右、図1—19〔下左〕参

1—19　(上) グデア王の円筒印章印影図　「紹介の場面」あるいは「謁見図」ともいわれる図柄で、グデア王がはじめたともいわれる。左上に「グデア、ラガシュ市の王」と銘が刻まれている。銘の下は合成獣ムシュフシュの古い姿である。マルドゥク神（図2—27）の足もと、アッシュル神を背に乗せる姿（図2—4）およびバビロンのイシュタル門（口絵4下参照）に見られるムシュフシュは後代のムシュフシュ。グデア王の背後にはだれでも守ってくれるラマ女神が立つ。グデアの前には個人の守護神ニンギシュジダ神が立ち、グデアの手を引いて玉座に腰かけるラガシュ市の都市神ニンギルス神に執り成している

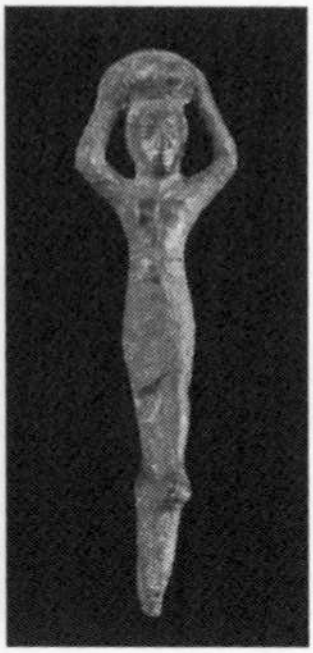

(下左) グデア王像A　エンメテナ王の時代から250年ぐらい経つと、衣服が変化していることがよくわかる。ラガシュ市の繁栄を示すかのように、おもにマガン産の閃緑岩を素材にグデア王の祈願者像が制作された。当初いくつ制作したかわからず、ABCと名前をつけていったが、実際はZ以上もあった。像前面に刻まれたシュメル語楔形文字は端正である。ギルス地区出土、前22世紀中頃、閃緑岩、高さ1.2m、ルーヴル美術館蔵
(下右) グデア王の釘人形　建造物の安泰などを祈願して、建造物の基礎部分に定礎埋蔵物を埋める習慣はウバイド文化期にすでに見られる。定礎碑（終章扉図〔上〕、終—8）だけでなく、碑文を刻んだ数種類の釘人形もつくられたが、この籠担ぎの様式が後代（図4—31参照）まで伝えられていく。おそらくギルス地区出土、前22世紀中頃、銅、高さ27cm、ルーヴル美術館蔵

照）である。

ラガシュは前二一世紀にはウル第三王朝の属州都市となるが、このときの都市名はラガシュではなく、ギルスと呼ばれていた。ギルスのさまざまな公的組織の管理、経営の実態は数万枚の文書に詳細かつ正確に記録されていたので、ウル第三王朝の経済を支えたのはギルスとわかった。ギルスは広大な公共農地を耕作し、一方では六〇〇〇人以上の女性たちが毛織物の作業に従事していた。ギルスは前二〇〇〇年紀はじめに急速に衰え、その後はわからない。

五　アッカド王朝――最初の統一国家

シュメルの統一へ

時間を少し前に戻すが、ラガシュでウルイニムギナが王になった頃、都市国家分立の時代はおわりつつあり、「シュメル統一」を志す王があらわれていた。

先駆けとなったのはウルクのエンシャクシュアンナ王で、「国土の王」を称した。我こそはシュメル全土の王と名乗りをあげ、キシュを攻略したことが「年名」からわかった。

「年名」とは、初期王朝時代末期から古バビロニア時代まで、バビロニアで使われた年の表示の一つで、その年あるいは前年に起きた重要事件で年を表す。「年名」には敗戦とか災害のような悪いできごとは見えず、王が誇示したい功業が記されているので、注意を要する。

エンシャクシュアンナの「年名」は「エンシャクシュアンナがアッカド市を武器で倒した年」と「エンシャクシュアンナがキシュ市を占領した年」で、現在わかっている限りで最古の「年名」になる。

つづいて、ウンマのルガルザゲシ王はほかの都市から伝統のある都市として一目置かれているウルクに本拠を移して、シュメル統一を目指し、「国土の王」を称した。ウル、ラルサ（現代名センケレ）なども したがえ、シュメル統一を成し遂げたのである。

ところが、そのルガルザゲシの前に立ちはだかったのが、キシュの弱体化に乗じてバビロニア北部を統一したアッカドのサルゴン王（前二三三四―前二二七九年、口絵2上左）であった。

セム語族のアッカド人

サルゴンはシュメル人ではなく、アッカド人であった。シュメル人は民族系統不詳だが、アッカド人は歴史に最初に登場したセム語族で、そのなかでも東方セム語族に分類される。現在の西アジア世界の主役であるアラブ人も、そのアラブと敵対するイスラエル人も、ともにセム語族である。

古代オリエント史に登場する諸民族については、『旧約聖書』「創世記」一〇章に書かれている、ノアの三人の子供が諸民族の祖となったとの伝承にちなんで、セム語族、ハム語族そしてヤフェト語族と分類して、便宜上使われている。

1―20 「神々の勢揃い」 書記アドダの円筒印章印影図。左上に「書記アドダ」と印章の所有者名が書かれている。アッカド王朝時代には印章彫師の技術が向上した。印影図を拡大すると、筋肉表現などが写実的になっている。図は全員が角のある冠を被っていて、それぞれの神の特徴がよく表現されている。左端はライオンを従えた戦闘神にして豊饒神のニンウルタ（ラガシュ市ではニンギルス）神、うろこ状に表現された山の上に立つのはイシュタル（シュメルのイナンナ）女神、山の間から立ち上ってくるのは太陽神シャマシュ（シュメルのウトゥ）神である。山に足をかけているのは、肩から水が流れ出ている水神のエア（シュメルのエンキ）神で、右端はエアの家臣である双面のウスム（シュメルのイシムド）神である。アッカド王朝時代、緑色の石、高さ3.9cm、直径2.55cm、大英博物館蔵

アッカド人は前三〇〇〇年頃にはすでにシュメル地方の北方に定着し、シュメル人と共存していた。

シュメル人とアッカド人と神々

シュメル人はメソポタミアの周辺を移動する遊牧民を野蛮と蔑視《べっし》していた。だが、異民族であっても、都市生活を送るアッカド人に対しては差別感をもってはいなかったようだ。

シュメル人とアッカド人はほぼ同じ神々を祀っていた。シュメル人、アッカド人ともにエンリル神を最高神としていた。

シュメルのアブズ（深淵《しんえん》）の神エンキはアッカドのエア、太陽神ウトゥはシャマシュ、月神ナンナ（ル）はシン、そして大地母神イナンナはイシュタルと、シュメル語とアッカド語とで呼称はちがうものの、同一の属性の神々が祀られていた（図1―20参照）。戦闘と豊饒を司《つかさど》る

イナンナの引き立てで、サルゴン王は出世したと『サルゴン王伝説』には書かれている。

『サルゴン王伝説』

サルゴンは『旧約聖書』に出てくるヘブライ語名で、アッカド語ではシャル・キンといい、「真の王」の意味である。生まれながらの王族ならこうした名前を名乗らないはずである。

『サルゴン王伝説』では、サルゴンの母は子供を産んではいけない女神官であった。母はひそかにサルゴンを産み、籠《かご》にいれてユーフラテス河に流した。不幸な赤子の運命は河の神の「神明《しんめい》裁判」に委《ゆだ》ねられ、その結果は「吉」と出た。庭師に拾われ、その後キシュのウルザババ王の近侍の役職である酌人となり、やがてサルゴンは王となったと、伝えられている。

こうしたサルゴンの出世物語は、アケメネス朝ペルシア初代キュロス二世（前五五九―前五三〇年）、『旧約聖書』が伝える「出エジプト」を指導したモーセ、そして「ローマ建国伝説」の初代ローマ王ロムルスなどにまつわる「捨て子伝説」の最古の例になる。

サルゴンは最初の統一国家建設者という功業から、バビロニア

1―21　サルゴン王の戦勝碑断片線画　左下がサルゴン王。顔の前に「シャル・キン、王」の碑文が見える

世界の英雄としてあがめられ、古バビロニア時代以降に、かなり美化して伝えられた。

アッカド市の所在地については、シッパル市（現代名アブー・ハッバハ、テル・エッ・デール）とキシュの間、バグダード新市域の地下、あるいはディヤラ河流域など、諸説あるが、いまだに発見されていない。それでも、アッカド王朝の歴史が復元されているのは、古バビロニア時代の王碑文の写本が出土しているからである。

シュメル・アッカド統一の覇業

サルゴンは『シュメル王朝表』では五六年もの長い治世と伝えられている。おそらくその治世末期にシュメル・アッカド統一の覇業を成し遂げた。ウルクを急襲し、シュメルを統一したルガルザゲシを捕らえ、シュメルとアッカドを領域的に支配する最初の統一国家を建設した。サルゴンを初代とするアッカド王朝は一一代約一八〇年間と数えられている。

サルゴンの王碑文には「彼（サルゴン）の前で五四〇〇人の兵士が日々食事をした」と記されていることから、王に忠誠を誓う戦士軍団を育成したようだ。また、孫で第四代のナラム・シン王（前二二五四―前二二一八年）の「戦勝碑」（本章扉図、後述）の浮彫からわかるように、戦場でもっぱら槍《やり》を中心にして戦うシュメル人（図1―17参照）とはちがって、アッカド軍は短弓を取りいれていて、こうした工夫が軍事的勝利をもたらしたようだ。

また、サルゴンの王碑文には、「国土の王サルゴンにエンリル神は敵対者を与えない。エンリル神はサルゴンに上の海から下の海まで与えた」と記されている。「上の海から下の海まで」とは、「地中海からペルシア湾」までの意味で、これらの広大な地域を支配したと、サルゴンは豪語している。だが、サルゴンの支配圏は実際には「下の海から（アッカドまで）、アッカドの市民に（シュメル諸都市の）エンシ権（王権）を選び与えた。マリ市とエラムは国土の王サルゴンの足下に服した」と王碑文に記されていることから、西方はマリそして東方はエラムまでだったようだ。実際に「上の海から下の海まで」を支配したのはサルゴンよりも三〇年後の、孫のナラム・シンであった。

1—22　メルッハの通訳の円筒印章と印影図
「シュ・イリ・シュ、メルッハの通訳」と刻まれている。２人の礼拝者が女神に供物を供えている。女神の膝上にはひげのある子神がいて、背後には３つの容器と従者が控える。インダス文明との交流（図２—20参照）を物語る印章である。アッカド王朝時代、蛇紋岩、高さ2.9cm、直径1.8cm、ルーヴル美術館蔵

サルゴンの王碑文によれば、アッカドの港には外国船がやってきていた。「彼はアッカド市の岸壁にメルッハの船、マガンの船そしてティルムンの船を停泊させた」と書かれている。メルッハはインダス河流域、マガンは現在のオマーン、そしてティルムン（シュメル語ではディルムン）は現在のバハレーンやファイラカ島周辺で、ティルムンは銅の交易拠点であった。サルゴンはシュメル諸都市に勝利し、ラガシュやウルに代わって、ペルシア湾での交易の再

開および交易権の掌握を宣言したのである。こうして、アッカドは経済的に繁栄した。

才媛エンヘドゥアンナ王女

サルゴン王にはタシュルルトゥムという妻がいたことがわかっている。タシュルルトゥムが母か確認はできないが、エンヘドゥアンナという娘がいた。名前の意味はシュメル語で「天において讃《たた》えられる（女）主人」である。

歴史は男性について語られることが多く、女性について語られることは少ない。語られたとしても、「某《なにがし》の妻」「某の娘」のように、しかるべき男性に付属して語られることが多い。だが、エンヘドゥアンナはアッカド人ながらも、シュメル語の読み書きができ、『シュメル神殿讃歌《さんか》集』を編纂し、『イナンナ女神讃歌』をつくった最古の才媛として、名を残した女性である。メソポタミア史での女性の読み書き能力、つまり識字力（リテラシー）はかなり低かっただろうが、環境が許せば、女性でも文字の読み書きができたはずである。

前述のウル王墓からは、「プアビ、后妃」（図1―11〔下〕）「ニンバンダ、后妃」、メスアンネパダの妻」などと書かれた女性の円筒印章が出土していて、こうした円筒印章の持ち主は少なくとも自分の名前は読めたのではないだろうか。

さて、エンヘドゥアンナは父王のシュメル・アッカド統一政策に沿って、ウルの都市神ナンナを祀る女神官となった。王女がナンナを祀る女神官になる伝統は、新バビロニア王国最後のナボニドス王（前五五五―前五三九年）のエンニガルディンナ王女まで、約一八〇〇年もつづくことになる。

ところで、エンヘドゥアンナはシュメル地方の神殿に仕える女神官であったが、アッカド王家の王女であったことから、一時ウルから追放されるできごとがあった。シュメル人のアッカド人に対する反感からで、次にシュメル人の反乱について話すとしよう。

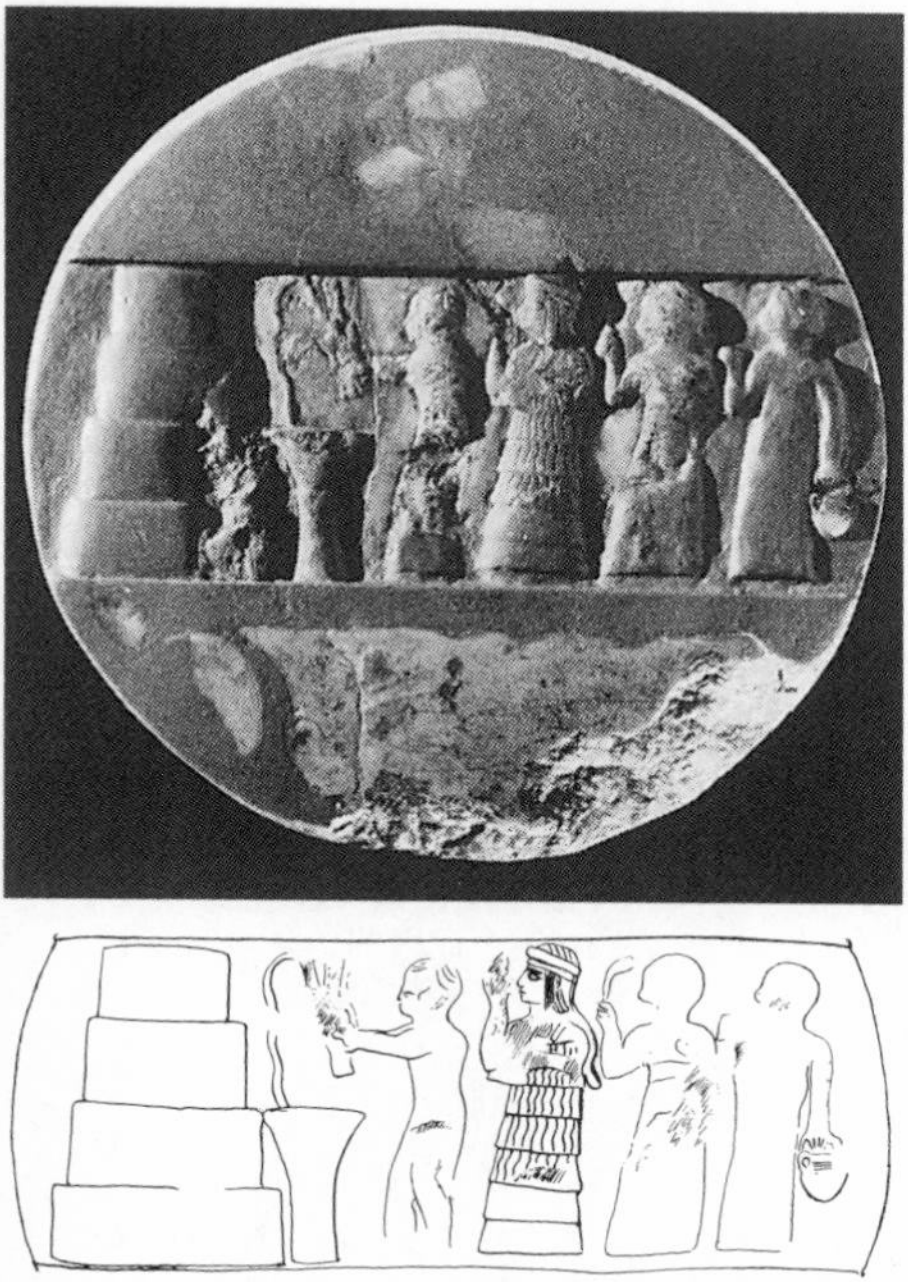

1―23　エンヘドゥアンナ王女の奉納円盤（上）写真、（下）線画　ウル市からひどく破損した状態で発見された。円盤中央に帯状に浅浮彫が刻まれている。左端には４層（あるいは基壇の上に３層）のジックラトがそびえる。聖水を祭壇に注ぐ神官の背後にエンヘドゥアンナ王女が立つ。胸のあたりが一部破損している。王女の背後は２人の侍女であろう。ウル出土、前24―前23世紀頃、石灰岩、直径26.5cm、ペンシルヴェニア大学博物館蔵

1―24　リムシュ王の戦勝碑
ギルス地区出土、前2278―前2270年、石灰岩、高さ34cm、ルーヴル美術館蔵

リムシュ王が手こずったシュメルの反乱

バビロニアではシュメル人は南方、アッカド人は北方に住み分けていたようだが、二分されていたのではなく、混在もしていた。前述のように、シュメル人とアッカド人との間には、深刻な民族対立はなかったと考えられている。

ところが、アッカド王朝による統一に、おとなしく従属することをシュメル人は潔しとはしなかった。サルゴンの存命中はともかく、息子で、第二代リムシュ王（前二二七八―前二二七〇年）が即位するや、シュメル人はウル市のカク王を指導者として反旗を翻した。リムシュは反乱鎮圧に手こずったことを王碑文に記している。たとえば「戦闘でウル市と［ラガシュ市］に勝利し、八〇四〇人を打倒（殺害）した。彼は五四六〇人を捕虜にした」のように、シュメル諸都市への徹底的な攻撃を詳細に記録している。

リムシュは一〇年に満たない短い治世の間に敵の首謀者カクを捕らえ、シュメル地方を鎮定した後に、湾岸地方やエラムに遠征している。

アッカド王朝といえば、サルゴン王とナラム・シン王がその卓越した功績で高く評価されているが、リムシュ王が父王サルゴンの創業した王朝を守りきったことで、息子のナラム・シンへと王統をつなぐことができたのである。

「マニシュトゥシュ王のオベリスク」

第三代マニシュトゥシュ王（前二二六九―前二二五五年）は、名前の意味が「誰が彼とともにあるか」なので、リムシュと双生児のようだ。この王のときにはシュメルの反乱が記録されていないことから、アッカド王朝の支配がようやく安定したらしい。メソポタミア北部のニネヴェ市に神殿を建立し、ペルシア湾岸やイラン高原のアンシャン市（現代名タレ・マリヤーン）に遠征し、版図拡大を目指していた。

1―25（左）マニシュトゥシュ王のオベリスク　スーサ出土、前2269―前2255年、閃緑岩、高さ1.4m、ルーヴル美術館蔵
（右）マニシュトゥシュ王の立像　上半身は欠損し、下半身のみが残っている。王の像はこわされていることが多い。スーサ出土、前2269―前2255年、閃緑岩、高さ94cm、ルーヴル美術館蔵

マニシュトゥシュの治世にはアッカドに服従していたエラムだったが、一〇〇〇年以上も後代になってバビロニアに侵攻した。このときシッパル市の神殿から掠奪していった碑が「マニシュトゥシュ王のオベリスク」で、スーサから出土している。

これはマニシュトゥシュがアッカド地方で八ヶ所の広大な土地を購入した

ことを告知するための碑文で、シュメル地方よりもむしろアッカド地方が土地売買はさかんだった。また、碑とともにマニシュトゥシュの像も出土したが、残念ながら下半身だけで、王の容貌《ようぼう》はわからない。アッカドの王で、容貌がわかるのは、リムシュの息子で、後継者のナラム・シン王である。

神格化されたナラム・シン王

祖父サルゴン以上に遠征を繰り返して、アッカド王朝の版図を最大にしたのが、リムシュ王の子で、武勇に長《た》けたナラム・シン王だった。その三七年間の治世こそがアッカド王朝の絶頂期になる。

即位早々に勃発《ぼっぱつ》した、キシュ市とウルク市の王が首謀者となったシュメル諸都市の連合軍による「大反乱」を、一年のうちに九回の戦いで平定したと豪語している。キシュを攻める際には、「彼（ナラム・シン）はユーフラテス河を彼ら（の遺骸《いがい》）で満たし、キシュ市を征服し、その城壁を壊した。さらに河を市内に流入させて、二五二五人を都市で殺した」と、「洪水戦術」つまり水攻めにしたという。秩序回復および支配強化のために、ナラム・シンは王子たちを都市の支配者に任じ、王女たちをいくつかの有力な神殿の女神官につけた。

ナラム・シンは「四方世界の王」を名乗り、その後メソポタミアの王ではじめて自らを神格化した。神格化は文書のうえでは、神を示す限定詞を名前の前につけて表した。また、扉図のように、図像では角のある被《かぶ》り物《もの》で神格化を表す。ただし、エジプト王の神格化は最高神と合一されたが、バビロニア王の神格化は大神と人間の間を執り成す低位の神、つまり個人の守護神のような位置づけになる。

「上の海から下の海まで」の支配

ナラム・シン王は積極的に外征をした。

東方エラムへの遠征は東方交易のためもあるが、シュメル支配の安定のためであった。前二二五〇年に、ナラム・シンがイラン高原西部のアワンの王と結んだ条約のエラム語版がスーサで発見されている。

南方ペルシア湾方面では、マガンを攻め、戦利品をエンリル神に奉献した。

西方では、シリア北

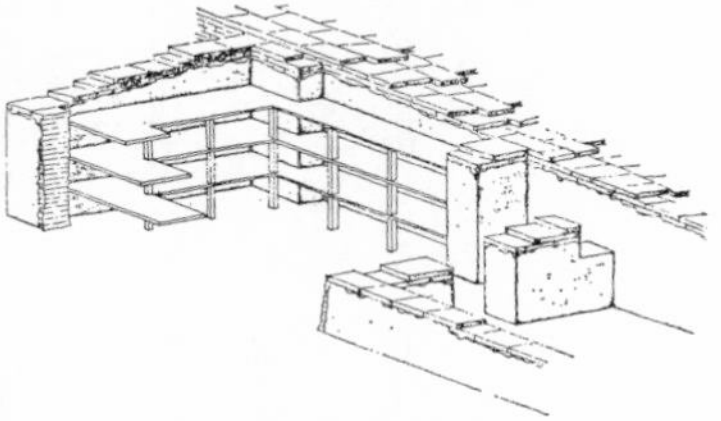

1—26（上）エブラ市の文書庫　アッカドの攻撃で文書庫は焼け落ち、そのまま埋もれていた粘土板。大部分が行政経済文書で、シュメル語の名詞が多数使われていることから、エブラの書記たちがシュメルの書記術を学んでいたことがわかった
（下）文書庫想像復元図　三方の壁に各３段の書棚があったようだ

部のアルマヌム市（おそらくアレッポ市）やエブラ市（現代名テル・マルディーク、図1―26）を攻略した。アマヌス山脈にいたり、さらに地中海に達し、アナトリアにも遠征した。

北方では、バビロニアへの侵攻の脅威を取り除くために、北東山岳地方のルルブ人やメソポタミア北部の平原に分布するスバルトゥを征服し、貢納を課した。ルルブ征伐を記念したのが、「ナラム・シン王の戦勝碑」（本章扉図）である。王は被り物で神格化を表し、弓をもっている。ナラム・シンの軍勢は弓を巧みに操った。兵士たちも弓を手に王にしたがっている。

アッカド王朝の「上の海から下の海まで」の支配を完成したのは、まちがいなくナラム・シンであった。『クタ市（現代名テル・イブラーヒム）伝説』では武勇にすぐれた王、一方『アッカド市への呪《のろ》い』では傲慢《ごうまん》な王と、ナラム・シンの評価は分かれるが、有能な王であったことはまちがいない。

衰退するアッカド王朝

ナラム・シン王の長い治世がおわると、アッカド王朝は衰退していく。

武力で拡大した広大な版図は有能な王ならば運営可能だが、凡庸な王には治められない。絶頂期の後に急速に衰退していく例は、この後のメソポタミアの歴史で繰り返される。

第五代シャル・カリ・シャリ王（前二二一七―前二一九三年）治世は比較的安定していたともいわれるが、この治世に書かれたアッカド語の手紙は、民族系統不詳のグティ人が侵入して治安が悪化していたことを伝えている。さらに、東方のエラムと、シュメル語で「西方」を意味するマルトゥ人（アムル人、アモリ人ともいう。第二章参照）も侵入し、その上、またしてもシュメル諸都市が離反していく。

シャル・カリ・シャリの後は、「誰が王で、誰が王でなかったか」といわれる無政府状態に陥っていた。アッカド王朝自体が地方政権に縮小し、滅亡する。だが、アッカド語は残った。

共通語はアッカド語

世界史上では、ギリシア語、ラテン語、フランス語そして英語と、政治力や経済力のある民族の言語が共通語となった例がいくつか見られ、その最初がアッカド語だった。

アッカド人は自らの言語アッカド語を表記するために、シュメル人が発明した楔形文字を借用した。中国語を表記するための漢字を、日本語を表記するために日本人が借用したのと同じである。日本人は漢字を崩して平仮名、一部を取って片仮名と、二種類の音節文字を工夫した。こうした工夫はせずに、アッカド人は楔形文字をそのまま音節文字として使用した。

アッカド王朝の版図拡大で、アッカド語が普及した。後代になっても、前一四世紀中期の広い意味の「アマルナ時代」（第三章参照）には、アッカド語は古代オリエント世界の共通語として使用されていたことが、「アマルナ文書」の出土で証明された。長く使われたアッカド語は新アッシリア時代（前一〇〇〇―前六〇九年）にアラム語と併用され、その後アラム語に取って代わられていく。このことは、後で話す。

六　ウル第三王朝——シュメル人の最後の統一国家

ウルナンム王の統一

前述の「ウル王墓」の時代から約五〇〇年後のウルは、シュメル人による統一国家の首都として繁栄期を迎える。

アッカド王朝時代に侵入したグティ人の支配からシュメルを解放したのはウルクのウトゥヘガル王であった。異説もあるが、ウトゥヘガルの将軍としてウルに駐留し、後にウトゥヘガルに代わってメソポタミアを統一し、ウル第三王朝を樹立したのが、ウルナンム（ウルナンマともいう）王（前二一一二—前二〇九五年）である。ウルナンムを初代として、五代にわたる世襲王朝が約一〇〇年つづいた。この王朝はシュメル人による最後の統一王朝になった。

初代ウルナンムが王朝を創設して一八年、そして父王のつくった王朝を発展させたのが、四八年もの長きにわたって支配した第二代シュルギ王（前二〇九四—前二〇四七年）で、両者ともにすぐれた君主と評価されている。

ジックラトの修復

ウルナンム王の「年名」のなかに、治世何年かはわからないが、「王ウルナンムが下から上まで道をまっすぐにした年」という「年名」がある。この「年名」は実際の街道整備を表しているとも考えられるが、一方で「下の海」つまりペルシア湾から「上の海」つまり地中海にいたる地域の支配を意味している可能性もある。王の強固な支配は大規模な運河建設と整備を可能にし、南方のペルシア湾をはじめ北方および西方との交易で大きな繁栄をもたらした。

すでに初期王朝時代に築かれていたジックラト・エテメンニグル（口絵4上、図1—10）を修復、拡大するだけでなく、ニップル、ウルクおよびエリドゥのジックラトも修復した。ことにエテメンニグルの復元は王にとって誇らしい業績であり、復元作業の様子が一面の碑に刻まれ、碑の断片にはウルナンムの姿が刻まれている。

1—27　**ウルナンム王**　玉座に腰かけた、ウル市の都市神ナンナの前で灌奠の儀式をおこなっているウルナンム王。王は王冠（羊毛製）をかぶった正装である。ハンムラビ王も同じ装束である（第二章扉図参照）。ウルナンム王がエテメンニグル修復を記念した碑の断片で、碑の幅は152cmあったが、高さは不明である。ウル出土、前2112—前2095年、石灰岩、ペンシルヴェニア大学博物館蔵

『ウルナンム法典』

ウル第三王朝時代には統一国家も成熟段階にはいった。社会正義の擁護者として、王の権能を目で見える形で表現している。具体的には、王の神格化であり、「王讃歌」（後述）や「法典」がつくられたことである。現時点で、最古の「法典」は

シュメル語で書かれた『ウルナンム法典』である。ニップルやウル出土の断片から、序文のほぼ全文と約三〇の条文が復元され、近年さらに研究が進展している。

ところで、「法典とは序文、条文および跋文《ばつぶん》で構成され、立法の意義も明記されている法集成」と定義すると、この粘土板を『ウルナンム法典』と呼ぶには問題がある。また同時代の裁判記録にも「法典」への言及は見られず、現実に公布された実定法とは考えにくい要素もあるが、暫定的に「法典」と呼んでいる。

序文のなかで、「私（ウルナンム）は孤児を富める者に引き渡さない。私は未亡人を強き者に引き渡さない」と記されている。前述のように、都市国家時代から、王は武力にすぐれているだけではなく、未亡人や孤児のような社会的弱者を庇護《ひご》することが求められていた。

「やられても、やりかえさない」

条文はまず「もし……ならば」と条件節があって、「……すべきである」と帰結節がつづく決疑法形式（解疑法形式ともいう）で書かれていて、後代の『ハンムラビ法典』などもこの形式を踏襲している。以下に例をあげてみよう。

第一八条
もし［人が……ほかの人の］足を［……で］切ったならば、銀一〇ギンを払うべし。

第二〇条
　もし人がほかの人の鼻を［……で］切ったならば、銀三分の二マナを払うべし。
　（一ギン＝約八・三グラム、一マナ＝約五〇〇グラム）

　西アジア世界といえば「眼《め》には眼を、歯には歯を」の「やられたら、やりかえせ」の危ない土地柄と思われている。確かにこのような「同害復讐法《どうがいふくしゅうほう》」の考え方は前一八世紀の『ハンムラビ法典』には見られる。

　だが、歴史を遡ると、シュメル社会ではちがう法原理つまり「やられても、やりかえさない」考え方があったことが、『ウルナンム法典』からわかるのである。傷害罪（第一八―二三条）は賠償で償われるべき、つまり銀を量って支払うとの考え方が採用されていた。

　なお、シュメルのみならず、後代のメソポタミアの法律も同様だが、法の下に平等ではなく、自由人と奴隷では刑罰に差があった。

　刑法だけでなく、民法も扱っていて、結婚や離婚についての条文もある。自由人と奴隷の結婚（第五条）も可能だった。処女性は重要視されていたし（第八条）、妻は貞操を守る義務（第七条）があった。離婚となれば慰謝料だが、妻が再婚の場合は初婚の妻の慰謝料の二分の一（第一〇条）、契約書のない内縁関係の場合は慰謝料なし（第一一条）と明記されている。

　夫婦は同居の義務があったが、財産は別であった。シュメルでは、女性も財産を所有できたし、遺産相続では息子が優先的に相続したが、娘も相続の可能性はあった。また、女性も証人として出廷できた。

ウル第三王朝時代の社会と経済

シュメル社会の基礎は家長を中心とした単婚家族である。初期王朝時代からウル第三王朝時代にかけて、基本的に耕地の私有は認められず、家宅とその周りの菜園のみが家族財産の対象であり、奴隷を所有することもできた。

ウル第三王朝時代の王や都市支配者の基盤は、初期王朝時代ラガシュに見られた家産的な行政経済組織を拡大したものである。

外国との交易は王家が独占していた。商人は、初期王朝時代には王や后妃に仕える者で、遠方のエラムやディルムンなどに出かけて、物品を購入した。公的な組織のいわば「役人」としての商人は、ウル第三王朝時代においても基本的に同じだった。

私的経済が発展するのは、古バビロニア時代になってからである。

個人情報が多いシュルギ王

シュメル・アッカドの王たちのなかで、個人情報がもっともよく残っているのはシュルギ王であろう。家族についてもかなりわかっている。八人以上の妻がおり、息子は一七人以上、娘は一三人以上いて、ほぼ名前もわかっている。息子には軍事遠征の指揮をさせ、娘は政略結婚の手駒にした。

シュルギについては王碑文、行政経済文書、「王讃歌」「王室書簡」そして「年名」などのさまざまな種類の記録が残っている。

「王讃歌」はすでにウルナンム治世からつくられ、古バビロニア時代まで見られる。王の偉大さを称讃し、偉大な王の下で国家の安泰と豊饒、社会の公正と正義が得られることを願う内容で、統一国家が確立されたウル第三王朝時代にふさわしい文学作品である。

シュルギは自画自讃《じさん》、自己陶酔の文学ともいえる「王讃歌」を三〇以上もつくっている。極端に理想化され、シュルギの父はウルナンム、母はシアトゥム（あるいはワタルトゥム）とわかっているが、王讃歌では「父」はルガルバンダ神、「母」はニンスン女神と記している。さらにニンスンを母とするギルガメシュ神を、シュルギは「兄弟にして、友」と呼んでいる。

また、「王室書簡」は、王と臣下との間で交わした手紙のことで、この時代には行政命令を目的とする手紙がさかんに書かれた。原本は残っていないが、古バビロニア時代に学校で教材

1—28　シュルギ王の定礎埋蔵物の釘人形　シュルギの支配領域がエラムのスーサまで拡大していたことを示す。スーサにインシュシナク神の神殿を建立したことが記してある。スーサ出土、青銅、高さ25cm、ルーヴル美術館蔵

に利用されていた写本が残っている。

四八年分の「年名」

ウル第三王朝時代の「年名」は、その年に起きた重要事件にちなんでつけられた。同一年に二つの「年名」があったこともある。シュルギの治世はハンムラビ王の四三年よりも長い四八年で、その間の「年名」が治世四年を除いてわかっている。在位年が長いのは、父王ウルナンムが戦死したので、急に若くして即位したからだともいう。

治世一九年までは神像搬入や神殿整備などの宗教的なことがらの「年名」が並んでいることから、シュルギは神々を正しく祀り、国内における支配を固めた。支配が固まった後で、治世一九—二三年には諸改革に着手した。改革が達成されると、シュルギは遠征に乗り出す。治世二一年にはデール市（現代名テル・アカル）を征服し、以後エラムやティグリス河東岸北部への遠征での功業が「年名」に採用されている。

以下、「年名」や『シュルギ王讃歌』などからシュルギの治世をたどってみよう。

治世一年「シュルギ（が）王（になった）年」

治世一年は即位の事実のみを記したあっさりした「年名」である。シュルギ自身が四八年もの長きにわたって王位にあったことから、若くして即位したことになるだろう。

『シュルギ王讃歌B』で、「私の少年の頃から、私は学校に属し、シュメル語とアッカド語の粘土板で私は書記術を学んだ、少年の誰一人、私のように粘土板を（上手に）書くことはできなかった」と、成績が良かったことを自慢している。ちなみに、学校はすでにウルク文化期にあったと推測されるが、実際に発掘されたのは古バビロニア時代（前二〇〇四—前一五九五年）の学校の跡である。ウル、ニップルおよびマリなどに学校があった。

シュルギの母シアトゥムが夫の死に際して、哀歌『ウルナンム王の死（と冥界下《めいかい》り）』をつくった才媛であったことも、シュルギが学校で教育を受けたことと無関係ではなかったかもしれない。シュルギは古代メソポタミアの長い歴史のなかでも数えるほどしかいない、識字力のある王であった。シュルギが学校で知的訓練を受け、読み書きができたことは、長きにわたって、王位にありつづけられた理由の一つになるだろう。シュメルの学校は書記つまり役人の養成機関であり、王族が通うところではなかった。だがシュルギ王は役人の卵たちとともに学び、役人としての知識、技術を身につけた。だからこそ、統一国家の体制を支える役人たちの上に、長く立ちつづけることができたのであろう。

なお、教養人シュルギの后妃の一人は、子守歌をつくっていて、教養のある心やさしい女性だったようだ。

街道整備
治世七年a 「ニップル街道を［整備した］年」

治世七年の別の「年名」も、次のような、街道整備が前提になるような「年名」である。

治世七年b 「王がウル市［から］（ニップル市へと往来した）年」

首都ウルから、最高神エンリルが祀られた聖都ニップルを結ぶ街道は、いわばシュメルの「国道一号線」だった。都市国家とちがって広い版図をもつ統一国家ともなれば、中央の命令が地方に速やかに伝えられるように、首都と地方を結ぶ基幹道路の整備が不可欠である。

街道整備の事業はすでにシュルギの父ウルナンムがおこなっている。『ウルナンム法典』「序文」では、「そのとき［私（ウルナンム）は］ティグリス河の河岸で、ユーフラテス河の河岸で、すべての河の河岸で船舶の交通を［整備した］。［私は］使者たちの［ために安全な街道を保障した］。私は（街道沿いの）家を［建てた］。［私は］果樹を［植え］、王はそれらの監督のために園丁を置いた」と記している。

父の事業を継承した可能性もあるが、シュルギは道路を単に整備するだけでなく、約一〇キロメートルごとに「宿駅」を置き、そのそばに庭園も設けた。こうして旅人の安全を保障し、かつ便宜を図ってやったようだ。これは、アケメネス朝ペルシアでの有名な「王の道」（終章参照）整備に先行すること約一六〇〇年も前のことになる。

1―29　あひる型の分銅　分銅に刻まれた碑文はシュルギ王が神格化された後に書かれた。シュルギの名前の前に「神」と書かれている。統一国家の王シュルギは重量の標準を定めたが、優れていたので、後代まで使用された。ウル出土、前2094―前2047年、閃緑岩、長さ14cm、イラク博物館蔵

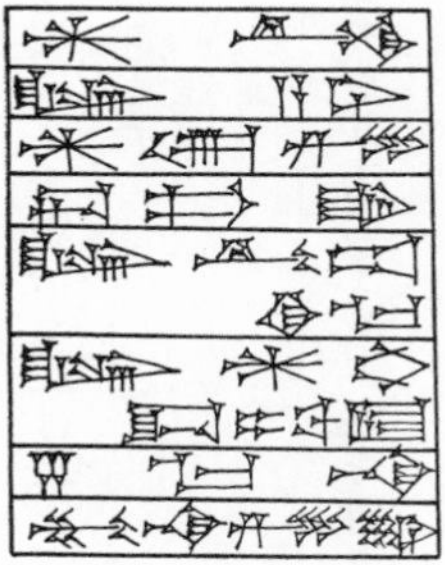

1 ナンナ神、
彼の王のために、
シュルギ神、
強き男
5 ウル市の王、
四方世界の王が、
５マナに
確定した。

改革断行

治世二〇年a「ウル市の市民が槍で武装した年」

治世二〇年に常備軍が設けられたようである。中央集権体制を維持するには官僚制と常備軍が車の両輪として機能しないとむずかしい。年若い王であっても、外敵に対しては、国内をまとめて一致団結してあたることができる。だが、内政となると、老獪《ろうかい》な臣下に牛耳られることもありうるので、かなりの政治力がないとその舵取《かじと》りはむずかしいだろう。若くして即位したシュルギだが、二〇年も王位にあれば、中年となってそれなりの王としての貫禄《かんろく》を身につけていただろう。

常備軍設置のほかにも、さまざまな改革に着手した。中央や地方の行政機構が整えられたようで、各地の文書の形式、用語もほぼ統一された。ウル第三王朝の政治、経済体制を特徴づける諸要素はこの時期にできあがる。このほかにも、シュルギは度量

衡の統一（図1―29参照）など、統一国家にふさわしい支配体制を整えた。
ウル第三王朝では役人による経済支配は厳密で、すべて細部にいたるまで記録を残し、月ごとあるいは年ごとに報告した。

検地を実施

治世二一年a「（略）ウル市の王シュルギ神がエンリル神とニンリル女神の神殿の土地と会計を整えた年」

二〇年代から少なくともラガシュやウンマで、大規模な検地を定期的に実施している。検地は灌漑農耕社会の為政者がなすべき基本的な仕事である。

治世二一年の別の「年名」は「デール市を征服した年」で、治世二〇年に常備軍を設けた翌年に遠征で成果をあげたことになる。デールはティグリス河東岸に位置し、メソポタミアとエラムの首都スーサをつなぐ要衝で、本格的なエラムへの介入が可能になった。

現人神《あらひとがみ》にして「四方世界の王」

治世二三年「王シュルギ神―エンリル神が至高の力を授与した［……］年」

シュルギは存命中に神格化され、同王につづく三代の王も同じように神格化された。

なお、シュルギはアッカド王朝のナラム・シンと同様に「四方世界の王」（図1―29参照）の称号を治世後半に採用したが、「年名」では治世四五年にこの称号がはじめて書かれた。「四方世界の王」とは、地上世界、いいかえれば人間世界をあまねく支配する王の称号で、この称号を名乗る王は理念上では神々の世界の末端に位置づけられ、現実には軍事的拡大に打って出たのである。

戦端が開かれれば、「私はわが本隊の前を進む」と『シュルギ王讃歌B』のなかできっぱりいっていて、シュルギ自身が先頭に立った。シュルギは槍を手に戦い、投石器を操作できたとも自慢している。

繰り返されるフリ人への遠征

内政を改革し、神格化もした後で、シュルギは軍事的拡大に打って出た。

治世二四年「カラハルを征服した年」
治世二五年「シムルムを征服した年」
治世二六年「シムルムを二度目に征服した年」
治世二七年「ハルシを征服した年」

カラハル、シムルム、ハルシはフリ人（第三章参照）が多く住んでいた地方の国々である。「年名」では「何某を征服した」つまり「わが軍大勝」の連続だが、実際にはウルの軍勢はかなり苦戦し、負け戦もあったにちがいない。だからこそ、手ごわい国々にシュルギは晩年まで遠征を繰り返さざるをえなかったのである。
シュルギ治世二四―二七年が「第一次フリ戦争」で、治世三一―三三年が「第二次フリ戦争」、そして治世四二―四八年にも「第三次フリ戦争」と、遠征がつづいている。シムルムの抵抗は収まらなかった。頑強にウルの支配を受けつけず、シュルギは治世四四年になんと九度目、そして翌年も遠征した。さらに、第四代シュ・シン王（前二〇三七―前二〇二九年）も治世三年に遠征している。

三重構造の中心地域

シュルギ王はアッカド王朝のナラム・シン王と同様に、「上の海から下の海まで」つまり地中海からペルシア湾までの広大な領域を支配した。ウル第三王朝の支配は三重構造であった。

中心地域は、ウル王家本来の支配地域、シュメル・アッカドの諸都市である。これらの諸都市はニップルに祀られているシュメル・アッカドの最高神エンリルに、勤番で奉仕する義務があった。具体的には宗教儀式用の大麦、パン、ビール、魚などを貢納した。

1―30　ウル第3王朝の支配領域

だが、王都ウル、聖都ニップルそして古都ウルクの三都市は、勤番に加わらず、特別扱いだった。一方で、バビロンなどのバビロニア北部の諸都市が勤番に加わっていたことは、きたるべき古バビロニア時代の担い手が成長していたことを示している。

また、シュメル・アッカドの地域外のエシュヌンナ市（現代名テル・アスマル）とスーサ市が、第三代アマル・シン王（前二〇四六—前二〇三八年）治世以降に勤番に加わったことは、中心地域が拡大していたことを表している。

中心地域の外側、ティグリス河東岸一帯、ディヤラ河や大小ザブ河流域にいたる地域、つまりシュメル・アッカドの北東方面が第二地帯になる。この一帯はアッカド王朝時代にグティ人に侵入されて以来、政治的に不安定なので、軍事力を張りつける必要があった。そこで、東方のエラムへの遠征と同等以上の軍事力を向けていた。

ティグリス河東岸一帯に駐屯した軍団には、「駐屯軍団からの貢納」が課せられた。

第三地帯は地中海岸のグブラー市（ギリシア語でビブロス、現代名ジュベイル）、シリアのエブラからメソポタミア北部を経て、イラン高原のマルハシやアンシャンと、ウルからもっとも遠い地方で、臣下の礼をとる国々である。また、このグループにユーフラテス河流域のマリやトゥトゥル市（現代名テル・ビア）付近までがふくまれていた。このような国々には、定期的あるいは臨時に貢納を課した。

したがわぬ者どもには軍事遠征を繰り返したが、臣従国を懐柔するために、ことにイラン高原方面に、ウル王家から王女たちを、支配者あるいはその後継者に嫁がせた。王女たちは人質を兼ねた外交官の役割を務めた。

「寝ずに作業せよ」

治世三七年「国土の城壁を建てた年」

ウル第三王朝はその最盛期にすでに滅亡の予兆があった。マルトゥ人（アムル人、第二章参照）の侵入が勢いを増し、侵入を阻止するためにユーフラテス河からティグリス河へと防御のための城壁を、現在のバグダード北方八〇キロメートルのあたりに築いた。これは中国史で、北方辺境に外敵防御のために「長城」を築いたことに先行するできごとであった。この城壁補強のために労働者を送るようにプズル・シュルギ将軍がシュルギ王に要請した手紙がある。

プズル・シュルギは将軍でありながら、マルトゥ人の動きに狼狽《ろうばい》し、城壁補修のために軍団を送ってほしいなどと泣きついた。これに対してさすがにシュルギは毅然《きぜん》として、軍団を送ったから一ヶ月以内に城壁補修を完成せよ、寝ずに作業をせよと、命令している。

熊も馬もいた家畜収容施設

治世三九年「プズリシュ・ダガンの神殿が建てられた年」

ウル第三王朝時代には、メソポタミア北部、ディヤラ河地方、ザグロス山脈そしてイラン高原などの、シュメル・アッカドの周辺諸国からは大量の家畜が定期的に送られてくるようになった。そこで、ニップル付近に神殿を建立するとともに、これらの家畜を一時的に収容し、登録するための大きな施設プズリシュ・ダガン（現代名ドレヘム）が建設された。山羊や羊そして牛などが一年間に六万―八万頭も扱われていた。家畜管理についての数万枚の粘土板文書が出土していて、こうした文書から、事務能力に長けた官僚組織があったことがわかる。

ところで、家畜のなかには熊や仔熊《こぐま》もふくまれていて、デールに派遣された王族将軍などが連れ帰った。熊は道化師に引き渡され、芸を仕込まれたようだ。

また、熊よりも数が少ないながらも、馬も連れてこられていた。馬はやがてその機動力から

1—31　踊る熊　ウル王墓789号墓から出土した、牡牛頭のついた大きな竪琴の前板のモザイクで、4段に仕切って、シュメル版の「鳥獣戯画」が表現されている。踊る熊の前には、牡牛頭のついた竪琴がある

1—32　最古の乗馬図　書記アブバカルラの印章印影図　ウル第3王朝時代末期の役人の印章印影図で、「アブバカルラ、書記、ルニンギルスの子」と銘がはいっている。長い尾やたてがみから馬と推測されている。現時点で、文明世界で表現された最古の乗馬の図である

1—33　シュルギ王墓入口

戦場に導入され、戦車をひき（第三章参照）、人間がまたがって戦う（第四章参照）、有用な動物として利用されることになる。

星になったシュルギ王

シュルギ王は治世四八年第一一月二日に死んだ。王の死後、王愛用の玉座が聖なるものとなり、シュルギの玉座には、彼の死の直後から供物が奉献された。また、むごいことだが、后妃たちのなかから、シュルギ・シムティとゲメニンリルラの、少なくとも二人が、殉死させられたようだ。「シュルギ神が天に昇った」と書いた文書は、シュルギの死を婉曲《えんきょく》に表現したようだが、古バビロニア時代の文書には「シュルギ神の星」が見え、実際にシュルギは星に高められていた。

ウル王家の内紛

シュルギ王の死後、息子アマル・シンが王位を継ぐ。有能にして長期政権を維持した父王に比較される後継者アマル・シンは大変であった。後代の文書ではアマル・シンは無能で、神々も庇護を与えないと語られている。兄弟あるいは息子ともいわれるシュ・シンとの権力闘争が深刻になり、しかもアマル・シンの后妃アビ・シムティはシュ・シンの王位簒奪を助けたようだ。アマル・シンの治世六年にはシュ・シンが王を名乗っている。

アビ・シムティはシュ・シン治世には隠然たる勢力を宮廷内で維持していたようだが、シュ・シンが亡くなるとすぐ、シュ・シンの后妃クバトゥムとともに死者として祀られていることから、一代遅れの殉死にちがいない。

1―34　シュ・シン王座像　円筒印章印影図「強き王、ウル市の王、四方世界の王、シュ・シン神。ウンマ市のエンシ、アアカラ（は）あなたの下僕」と記されている。玉座に腰かける神格化されたシュ・シン王。前2037―前2029年、ラピスラズリ、高さ2.9cm、直径1.67cm

ウル王家の弱体化と滅亡

第五代イッビ・シン王（前二〇二八―前二〇〇四年）の治世になると、東方からはエラム人、西方からはアムル人と、外敵の脅威が増し、しかも同王の治世六年にウルで発生した飢饉《ききん》は数年つづいて、穀物価格が六〇倍に高騰した。序章で話したように、ウル第三王朝時代にはシュメル地方では土壌の塩化が進み、大麦の収穫が激減していた。

そこで、イッビ・シン王はマリ出身のイシュビ・エラ将軍に大麦購入を命じた。この間の事情が手紙（古バビロニア時代の学校の教材）からわかっている。穀物購入用に渡された銀で購入できる穀物の半分しか王に送らずに、王を馬鹿にしたような言い訳の手紙は、イシュビ・エラ将軍の狡猾《こうかつ》な性格をよく伝えている。

凡庸なイッビ・シン治世に、将軍だったイシュビ・エラ王（前二〇一七―前一九八五年）はイシン市（現代名イシャン・バハリヤート）に王朝（第一王朝）を樹立することにまんまと成功する。

イッビ・シン治世二三年の「年名」は「ウル市の王、イッビ・シン神に（その山国の）人々が愚かな猿をもたらした年」で、猿の貢物《みつぎもの》を喜んで「年名」にしたといわれるが、本物の猿ではなく、エラムを指しているとの説もある。エラムは翌治世二四年に侵入し、イッビ・シンは捕虜としてエラムに連れ去られ、ウル第三王朝は滅亡した。

王朝の滅亡は大きなできごとであった。滅亡後まもなく『ウル市滅亡哀歌』や『シュメルとウル市滅亡哀歌』（『第二ウル市滅亡哀歌』）が書かれ、都市荒廃の様子が描写され、都市神が立ち去ったことが嘆かれている。ただし、哀歌は滅亡のままでおわるのではなく、神々への帰還を願う言葉で結ばれていて、ここにかすかな復興への希望がある。

シュメル人は政治的、民族的な独立を失った。前二〇〇〇年紀にはいると日常ではアッカド語が使われ、シュメル語は死語になっていく。それでも学校ではシュメル語は教えられていたし、この頃に学校で書かれたシュメル語の文学作品が今に残っているのである。シュメル人がつくりあげた普遍的都市文明は長く継承されていくことになる。

第二章
シャムシ・アダド一世とハンムラビ王の時代
——前2000年紀前半

ハンムラビ王　右手を鼻の前に置き、祈りの表現をするハンムラビ王が左側に立つ。相対するのは、玉座に腰かけたシャマシュ神で、太陽神にして正義を司る。神の右手にもつ輪と棒をハンムラビに渡そうとしている。輪と棒は、一説には王権を象徴する腕輪と王杖と、別の説では灌漑農耕社会の王の重要な務めになる検地で使われる綱と棒と解釈されている。『ハンムラビ法典』碑上部の浮彫。スーサ出土、前1792—前1750年、玄武岩、碑の高さ225cm、ルーヴル美術館蔵

年代	事項
2000	**古アッシリア時代**(—1600)
1910	この頃アッシュル商人が「キュル・テペ文書」を記す(—1740)
1808	シャムシ・アダド1世(1813—1776、第39代)がアッシュルを征服
1796	シャムシ・アダド1世がマリを支配
2004	**古バビロニア時代**(—1595)
2025	**ラルサ王朝**(—1763)
	ナプラヌム(2025—2005、初代)
	ザバヤ(1941—1933、第4代)
	グングヌム(1932—1906、第5代)イシンと対立
	ワラド・シン(1834—1823、第13代)王位を簒奪
	リム・シン(1822—1763、第14代)
2017	**イシン第1王朝**(—1794)
	イシュビ・エラ(2017—1985、初代)
	イッディン・ダガン(1974—1954、第3代)最盛期
	イシュメ・ダガン(1953—1935、第4代)
	リピト・イシュタル(1934—1924、第5代)が『リピト・イシュタル法典』制定
1894	**バビロン第1王朝**(—1595)
	スム・アブム(1894—1881、初代)
	スム・ラ・エル(1880—1845、第2代)
	サムス・イルナ(1749—1712、第7代)
	サムス・ディタナ(1625—1595、第11代)
1794	**ラルサ**が**イシン**を滅ぼす
1790	**エシュヌンナ**がこの頃最盛期
	ダドゥシャ(1790—1780)が『エシュヌンナ法典』制定
	イバル・ピ・エル2世(1779—1765)がディヤラ河全流域を支配
1763	ハンムラビ(1792—1750、第6代)がラルサを滅ぼす
1761	ハンムラビがジムリ・リム(1775—1761)支配のマリを滅ぼす
1759	ハンムラビが全メソポタミアを統一し、「アムル全土の王」を称す
1740	**海の国第1王朝**(—1475)
1639	アンミ・ツァドゥカ(1646−1626、第10代)治世8年の金星観測の記録
1595	バビロン第1王朝滅亡

古バビロニア時代と古アッシリア時代

本章で扱う時代は前二〇〇〇年紀前半である。メソポタミア南部は古バビロニア時代（前二〇〇四―前一五九五年）で、ウル第三王朝の滅亡からバビロン第一王朝の滅亡までの四〇〇年間である。前半の約二〇〇年間のイシン・ラルサ時代は群雄割拠の混乱期、後半はハンムラビ王（前一七九二―前一七五〇年。本章扉図）以降のバビロン第一王朝時代（前一八九四―前一五九五年）に分ける。

一方、メソポタミア北部のアッシリアの歴史は、前二〇〇〇年を過ぎて、ようやくわかるようになった。これが古アッシリア時代（前二〇〇〇―前一六〇〇年）である。

一　アッシリアの歴史はじまる

主役はアムル人

前二〇〇〇年紀前半のメソポタミア史を動かした主役は、シリア砂漠からメソポタミアへ侵入してきた遊牧民、西方セム語族のアムル（アモリ）人であった。シュメル語では「西方」を意味するマルトゥと呼ばれていた。前二六〇〇年頃ともいわれるファラ（古代名シュルッパ

2―1　ビシュリ山

2―2　マルトゥ神　左端で手に杖をもち、ガゼルの背に足を乗せるマルトゥ神の姿は遊牧の民アムル人を象徴している

ク）文書に「エアギド、マルトゥ人」と書かれていて、これが現時点で確認される最古のアムル人になる。

アッカド王朝のシャル・カリ・シャリ王治世の、何年かわからない「年名」に、「シャル・カリ・シャリがバシャル山でアムル人との戦闘で勝利した年」があり、アムル人はバシャル山（ビシュリ山、標高八七六メートル）周辺の遊牧民であった。ウル第三王朝のシュルギ王がアムル人の侵攻を阻止するために、城壁をつくっていたことは、前章で話した。

アムル人はバビロニアに定住すると、アッカド語の名前を名乗る例が多かったが、アムル語の名前も前二二―前一六世紀のアッカド語文書には見られる。「ハンム神は偉大である」を意味するアムル語の名前が、ハンムラビである。また、アムル人はアムル語の記録は残さず、アッカド語を使用した。両者のちがいは方言程度といわれている。たとえば、本章の第三節で話すことになる、古アッシリア時代唯一の英主の名前は、アッカド語ではシャムシ・アダドだが、アムル語だとサムシ・アッドゥになる。

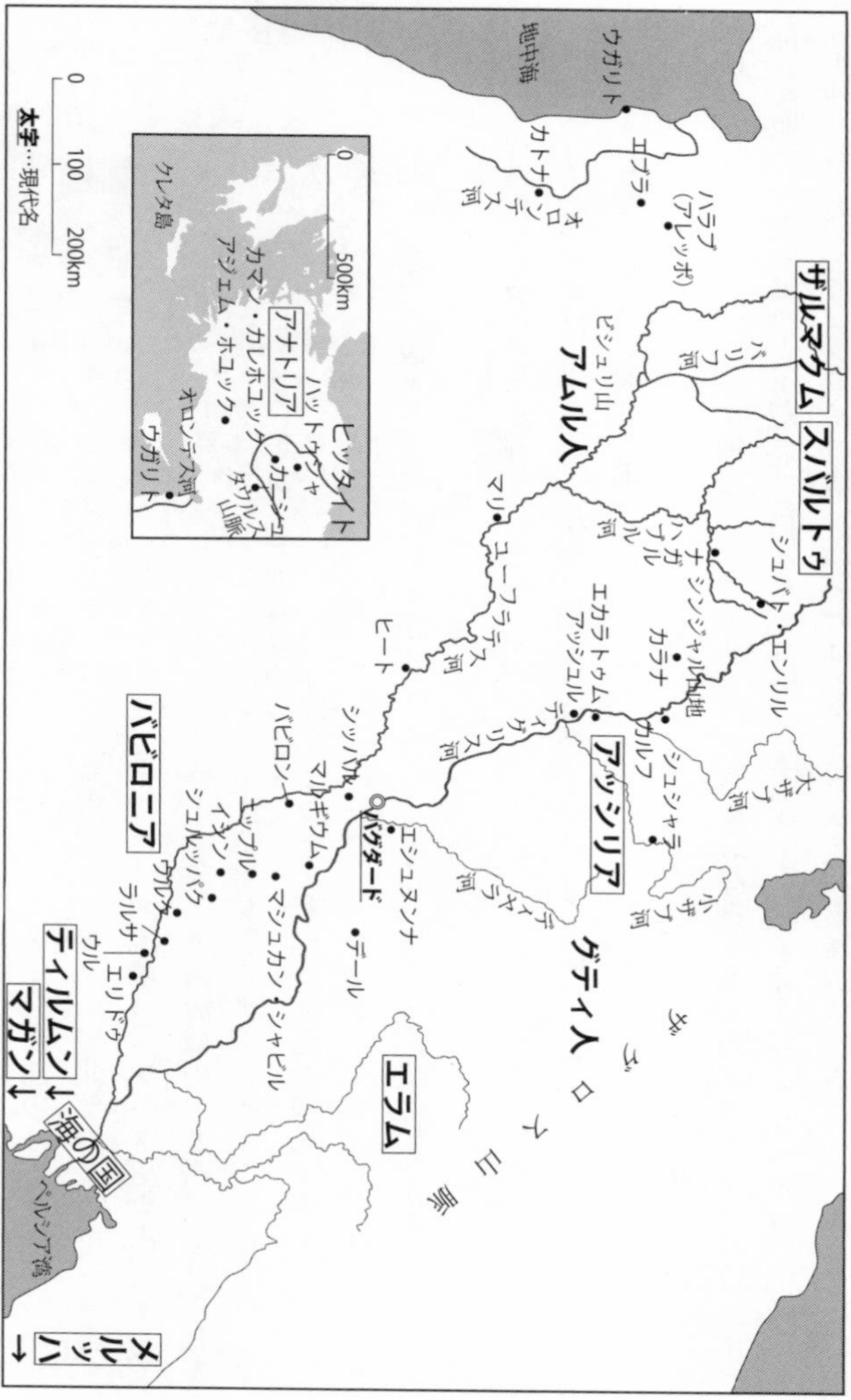
地中海
ウガリト
エブラ
カトナ
オロンテス河
ハラブ（アレッポ）
ザルマクム
バリフ河
ビシュリ山
アムルム
スバルトゥ
ハブル河
ナガル
シュバト・エンリル
シンジャル山地
カラナ
エカラトゥム
アッシュル
ティグリス河
カルフ
シュシャラ
大ザブ河
小ザブ河
アッシリア
マリ
ユーフラテス河
ヒート
シッパル
バビロン
マルギウム
バグダード
エシュヌンナ
ディヤラ河
デール
キシュ
イシン
ニップル
マシュカン・シャピル
シュルッパク
ウルク
ラルサ
ウル
エリドゥ
バビロニア
グティ人
ザグロス山脈
エラム
ティルムン↓
マガン↓
海の国
ペルシア湾
メルッハ→
ヒッタイト
ハットゥシャ
カニシュ
タウルス山脈
アナトリア
カマン・カレホユック
アジェム・ホユック
オロンテス河
ウガリト
クレタ島
0　500km
0　100　200km
太字…現代名

2—3　第二章関係地図

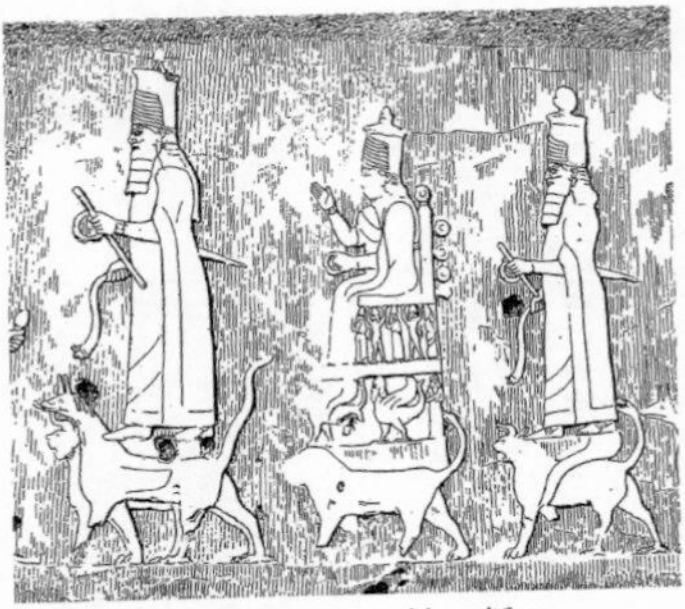

2—4　アッシュル神　新アッシリア帝国のセンナケリブ王（第四章参照）が断崖に彫った神々の行列（部分）で、先頭がムシュフシュの上に乗るアッシュル神、背後の女神はアッシュルの妻ムリッス女神で、女神の前身はバビロニア世界の最高神エンリルの妻ニンリルである。女神の背後に立つのがエンリル神との説もある

アムル人が王朝を建国したおもな都市には、メソポタミア南部のバビロン市、ラルサ市、メソポタミア北部のアッシュル市、ディヤラ河流域のエシュヌンナ市、そしてユーフラテス河流域のマリ市があげられる。

さて、本章ではメソポタミア北部のアッシリアの動向から話を進めていく。それというのも、シャムシ・アダド一世（前一八一三—前一七七六年、諸説あり、第三九代）がまずメソポタミア北部で覇権を握るからである。

土地を神格化したアッシュル神

アッシリアの歴史は古アッシリア時代、中（期）アッシリア時代（前一五〇〇—前一〇〇〇年）および新アッシリア時代（前一〇〇〇—前六〇九年）の三期に分けられる。「アッシュル市は王なり」といわれ、語源はわからないものの、アッシュルと呼ばれた土地が神格化されたのがアッシュル神で、アッシリアでは常に最高神であった。アッシュルは「市」「神」「地」を表す表語文字を限定詞として付けて区別する。つまり「アッシュル市」「アッシュル神」および「アッシュルの地」あるいは「アッシリア」と和訳される。

戦争は神の敵を排除する神聖な共同体の行為で、王は聖戦を指揮するアッシュル神の代行者だった。だから、アッシリアの伝統的な王の称号は「アッシュル神の副王」で、「真の王」はアッシュル神と信じられていた。バビロニアの最高神マルドゥク神像は敵国に何度か捕囚されたが、こうした出自もあってか、アッシュル神像が捕囚されたとの記録はない。神像がなかったということではなく、アッシュル神がアッシュルという土地と同一であるから、連れ去りようがないともいえる。

アッシュル神はアッシリアに対して、王権の授与ほか、一切の権限を握っていると考えられていた。アッシリア王はアッシュル神の大神官で、地上における代行者との考え方から、王名には、アッシュル・ウバリト（アッシュル神は生かしたもうた）、アッシュル・ダン（アッシュル神は裁判官である）、アッシュル・ナツィルパル（アッシュル神は後継者を守る）、アッシュル・ニラリ（アッシュル神はわが救い主）およびアッシュル・バニパル（アッシュル神は息子の創造者）などと、アッシュル神の名がよくいれられている。

初期のアッシュル市

序章で話したように、アッシリアは地理的に有利な条件に恵まれ、アナトリア、シリアおよびメソポタミアを結ぶ遠距離交易活動を優位に展開した商業国家であった。アッシュル市はティグリス河中流域西岸の肥沃な平野を見下ろす丘の上に位置し、首都がカルフ市に移されるま

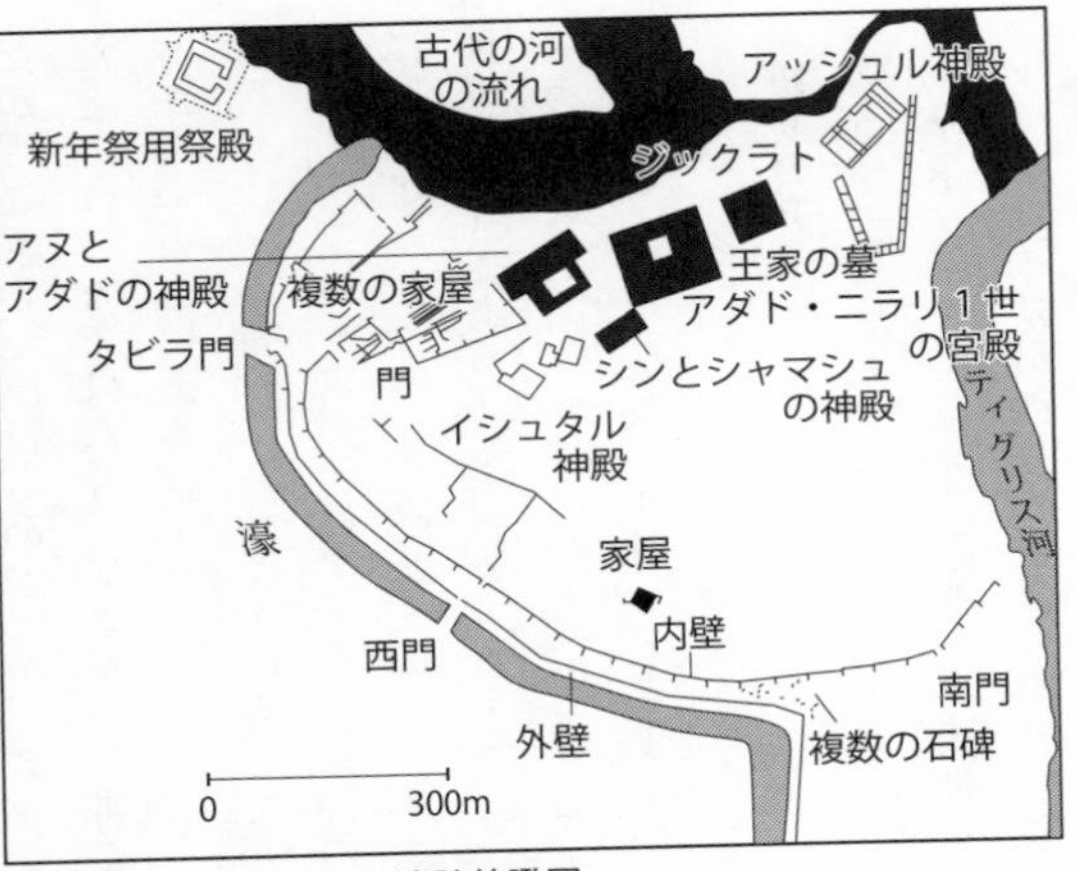

2―5　アッシュル遺跡俯瞰図

で、アッシリアの中心都市であった。

一九〇三―一四年に、ドイツ隊がアッシュルを発掘したが、前二〇〇〇年紀はじめの遺構は完全には発掘されなかったという。このため、アッシュルの歴史のはじまりはよくわからないが、アッカド王朝やウル第三王朝に従属していたことが、イシュタル女神神殿から出土した奉献碑文からわかった。その後、ウル第三王朝滅亡前後にその支配から脱したアッシュルだったが、アッシュルからではなく、遠方アナトリアのカニシュ市（現代名キュル・テペ）やシリアのエブラから、アッシュルについての史料が出土している。

「エブラ・アッシュル通商条約」

エブラ遺跡の前三〇〇〇年紀の文書庫に「エブラ・アッシュル通商条約」が収蔵されていた。つまり、エブラとアッシュルとは同盟関係にあり、条約まで結んでいた。

エブラはユーフラテス河中流のマリと戦争をして、マリとアッシュルとの親密な関係を分断することに成功した。その後、エブラはアッシュルと条約を結んだようである。

条約はセム語に属すエブラ語で書かれ、序文、条文そして呪詛《じゅそ》の三つに分かれる。条文は決疑法形式で書かれ、二一条にもなる。内容はアッシュル、エブラ両方の市民たちの二重課税、アッシュルの使者たちの活動に対する規則、物品を失った際の罰則、エブラに払われるべき毎年の税などである。

末尾に呪詛を書くことは古代オリエント世界の慣行である。この条約では、アッシュルの支配者が条約に違反した際には、条約の証人である神々が草原での彼の支配をやめさせるように、旅に出た彼の商人に水がないように、などの呪詛が書かれている。一方、エブラの支配者が違反した際の記述はなく、全体としてエブラのほうが優位であったようだ。

二　アナトリアへ出かけたアッシュル商人

ろばの隊商

アッシュル市の商人たちはアナトリア中央部のカニシュ市まで商売に出かけていた。アッシュルからカニシュへは約八〇〇キロメートルの困難な道のりで、冬期ともなれば雪の峠越えもあった。「寒さに私たちは悩み、隊商は飢えに苦しんだ」との商人の苦労話が伝えられている。防備の整えられた一定ルートを、通行税を払いながら、ろばの隊商が約三ヶ月かけて旅をした。

荷車は河を渡ることや峠越えに適さないために、使われなかったようだ。

カニシュは別名ネシャといい、水に恵まれた肥沃な平野の中心である。ここはタウルス山脈に近く、さまざまな土地に通じる街道の交差点であった。カニシュの現代名はキュル・テペで、カイセリ市の北東約二〇キロメートルにあたる。

カイセリはカッパドキア地方の中心都市で、カッパドキアといえば、きのこ型の奇岩が林立することで知られ、日本人のトルコ観光でも定番の訪問先になる。だが、カッパドキアにいっても、そこからキュル・テペ遺跡までいくツアーはほとんどない。

アッシュル商人が書いた「キュル・テペ文書」

カニシュの丘の下にあるカールム（商人居留区、後述）の遺跡は四層からなり、古い時代になる第四層と第三層からは粘土板文書は出土していない。第二層（前一九一〇―前一八三〇年）のカールムの文書庫から粘土板文書約一〇〇〇〇枚が出土した。発見された地方名にちなんで、「カッパドキア文書」と命名されたが、現在では遺跡名から「キュル・テペ文書」と呼ばれている。その内容は、アッカド語の方言、古アッシリア語で書かれたアッシュル商人の商取引の記録や手紙などからなる。

単身赴任の商人たちがアッシュル市に残してきた家族からの手紙のなかでは、家庭内のもめごとも語られている。また、商人間で交わされた手紙のなかには、まともな業務上の手紙と思っていると、途中で密輸の話になったりと、なかなか興味深い。
カールムの内部には、整備された家屋と舗装された街路が築かれていて、アッシュル商人たちが住んでいた。住居からの出土品のうち、先端が反り返った靴の形や動物の姿の形象土器は面白い。円筒印章も出土している。

第二層には火災の跡があり、火災は戦火と考えられる。その後に約二〇年の空白期間があって、第一層b（前一八一〇—前一七四〇年）がつづく。この層からも約二五〇枚の文書が出土した。シャムシ・アダド一世がこの頃アッシュルを支配していたが、この時期のアッシュルの遺構はまだ発掘されていない。前一七四〇年頃にも火災があり、これも戦火である。破壊された第一層bからは「王宮、アニッタの、王の」の銘がはいった青銅製の槍の穂先（図2—8）が発見されている。

2—6　カールム想像復元図　ろばに積み荷を背負わせた、アッシュル商人が到着した場面。粘土板に記録をつけている男は先端が丸くなった靴（図2—7）をはいている

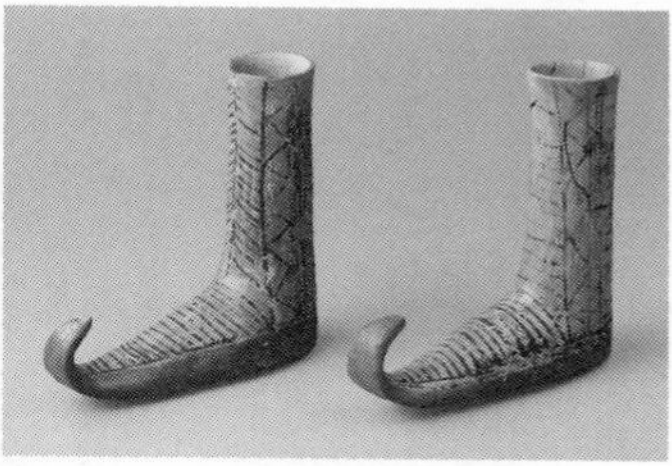

2—7　靴形の容器　カニシュ出土、カニシュ第2層、粘土、高さ9.8cm、幅7.3cm、アナトリア文明博物館蔵

カニシュ市の支配者はハッティ人

アッシュル商人たちは現地の支配者の許可を得て、カニシュに滞在していた。カニシュの支配者

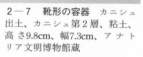

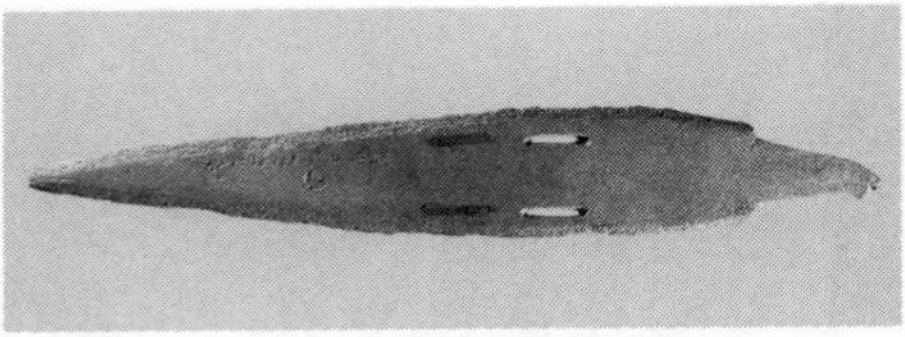

2—8　**アニッタ王の槍の穂先**　カニシュ出土、前18世紀、青銅、長さ29cm、アナトリア文明博物館蔵

はヒッタイト人がアナトリアに進出してくる以前の原住民であるハッティ人と推測され、カニシュの丘の上に建てられた宮殿に住んでいた。

支配者はアッシュル商人に領土内に住む権利を与え、カールムの特別な地位を保証し、支配領内で交通の安全を図ってやる。一方で、支配者側にはかなりのうまみがあって、カールムの営業活動に加わり、毛織物の価格の約二〇分の一、錫《すず》の価格の約六五分の二の関税を受け取った。また、このほかに織物の一割を買い占める権利などもあり、さらにアッシュル商人を通じて遠方の貴重品を入手できた。

カニシュ市のカールム

カールムとは、アッカド語で「波止場」「商人居留区」「商人共同体」などを意味し、古アッシリア時代のアナトリア交易の拠点であった。カニシュのほかに、ハットゥシャ（現代名ボアズキョイ）やアジェム・ホユック（古代名ブルシュハンダか）など、アナトリアやシリア北部の主要都市に置かれた。なかでも、カニシュのカールムはアッシュルを母市としたアナトリア交易網の中心として機能していた。

アッシュル市の決議はカニシュのカールムを通して地方のカールムに、「市の使節」によって伝達され、逆に地方のカールムがカニシュのカールムに意見を求める場合もあった。

カールムとその経済活動の中心は「カールムの家」で、輸出入を管理し、税の徴収およびその一部を地方領主に納め、また裁判権を行使した。銀行の機能もあって、商人に銀を前貸しすることもあり、その活動は多岐にわたっていた。

なお、日本の中近東文化センターが長く発掘しているカマン・カレホユック遺跡（古代名不明）にもカールムがあったようだ。二〇〇一年に、前一八世紀頃の粘土板が発見された。古アッシリア語で、穀物や銀などを送ったことを書いた取引メモのようであった。

上等な毛織物

アッシュル商人はアッシュルから錫や毛織物をアナトリアまで運搬し、販売していた。アナトリアからは黄金や銀などがアッシュルに運ばれた。毛織物はアッシリア産ではなく、中継貿易であった。毛織物はバビロニアからアッシュルに運ばれた。

バビロニアの毛織物はシュメル人が活躍していた前三〇〇〇年紀からの伝統と技術があって、上等な商品であった。アナトリアでも毛織物は織られていたが、バビロニアで織られるような上等な織物はなかったらしい。だから、アッシュル商人がもっていった五マナ（約二・五キログラム）の毛織物一包みが、銀で五ないし六シェケル（約四一・五ないし四九・八グラム）になった。

2—9　ウガリト遺跡

貴重な金属だった錫

錫は銅と合金して青銅をつくるほかに、はんだとしても使われる。原鉱は錫石として自然界に存在するが、西アジアではめったになく、高価だった。近年の研究ではアフガニスタン産の可能性が高く、バビロニアを経由した、アッシュル商人による大規模な錫の中継貿易である。アッシュル商人によってアナトリアに輸出された錫は地元産の銀と交換すると、一マナ（約五〇〇グラム）の錫が銀で四シェケル（約三三・二グラム）になった。

前一九—前一八世紀の「マリ文書」では、錫は銀の一〇分の一の価値で、マリからさらに地中海岸の町ウガリト市（現代名ラス・シャムラ）などに、運ばれていった。

アッシュル商人の活動が衰えた後は、これまでとは逆にアナトリア産の錫がメソポタミアに流入するようになる。

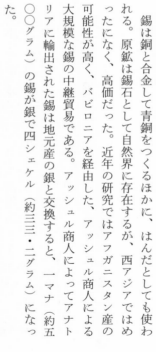

ヒッタイトの歴史はじまる

前述のように、カニシュのカールムは前一七四〇年頃に火災があって、アッシュル商人たちの交易活動はおしまいになった。その理由はアナトリア情勢の変化と考えられる。

というのは、「キュル・テペ文書」のなかに、インド・ヨーロッパ語と思える名前がわずかだが記されていて、ヒッタイト語の単語らしきものもあるからである。つまり、ヒッタイト人が前一九—前一八世紀のカニシュにすでにあらわれていたことを意味している。ヒッタイト語を、ヒッタイト人自身は「ネシャ語」といった。ネシャとはカニシュのことで、カニシュはヒッタイト人がアナトリアへ進出した際に、重要な拠点だったようだ。

2—10　ハットゥシャ遺跡

アッシュル商人たちがカールムにやってきていた前一八世紀に、クシャラ市（アナトリアの都市、位置は不明）のピトハナ王がカニシュを攻略した。ついで、ピトハナの子で、カニシュの王となったアニッタが、アナトリア中央部、黒海方面の有力な都市ブルシュハンダ、ハットゥシャなどを次々に支配下に置き、覇権を確立していった。アニッタとの関係はわからないが、クシャラ出身のラバルナ（あるいはタバルナ）がハットゥシャを都とし、ハットゥシリ一世（前一七世紀後半あるいは前一六世紀前半）を称した。ここにヒッタイト王国（前一七〇〇—前一二〇〇年）の歴史がはじまるのである。

三　シャムシ・アダド一世のアッシリア

王権の簒奪者シャムシ・アダド一世

古アッシリア時代については、史料が不足していて、まだわからないことが多い。だが、それでも史料がある程度あって、語ることのできる唯一の人物が、シャムシ・アダド一世である。即位当初のハンムラビ王が臣下の礼をとり、かつシャムシ・アダドの政治力に学んだといわれている。アッシリアの歴史で、最初に登場する凄《すご》みのある王である。

2—11　シャムシ・アダド1世の戦勝碑断片　前1813—前1776年、閃緑岩、高さ49cm、幅55cm、ルーヴル美術館蔵

残念ながら、碑の断片などはあるものの、王の面差しを偲《しの》べる資料は現時点ではない。

シャムシ・アダドの前半生はよくわからない。アッシュル市ではなく、ディヤラ河流域のアムル人の小国に生まれたようだ。シャムシ・アダドは、名前にアッシュル神をいれずに、メソポタミア北部の最高神アダドをいれていて、名前の意味は「アダド神はわが太陽」である。

バビロニアへ亡命

『アッシリア王名表』（後述）によれば、シャムシ・アダド一世の小国は、ディヤラ河流域のエシュヌンナ市が征服活動を活発化し、交易路の支配を拡大するなかで、侵攻された。そこでシャムシ・アダドはバビロニアへ亡命した。このできごとがシャムシ・アダドの王位継承前か、あるいは後かは、研究者によって意見が分かれる。

バビロニアでの亡命生活の詳細は不明だが、学ぶべきことがあったようだ。シャムシ・アダドがメソポタミア北部を支配した際に、古バビロニア語で文書を記している。また、支配した都市にはバビロニア風の神殿を建立していた。

前一八一一年に、エカラトゥム市を奪還した。エカラトゥムはアッシュル北方約一五キロメートル、ティグリス河東岸の遺跡テル・ハイカルと考えられているが、まだ発掘されていない。シャムシ・アダドはアッシュルの王位を簒奪する以前に、エカラトゥムの王位にあったようだ。

アッシュル市の征服

前一八〇八年、エカラトゥム征服から三年後、シャムシ・アダドはアッシュル市を征服した。さらに、ユーフラテス河の支流、ハブル河三角地帯に進出し、この地域の中心部の都市シェフナを占領し、「エンリル神が住む場所」を意味するシュバト・エンリル市（現代名テル・レイラン）と改名し、新都とした。

エカラトゥムやアッシュルを征服した後で、アッシュルの北西からシンジャル山地の南方に広がる平原を掌握した。この地域のカラナ市（あるいはカタラ、現代名テル・アル・リマ）に、バビロニア風神殿を建立している。

『アッシリア王名表』の編纂

シャムシ・アダド一世は自らの支配を正当化するために、『アッシリア王名表』を編纂した。新都シュバト・エンリルに、『シュメル王朝表』を取り寄せて、これを手本として編纂した。

アッシリアでも、王朝交代や王権簒奪があったものの、伝統を重視し、王統は連続している。『アッシリア王名表』はシャムシ・アダド以降、一〇〇〇年も書き継がれていった。

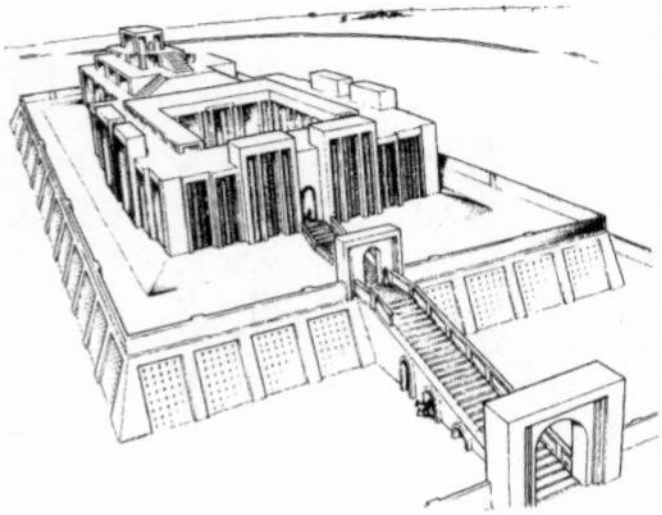

2—12　カラナ市に建立されたバビロニア風神殿復元想像図

現在『アッシリア王名表』には四つの写本があり、初代から第一〇九代シャルマネセル五世（前七二六—前七二二年）までの王名と治世順を知ることができる。第三〇代以降の古アッシリア時代の王や、後半、第六七代以降の王についてはかなり正確である。一方、それ以外の王の治世については正確とはいいがたく、たとえば、『アッシリア王名表』冒頭の王たちは「天幕に住んだ一七王」とくくられている。これはアムル系遊牧民の出自を強調していて、おそらくシャムシ・アダドによって人為的な操作がおこなわれたと考えられている。

シャムシ・アダド自身は第三九代に数えられているが、父イラ・カブカビの名は第二五代にあげられている。マリやアジェム・ホユックから出土した封泥《ふうでい》から、シャムシ・アダドの印章に「シャムシ・アダド、アッシュル神の愛するもの、アッシュル神の副王、イラ・カブカビの［息子］」と記されていることから、父はイラ・カブカビにまちがいない。父子の間に一三代も王を挿入するなどの理由は不明である。

『アッシリア王名表』のシャムシ・アダドの箇所は、次のように記されている。


　イラ・カブカビの息子シャムシ・アダドは、ナラム・シンの治世に、［カルドゥニ］アシュへいった。イブニ・アダドがリンム職のときに、［シャムシ・］アダドはカルドゥニアシュから上ってきた。彼はエカラトゥム市を占領し、そこに三年滞在した。アタマル・イシュタルがリンム職のときに、シャムシ・アダドはエカラトゥムから上ってきた。彼はナラム・シンの息子エリシュム（二世）を玉座から追放し、奪った。

　彼は三三年間統治した。

2—13 『アッシリア王名表』
前738年に記された写本。ドゥル・シャルキン出土、粘土、高さ18cm、幅13cm

カルドゥニアシュは前二〇〇〇年紀後半にバビロニアを指した地名だから、この箇所は後代に訂正あるいは加筆がなされたようだ。

また、ナラム・シンは第三七代アッシリア王

2—14　シャムシ・アダド1世の印章印影図　アジェム・ホユック遺跡出土、「シャムシ・アダド、アッシュル神に愛されし者、アッシュル神の副王、イラ・カブカビの子」と記されている。アナトリア文明博物館蔵

で、詳細は不明。その子エリシュム二世も詳細は不明だが、前一八〇八年頃にシャムシ・アダド一世によって廃位された。

アッシリアの紀年法「リンム」

『アッシリア王名表』に出てきた「リンム」とはアッシリアの紀年法であり、官職名である。バビロニアでは、「年名」で年を表記することをすでに紹介したが、アッシリアはちがっていた。アッシリアでの年の数え方は「リンム何某（の年）」と、記された。

リンムは都市国家アッシュルの行政長官の役職名である。第三三代エリシュム一世（前一九七〇—前一九三〇年）の即位年の前一九七〇年にはじまり、アッシュル市の有力市民から毎年くじで選ばれた。リンム職は一名、任期は一年で、その年の名祖《なおや》となった。リンム制度は早くから形式化し、王から与えられる名誉的な称号にすぎなくなった。

なお、リンム制度とともにアッシュル市では市民会も重要な制度であって、重要なことを審議し、決定した。決定されたことは前述のカールムにも伝えられた。

マリ市支配の野望

シャムシ・アダド一世はアッシュルにつづいて、マリ市を支配することを目論《もくろ》んだ。マリはユーフラテス河中流域の都市で、メソポタミアと地中海をつなぐ要衝であった。一九三四年に

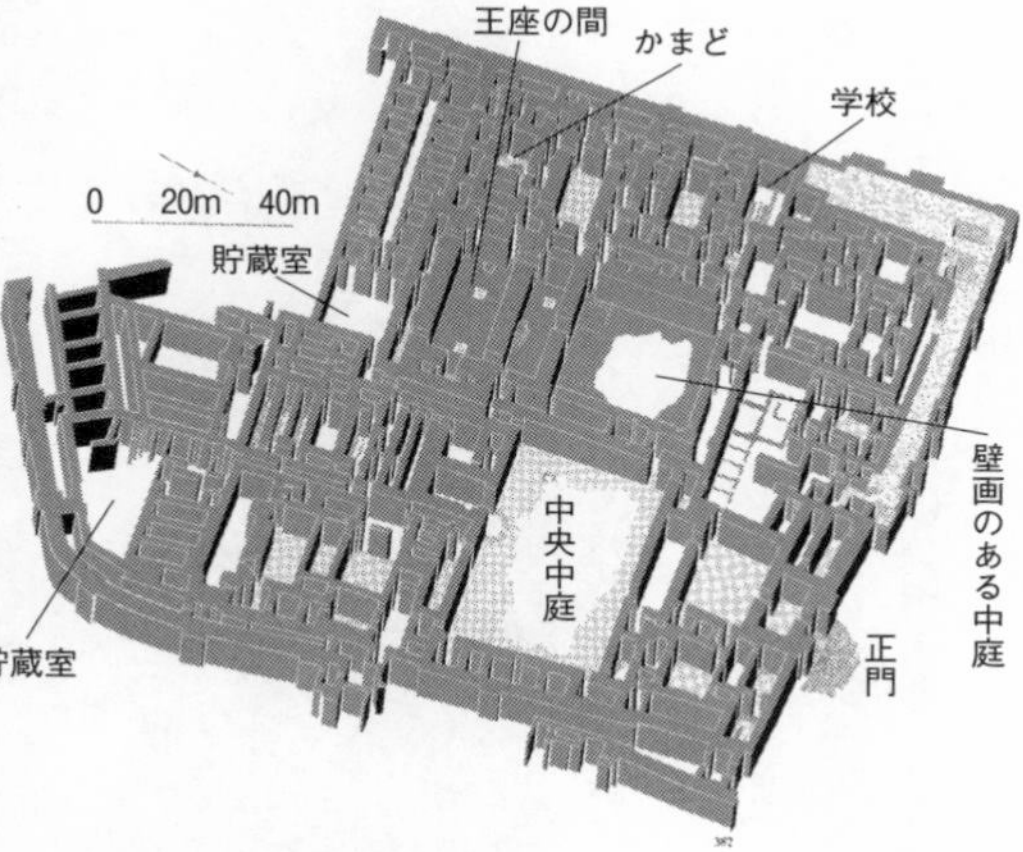

2—15　マリ王宮俯瞰図

高名な考古学者A・パロ率いるフランス隊が、前年に石像が出土したテル・ハリリを発掘し、マリと同定、アムル人が支配した時期の二万点を超える「マリ文書」を発掘した。「マリ文書」はほとんどが会計簿などで、一割ぐらいが手紙である。

マリは三度にわたって栄えた。最初に栄えたのはジェムデット・ナスル期から初期王朝時代末期（口絵3中右）、次はウル第三王朝時代、そして最後に繁栄したのは古バビロニア時代になる。この最後の時期のマリを支配していたのが、アムル人の王朝で、一時期アッシュルに支配されたことになる。ティグリス河流域のアッシュルの王シャムシ・アダドは戦略上、ユーフラテス河中流域の要衝で、しかもシリア砂漠を西方へ越えていけば地

中海へ出ることもできる、マリを押さえておきたかったのである。

ヤハドゥン・リム王との戦い

シャムシ・アダド一世とマリのヤハドゥン・リム王（在位年不詳）との戦いは激しかった。ヤハドゥン・リムの治世何年かは不明だが、「ヤハドゥン・リムがナガル市の城門の前でシャムシ・アダドを打ち負かした年」の「年名」から、ナガル市（現代名テル・ブラク）が一時マリの手に落ち、エカラトゥムまで迫られ、シャムシ・アダドは劣勢であったことがわかる。ところが、こうした状況をシャムシ・アダドは逆転したようだ。

ちなみに、ナガル市は英国人考古学者M・マロワンによる「眼の神殿」の発掘でよく知られている（図2―16）。

2―16　ナガル市から出土した眼の偶像　テル・ブラク遺跡を発掘し、「眼の神殿」から出土した。緑色や黒色で彩色され、本来は少なくとも2万以上あったと発掘者は見積もっている。ジェムデット・ナスル期初期、雪花石膏、素焼き粘土、石灰岩　左端上のもので、5cm。大英博物館蔵

さて、話を元に戻すと、しばらくして、ヤハドゥン・リムは息子ともいわれるスム・ヤマム（前一八世紀初頭）によって暗殺されてしまう。この機に乗じ、前一七九六年に、シャムシ・アダドはマリおよびその勢力圏を奪取することに成功する。

王位を簒奪されたマリ王家では、ヤハドゥン・リムの息子で、王位継承者ジムリ・リム（前一七七五—前一七六一年）がシリア北部のヤムハド王国へ亡命し、捲土《けんど》重来《ちょうらい》を期すことになる。ヤムハドはハラブ市（現代名アレッポ／ハラブ）を首都に、シリア北部のほぼ全域を支配していた大国で、ヤリム・リム王（前一七八一—前一七六五年）の治世に繁栄した。

このようにして、シャムシ・アダドはマリ、アッシュルの二大交易都市を押さえ、経済的に豊かになった。ティグリス河、ユーフラテス河に挟まれたメソポタミア北部全域を支配下に置き、さらに西方に向かって勢力を拡大し、地中海岸にいたり、シャムシ・アダドは戦勝碑を立てた。

2—17　アレッポ城

東西はティグリス河とユーフラテス河の間、南北はバビロニアとの境界からトルコの山岳地帯の間の広大な版図を支配したことから、シャムシ・アダドの版図を「上メソポタミア王国」と呼ぶ研究者もいる。

息子たちを手駒にした支配体制

シャムシ・アダド一世はシュバト・エンリルを居城とし、ティグリス河東岸からバリフ河までの領域全体をいくつかの行政区に分け、役人を派遣して治めた。

2—18　カトナ王墓入口に配置された一対の男性像
玄武岩　ダマスカス博物館蔵

上の息子イシュメ・ダガン一世（在位年不詳）をエカラトゥムの王にし、ティグリス河東岸地域を支配させた。アッシュルはエカラトゥムから監視できたし、また東端の町シュシャラにはアフガニスタン方面から運ばれてきた錫の倉庫があったので、これにも目配りができた。

一方、下の息子ヤスマハ・アッドゥ（前一七九六?—前一七七六年）をマリの王に任じ、南西方面の経営にあたらせた。シャムシ・アダドはヤスマハ・アッドゥに、列強国の一つ、オロンテス河流域のカトナ市（現代名テル・ミシュリフェ）のイシュヒ・アダド王（在位年不詳）の娘を娶《めと》らせた。だが、政略結婚の意図が理解できなかったのか、ヤスマハ・アッドゥはこの后妃を蔑《ないがし》ろにした。宮廷にあって女性たちをはべらせることを好む「不肖の息子」ヤスマハ・アッドゥに、シャムシ・アダドがあれこれ指図した手紙がマリからは出土している。父シャムシ・アダドが書き送った一三〇通もの手紙には、「知事にはもっとも優秀で、信頼に足る人物を任ぜよ」「役人の補充人事は速やかにおこなうべし」などの、為政者として心がけるべきことをこまごまと書き記したが、結局はむだだった。父王の死後、無能な王ヤスマハ・アッドゥはマリを追われたが、その後はわからない。

なお、二〇世紀はじめから断続的におこなわれたカトナの発掘は、二〇〇二年に王墓（図2

―18）が発見され、メソポタミアの死生観を受容していたことなどがわかった。

「年名」になったシャムシ・アダド一世の死

ユーフラテス河中流沿いのラピクム市（現代名不詳）に対する軍事行動があった年に、アッシリア王国内の人口調査がおこなわれた。混乱していたら調査どころではなく、人口調査ができたことは、シャムシ・アダド一世が支配した地域は安定していたことを意味する。

人口調査の後に、シャムシ・アダドは死亡したという。ハンムラビ王治世一七年、つまり前一七七六年ともいうが、没年については諸説ある。

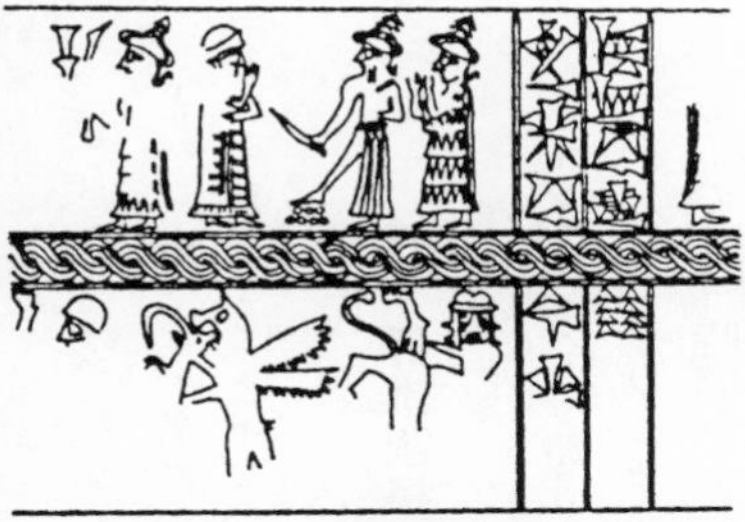

2―19　人口調査書に捺されていた印章　チャガル・バザル遺跡から出土した人口調査文書に捺されていた「シャムシ・アダドの下僕」の印章印影、高さ2.25cm、アレッポ博物館蔵

シャムシ・アダドの死はその後約四〇〇年間にもわたるアッシリアの衰退を招いたが、一方でシャムシ・アダドの死を朗報ととらえた国々は新しい動きを見せることになる。

エシュヌンナのイバル・ピ・エル二世（前一七七九―前一七六五年）には朗報以外の何物でもなく、治世五年の「年名」は「シャムシ・アダドが死んだ年」である。

また、ハンムラビにとっても、悪い知らせではなかったはずである。

というのは、ハンムラビ王治世一〇年の日付のある文書に、バビロンの都市神マルドゥク神とハンムラビの名に加えて、シャムシ・アダドの名も書かれた誓約文書がある。このことから、ハンムラビはシャムシ・アダドを宗主と仰いでいたと考えられているからである。

四　群雄割拠のイシン・ラルサ時代

イシン・ラルサ時代とは

前節で、メソポタミア北部の歴史を前一七七六年のシャムシ・アダド一世の死まで紹介した。ここでは、時間を少し前に戻して、前二〇〇〇年紀前半のメソポタミア南部の動向から話すとしよう。この頃のメソポタミア南部、つまりバビロニアは前二〇〇四年にウル第三王朝が滅亡し、その後アムル人の小国が分立した。約二〇〇年間の混乱期で、有力都市の名をとって、イシン・ラルサ時代という。

ウル第三王朝の後継者を任じたイシン第一王朝（前二〇一七—前一七九四年）は、前一七九四年にラルサ王朝（前二〇二五—前一七六三年）によって滅ぼされた。ラルサ王朝はアムル人が建てた王朝で、前一七六三年にハンムラビ王により滅ぼされる。

バビロニア中心部のイシン、ラルサのほかに、ティグリス河支流ディヤラ河東岸に位置したエシュヌンナおよびマリなどは、地方都市ながらもその動向がわかり、両市ともにハンムラビに滅ぼされる。

ウル第三王朝の後継者を任じたイシン第一王朝

イシン市はバグダード市南南東約二〇〇キロメートルにあり、ここに二回王朝が興ったので、第一王朝、第二王朝（前一一五七―前一〇二六年）と区別している。

第一章で話したように、前二〇一七年にイシュビ・エラ王がウル第三王朝から独立し、イシン第一王朝が建国された。イシュビ・エラは、マリ出身のアムル人というが、異説もある。前一七九四年にラルサ王朝に滅ぼされるまで、一五王が二二四年間支配した。

イシン第一王朝の歴代王は、「ウル市の王」「シュメルとアッカドの王」「四方世界の王」などの、ウル第三王朝で使われていた王の称号を踏襲している。イシュビ・エラ以降は、シュメル全体に対する覇権を大義名分とする際には、エンリル神の主神殿があるニップルを支配したことを、「ニップル市の保護者」の称号で表した。

また、ウル第三王朝に倣って、王権を高めるために「王讃歌」や「法典」を編纂した。行政機構の根幹である書記はシュメル語で教育されたので、行政文書の書式や管理方法もウル第三王朝の制度を踏襲することになった。

ウル、ラルサおよびニップルの行政および司法関連文書からわかる地方行政は、その地の伝統的行政機構である神殿や市民の自治組織の長《おさ》を通して支配されていたようだ。

第三代イッディン・ダガン王（前一九七四―前一九五四年）の治世が全盛期であって、ウル第三王朝の後継者を自任し、王が編纂させた『ニンイシナ女神への讃歌』は新年祭での「聖婚儀礼」をくわしく伝えている。

第四代イシュメ・ダガン王（前一九五三―前一九三五年）はウル第三王朝の伝統を継承し、存命中に神格化された。王宮で文学活動が活発だったようで、王讃歌が多く残されている。

『リピト・イシュタル法典』

第五代リピト・イシュタル王（前一九三四―前一九二四年）が制定した『リピト・イシュタル法典』は『ウルナンム法典』を踏襲し、『ハンムラビ法典』に継承されている。序文、条文および跋文が部分的に復元されている。「私がシュメルとアッカドに正義を確立したときに、私がこの石碑を立てた」と跋文には記されていて、元来石碑に刻まれていた。

決疑法形式で記され、果樹園（第七―一〇条）、奴隷の身分や逃亡奴隷（第一二―一四条）、結婚・家族・相続問題（第二一―三三条）、役牛のけが（第三四―三七条）など三七項目が判読できるが、この「法典」が裁判で引用された証拠は見つかっていない。

なお、果樹園で栽培されたのはなつめやしで、木を切り倒したり実を盗んだ際の罰則である。役牛のけがとは、農耕で牛に重い犂をひかせるが、けがをさせることもある。問題は牛を借りていたときで、足、目、角および尾、それぞれけがの箇所で賠償額がちがっている。同じ箇所のけがを『ハンムラビ法典』（第二四五—二四八条）も扱っているが、賠償額は同じではない。

「正義の家」と呼ばれる公共施設の建立に代表される一連の社会・行政改革に取り組み、支配体制の立て直しを図ったが、ラルサ王朝の興隆により、晩年にウルを失い、これ以降イシン王朝は衰退に向かった。

前一七九四年、イシンはラルサによって滅ぼされる。

イシン第一王朝を滅ぼしたラルサ王朝

ラルサはウルク東方約二〇キロメートルに位置し、アムル人が建国した最古の王朝である。一四代の王が約二六〇年間支配した。『ラルサ王名表』にしたがえば、初代ナプラヌム王（前二〇二五—前二〇〇五年）が前二〇二五年に建国したことになるが、これはウル第三王朝のシュ・シン王治世にあたり、ありえない。後から加えられたようだ。確実なのは、第四代ザバヤ王（前一九四一—前一九三三年）からになる。

第五代グングヌム王（前一九三二—前一九〇六年）はラルサの基礎を固め、領土を拡大し、以後バビロニアの覇権をめぐり、イシンと対立する。治世八年に、港湾都市ウルを支配し、ディルムンとの貿易を独占する。また、聖都ニップルを支配し、エラムへの軍事遠征もおこない、「シュメルとアッカドの王」を称した。

第一三代ワラド・シン王（前一八三四—前一八二三年）は父クドゥル・マブク（エラム王族説

とともに、アムル人説もあり）がラルサを支配していた第一二代ツィリ・アダド王（前一八三五年）を追放したので、この父の力によって、ラルサ王となった。ニップル北方約二五キロメートルの、後にラルサの副都となるマシュカン・シャビル市（現代名テル・アブ・ドゥワリ）を征服し、ニップルを支配した。

第一四代リム・シン王（前一八二二―前一七六三年）はワラド・シンの兄弟で、ラルサ最後の王になる。リム・シンは六〇年間も在位し、治世二〇年に自ら神を称する。前一七九四年には覇を競っていたイシンを敗北せしめ、ニップルをふくむバビロニア南部を統一した。

リム・シンは、マリ市のジムリ・リム王にその家臣があてた手紙（後述）のなかで、有力者として名前があげられている。ラルサはメソポタミアの列強の一国となり、イシンを滅ぼしたのを機に、大土地所有者と化していた大商人の土地や神殿領の一部を王領地とした。さらに、これを農民に貸し与え、年貢を直接徴収するなど、国家経済の集権化を図った。

前一七六三年、ラルサはハンムラビによって滅ぼされることになる。

要衝の地エシュヌンナ市

ラルサと同様にハンムラビ王によって滅ぼされた有力国が、バグダードの北東八〇キロメートル、ティグリス河の支流ディヤラ河の下流域に位置するエシュヌンナ市である。ワルム王国の首都がエシュヌンナ市だが、エシュヌンナ王国とも呼《よ》び慣《なら》わされている。

エシュヌンナは東方の資源が豊かな山地からメソポタミアの低地にいたる街道や、ティグリス河沿いの道などの重要な流通路が通過する要衝の地である。だからこそ、インド産の動物が刻まれた円筒印章が出土している。初期王朝時代に発展し、アッカド王朝時代にもその重要性を保ちつづけ、その後前二一〇〇―前一八〇〇年に最大版図を誇ることになる。

2—20（左上）ワルム王国の支配者の円筒印章と印影図　「ティシュパク神、強き王、ワルム国の王。キリキリ、エシュヌンナの支配者は彼の子ビララマに（この印章を）与えた」と記されている。エシュヌンナ出土、ラピスラズリ、黄金製キャップつき、高さ2.8cm、直径1.5cm、シカゴ大学オリエント研究所蔵
（左下）インドの動物が刻まれた円筒印章印影図　交通の要衝エシュヌンナからは、インダス文明との交流を示す犀や象の図柄が彫られた印章が出土している。エシュヌンナ出土、凍石、高さ3.4cm、イラク博物館蔵
（右）エシュヌンナ王の立像　碑文が摩滅し名前を特定できないが、ハンムラビ王の征服以前の王。スーサ出土

エシュヌンナの最盛期は、ダドゥシャ王（前一七九〇―前一七八〇年）と息子のイバル・ピ・エル二世の治世であった。シャムシ・アダド一世やハンムラビとの戦略上の駆け引きを有利に展開し、特にティグリス河西岸からマリにかけて勢力を伸張した。

イバル・ピ・エルはエラム人や

アムル人の侵攻を阻止する一方で、ディヤラ河全流域を領域的に支配した。

また、前述のように、前一七七六年のシャムシ・アダドの死を、好機とばかりに「年名」にしたイバル・ピ・エルはエラムと同盟する。おそらく同じ年に、マリへ遠征して、ヤスマハ・アッドゥを王位から追い落とした。また、父ダドゥシャの時代には良好だったバビロンとの関係を断ち切り、領土争いで対決している。

前一七六六年、バビロン、マリ、エラムの連合軍に、エシュヌンナは大敗した。

前一七六三年、ハンムラビに征服され、エシュヌンナは急速に衰退し、滅亡する。

『エシュヌンナ法典』

『ハンムラビ法典』と同時代あるいはやや先行するといわれる『エシュヌンナ法典』は、おそらくダドゥシャ王治世に制定された。序文、跋文は残っていないが、アッカド語で書かれた約六〇条の条文がわかっている。

特徴的なことは、第一―二条は生活物資の公定価格、第三―一一条と一四条が各種公定賃金についてと、物価の規定からはじまっていることで、第一条には次のように書かれている。

一クルの大麦が銀一シェケルに相当し、三カの上質油が銀一シェケルに相当し、一（スト）二カのごま油が銀一シェケルに相当し、一（スト）五カの豚油脂が銀一シェケルに相当し、四（スト）の瀝青《れきせい》が銀一シェケルに相当し、六マナの羊毛が銀一シェケルに相当し、二クルの塩が銀一シェケルに相当し、一クルのカリウムが銀一シェケルに相当し、三マナの銅が銀一シェケルに相当し、二マナの精銅が銀一シェケルに相当する。

（一マナ＝六〇シェケル＝約五〇〇グラム、一クル〔アッカド語〕＝一グル〔シュメル語〕＝約三〇〇リットル、一スト＝一〇カ＝約一〇リットル、一カ＝一リットル）

標準価格の表示

『エシュヌンナ法典』だけでなく、イシン・ラルサ時代の王たちはしきりに価格表示をしている。このことは、私的な経済が発展したことで生じた社会的な混乱を解決するためとも考えられている。

経済活動では、おもに銀が秤量《ひょうりょう》貨幣として使われ、錫、銅そして広い意味の「アマルナ時代」（第三章参照）には黄金も交換媒体に使われたが、全体としては物々交換の社会であった。

物品の価格は銀で表示された。シュメル人の初期王朝時代やウル第三王朝時代には、大麦一グル（約三〇〇リットル）＝銀一ギン（約八・三グラム）という換算が公的な標準であった。これはあくまでも公的な標準で、個々の経済文書では穀物と銀の換算率が変動することもあった。この時代に、ウルクを支配したシン・カシド王（在位年不詳）は王碑文のなかで、「そのとき、わが王権の時代において、国土における価格として、銀一ギンにつき、大麦三グル、羊毛一二マナ、銅一〇マナ、植物油三バンとの交換（売買）を（定めた）」と、市場の標準価格を定めていて、大麦一グルが銀一ギンとの価格体系は崩れている。

また、ラルサの第八代ヌル・アダド王（前一八六五―前一八五〇年）とその子で第九代シン・イディナム王（前一八四九―前一八四三年）も、前者は大麦、羊毛、油そしてなつめやしを、後者は大麦、羊毛、植物油、なつめやし、そして豚油脂（ラード）の価格を表示した。大麦、羊

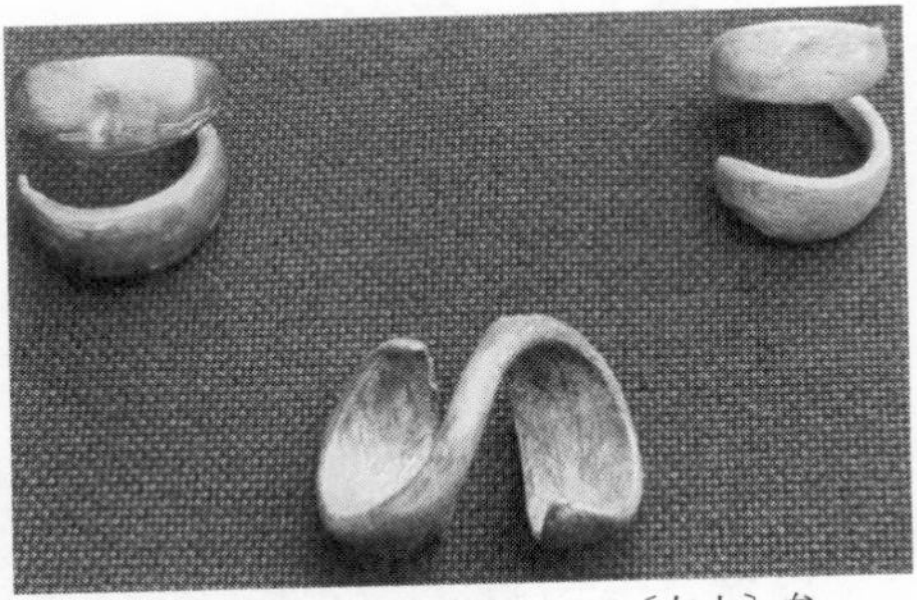

2―21　ハル　硬貨（図4―37〔左上〕参照）が考案される以前は、銀の秤量貨幣が使われた。シュメル語でハル、アッカド語でシェヴェルといわれた銀のらせんはアッカド王朝時代から古バビロニア時代にかけて使われた「銀貨以前の銀貨」と考えられる。運ぶのに簡単なので、旅行時に携帯し、いざ支払いともなれば、らせんは必要な重さに切ることができた。上の2つは2分の1マナ（約250g）、下の1つは1マナ（約500g）の重さである。テル・タヤ出土、アッカド王朝時代

2―22　銀1ギンで買えるもの

ウル第3王朝時代

大麦1グル（約300リットル）
羊毛10マナ（約5キログラム）
銅1と6分の5マナ（約916.7グラム）
ごま油12シラ（約12リットル）
なつめやし1グル（約300リットル）

イシン・ラルサ時代

王名	大麦	羊毛	油
シン・カシド	3グル	12マナ	3バン
ヌル・アダド	2グル	10マナ	10バン
シン・イディナム	4グル	15マナ	3バン

毛、ごま油などが当時の代表的な消費財である。アッシリアのシャムシ・アダド一世もまた王碑文のなかで大麦、羊毛および油の価格を表示している。

ここまで見てきたように、こうした価格は理念を表したのか、それとも実数なのか、そもそも価格を表示する意図は何かなどは、まだ充分に解明されていない。

ちなみに、一五〇〇年以上後代に記された『バビロン天文日誌』（終章参照）でも、銀一シェケル（一ギン）で購入できる農畜産物の数量を記している。

五　ハンムラビ王の統一

ハンムラビ王の都バビロン市

『聖書』やギリシア人の歴史家ヘロドトス（前四八四？—前四二五年？）の『歴史』を通して、ヨーロッパにその繁栄が伝えられた「バビロンの伝説」というのはハンムラビ王の時代のバビロンではなく、一〇〇〇年以上も後代の新バビロニア時代のバビロンのことである。この時代の「栄光のバビロン」については第四章で話すが、ヨーロッパ人が知るバビロンは『聖書』を通してで、否定的なイメージが伝えられている。『新約聖書』「ヨハネの黙示録」第一七章では、バビロンを「大淫婦」と断罪している。つづく一八章では「大バビロン」の滅亡が語られる。繁栄していたことは認めるものの、「そこは悪霊どもの住みか」（二節）であり、神に裁かれての滅亡が語られている。『聖書』ではよくいわれないバビロンだが、交通の大動脈ユーフラテス河畔に位置し、メソポタミアのみならず、古代オリエント世界第一の都市で、政治、宗教そして文化の中心の一つでありつづけた。

バビロンとは、本来はシュメル語で「カ・ディンギル」つまり「神の門」の意味である。アッカド語ではバブ・イリ（「神の門」）、その複数形がバブ・イラニ（「神々の門」）で、これがヘブライ語でバベル、ギリシア語だとバビュローンとなった。

バビロンはバグダードの南西約九〇キロメートルにあたり、一九世紀以来多くの学者がバビロンの調査や試掘をした。R・コルデヴァイが指揮したドイツ・オリエント学会は一八九九―一九一七年に発掘したが、地下水位が高く、新バビロニア時代までで中止された。その下にあるハンムラビ時代のバビロンについては、将来の発掘に委ねられた。

バビロン第一王朝の成立以前

バビロン第一王朝以前のバビロンの歴史は断片的である。

バビロンに言及した最古の出典は、アッカド王朝第五代シャル・カリ・シャリ王の「年名」である。王の治世何年かはわからない長い「年名」で、「シャル・カリ・シャリがバビロン市にアヌニトゥム女神とアバ神の家の基礎を据えた（略）年」である。

ウル第三王朝時代のバビロンについては前章で話したように、月ごとにシュメル・アッカド地方の諸都市が交代でエンリル神に奉仕する勤番に、バビロンも参加していた。

バビロン第一王朝の成立

バビロン第一王朝の歴史は、前一八九四年にアムル人の族長スム・アブム（前一八九四—前一八八一年）がバビロンに拠点を築いたことからはじまるとされる。アムル王朝、ハンムラビ王朝ともいわれ、一一代にわたる世襲支配がつづいた。

ところで、第二代スム・ラ・エル王（前一八八〇—前一八四五年）こそがバビロン第一王朝の真の建国者との説が近年出されている。第六代ハンムラビ、第七代サムス・イルナ王および第九代アンミ・ディタナ王（前一六八三—前一六四七年）は先祖の名をあげるときには、スム・アブムではなく、スム・ラ・エルの名前をあげている。また、複数の同時代文書で、スム・アブムとスム・ラ・エルが同時に言及されていて、両者は同時代人と考えられることなどから、スム・ラ・エルの時代にスム・アブムはバビロニア北部で宗主的な存在だったかもしれないという。また、後代に『バビロン王名表』が編纂される過程で、スム・アブムはバビロン第一王朝の初代に位置づけられた可能性があるという。

ハンムラビ王の四三年間の治世

古代オリエント史にさかれるページ数が少ない世界史の教科書でも、必ず取りあげられているのが、『ハンムラビ法典』を制定したハンムラビ王である。なぜならば、現代社会ではあたりまえの法による支配を古代において実践した王として、ハンムラビは肯定的に高く評価されているからである。

ハンムラビの祖父、第四代アピル・シン王（前一八三〇—前一八一三年）および父第五代シン・ムバリト王（前一八一二—前一七九三年）は属国の王としてラルサに仕えていて、バビロン第一王朝は最初から大国ではなかった。

ハンムラビ時代のバビロンが発掘されていないこともあり、ハンムラビの妻の数や名前はわからない。次王のサムス・イルナは長男ではなく、ほかに息子が二人、娘が一人いたが、これ以外の子供についてはよくわからない。それでも王としてのハンムラビに関しては、史料があるほうといえる。『ハンムラビ法典』碑、王碑文、「マリ文書」、ラルサ出土の手紙および四三年間の治世の「年名」がわかっているからである。

ウル第三王朝のシュルギ王の四八年の治世よりは短いものの、四三年間の治世の長さは無能ではなかったことの証《あかし》ともいえる。古代世界の帝王は無能だったら、たちまち寝首をかかれ、王座にとどまることはできない。ハンムラビの四三年間の「年名」を並べることで、メソポタミア全土を統一していった過程のあらましをたどることができる。

属国の地位からの脱却

ハンムラビはおそらく若くして即位した。ハンムラビが即位した頃、バビロンの支配領域は広くなく、北方にはアッシリアのシャムシ・アダド一世、南方にはラルサのリム・シン王と、百戦錬磨の王たちが健在であった。二人の王のほかにも、ハンムラビは「マリ文書」のなかのある手紙で「父」と呼んでいることなどから、名前はわからないがエラム王にもまた臣下の礼をとらざるをえなかったのである。

シャムシ・アダドについてはすでに話したように、老獪な人物であった。ハンムラビは自らの即位からシャムシ・アダドの死まで、一七年ぐらい臣下の礼をとった。この間、ハンムラビが無謀なことはせず、王家を保っていたことは賢明であった。シャムシ・アダドの死によって、ハンムラビのバビロンはアッシリアの属国の地位から脱することができたのである。

統一以前、勢力均衡の状況

自分だけで強い王はいない。バビロンの王ハンムラビには一〇人から一五人の王がしたがい、ラルサの王リム・シンには同数の王がしたがい、エシュヌンナの王イバル・ピ・エルには同数の王がしたがい、カトナの王アムト・ピ・エルに同数の王がしたがい、ヤムハドの王ヤリム・リムに二〇人の王がしたがう。

これはマリのジムリ・リム王にあてた、家臣が書いたアッカド語の手紙の一節である。手紙はシャムシ・アダド一世没後の前一七六九年から前一七六六年にかけて書かれたようだ。ハンムラビは王位にあること二〇年以上となり、有力者の一人と目されるまでに成長していた。

エシュヌンナはティグリス河の支流ディヤラ河流域に、カトナはシリアのオロンテス河流域に位置し、そしてヤムハドはシリア北部のハラブ／アレッポを中心とした王国で、バビロンとは離れている。

この先の話になるが、手紙にある四ヶ国のうち、地理的に近いエシュヌンナとラルサをハンムラビは征服することになる。遠方のヤムハドは前一七世紀中頃にヒッタイトによって滅ぼされる。カトナは前二〇〇〇年紀中頃にミタンニ王国（第三章参照）に支配された後に、前一四世紀中頃にヒッタイトによって滅ぼされてしまう。

さて、手紙からわかるような勢力均衡の状態で、この頃のハンムラビの「年名」は内政についての業績を扱っている。たとえば治世三年は「ハンムラビがバビロン市にナンナ神のために神殿を建てた年」である。このほかに、治世一―六年、一二―二九年、および四〇―四三年の「年名」は、内政について触れている。

ラルサ市の併合

一転して、治世七―一一年、三〇―三九年の「年名」から、軍事活動が活発なことがわかる。王位にあること三〇年に近く、円熟期を迎えたハンムラビ王が積極的な外征に乗り出したのは治世二九年のことであった。この年のできごとは治世三〇年の長い「年名」に反映されている。かいつまんで紹介すると、「エラム、スバルトゥ、グティ、エシュヌンナなどを撃破してシュメル、アッカドの基礎を定めた年」と、記されている。

治世三一年の「年名」は宿敵ラルサのリム・シン王を撃破したことを記している。前一七六三年、バビロンの領土に繰り返し侵攻するラルサに対して、ハンムラビは出撃し、勝利した。ハンムラビはラルサを併合するも、民の耕地には手をつけず、これまでの権利を保障した。このことを『ハンムラビ法典』「序文」で、自らを「ラルサを許した者」と自画自讃している。

2—23（左）ラルサの礼拝者像　右膝をつき、右手を鼻の前に置く祈りの姿勢をしている。ハンムラビ王自身を表すともいう。台座の銘文から、ルナンナという人物がハンムラビ王の長寿を祈願して、マルトゥ神（アッカドのアムル神、図2—2参照）に奉献した。顔面と両手先は金箔がかぶせられている。ラルサ出土、前18世紀、青銅、黄金、銀、高さ19.6cm、ルーヴル美術館蔵

（右）イシュタル女神像　城壁を飛び越え、倒れた男を武器で打ち据える、戦闘を司るイシュタル女神。ハンムラビがラルサを征服した後に記念して作られたと推測される。ラルサ出土、素焼き粘土、イラク博物館蔵

ハンムラビ王の手紙

ハンムラビ王は、家臣のシ

ン・イディナムを行政の最高責任者としてラルサに派遣し、シン・イディナムに約六〇通の手紙を送った。徴税、兵役、訴訟など多方面にわたる命令である。そのなかに次のような手紙がある。

シン・イディナムにいえ。ハンムラビは次のようにいう。（略）汝《なんじ》（の人々にとっては）三日間であまり大変なことではない。それゆえ、汝はこの粘土板を見たら、汝の命令で人々の集団とともに三日間でウルク市から来ている運河を浚渫《しゅんせつ》すべし。（略）

ハンムラビは運河の浚渫は三日でできる仕事なのだから、人員を動員しててきぱきと仕事をするようにと命令している。また、ラルサにある王領耕地、果樹園の経営責任者にあてて、少なくとも一〇〇通の命令の手紙を送っている。

ジムリ・リム王が支配したマリ市

前一七六四年には、ハンムラビ王はエラム軍の撃退にも成功した。ラルサ、エラムを退けたハンムラビは、ついに長年の同盟国マリを非情にも滅ぼすことになるが、マリについては、本章第三節で王位継承者ジムリ・リム王亡命までの顚末《てんまつ》をすでに話した。

ここでは時間を約一〇年前に戻して、前一七九六年のジムリ・リムの亡命後から話すとしよう。ヤムハド王国の首都ハラブに亡命したジムリ・リムは、有力者ヤリム・リム王の娘シプトゥ王女を妻の一人に迎え、後に正室に直したという。ジムリ・リムのマリ帰還がかなったのも、強力な舅《しゅうと》の後盾のおかげであった。シプトゥは子供にも恵まれ、夫の信頼も厚かった。夫が不在の折には代理も務められる有能な女性だったことが、シプトゥがジムリ・リムと交わした手紙からわかる。シプトゥは識字力があったかはわからないが、マリ王家には女性の書記たちもいて、祐筆《ゆうひつ》として手紙を書かせたかもしれない。

2—24　ジムリ・リムの宮殿

王宮を離れていたジムリ・リムがシプトゥにあてた手紙のなかには、高熱を発した女性が王宮に滞在していることを知った王が、その女性が使った杯からは飲むな、座った場所には座るなどの、感染症患者への対処についても具体的に指示をしている。こうしたことから、ジムリ・リムは無能な王ではなかったことがわかる。

マリに帰国したジムリ・リムは十数年在位し、シャムシ・アダド一世亡き後のシリア北部の諸王と友好条約を結んで、マリを強国にした。この間、ジムリ・リムも人口調査をしていて、治世何年かはわからないが、「ジムリ・リムが国土の人口調査をした年」を「年名」にしている。大がかりな調査ができたことは治世が安定していたことを意味しているだろう。

マリ市の繁栄と滅亡

河の流れが変化し、現在はユーフラテス河からかなり離れてしまったが、古代のマリは立地条件が良かった。ユーフラテス河沿いの交易ルートに位置する要衝の地で、マリ王は交易から最大の利潤を得ていた。最後のジムリ・リム王治世のマリはハブル河上流から南方はヒート市（現代名ヒート）のあたりまで版図を広げていた。

王宮の中心となる中庭からは、「王権神授の場面」を描いた壁画が発見された。主題や図像の構成はバビロニアから伝わったが、膠《にかわ》をふくませた筆と泥絵具で描く技法や画面の周囲にらせんを使用している点は、ミノア文明（前三〇〇〇—前一二〇〇年頃）を代表する、クレタ島の

2—25　流水の壺をもつ女神像（左）正面、（右）背面　マリのジムリ・リム王の宮殿で発見されたほぼ等身大の立像。壁画（図2—26参照）の前に1対の女神像が配置されていたようだ。頭頂部から注がれた水が背中の管を通って壺から流れ出る仕掛けになっている。女神の装いはおそらく当時の裕福な女性の装いを模したにちがいない。首飾りは重かったようで、バランスをとるために背後におもりがつけられている。マリ出土、前2000年紀初期、白い石、高さ142cm、幅48cm、アレッポ博物館蔵

マリア宮殿と共通している。つまり、クレタ島と交流があったのである。「マリ市の王宮はすばらしい」と近隣に鳴り響いていたようで、マリと国交がなかった地中海岸のウガリト市の王が、ヤムハドの王に「ジムリ・リムの家を見るために紹介せよ」と記した手紙が発見されていて、その後ジムリ・リム自らがウガリトを訪れ、マリはウガリトと交流するようになっている。

前一七六一年、マリは条約を結んで友好関係にあったハンムラビ王によって滅ぼされてしまう。

2—26　ジムリ・リム王宮の彩色壁画（部分）　この図は壁画のほぼ中央にあたる。上段は、イシュタル女神がジムリ・リム王に王権の象徴を授与する場面である。下段は流水の壺をもつ一対の女神像である。女神像の下に見える渦巻文様もクレタ島と関連があると考えられている。前18世紀、ルーヴル美術館蔵

メソポタミアの統一

エラムの侵攻に際しては、マリとバビロンは協力しあう間柄でもあった。だが、バビロンとマリは国境を接していることから、国境地帯の町々の帰属問題を抱えていたらしい。一時期、ハンムラビの二人の息子がちがう時期にマリにいたことから、

人質に出されていたようだ。滅ぼすにいたった詳細な理由は不明だが、ハンムラビ、ジムリ・リム両者ともに互いを信用しきれないままの同盟関係であったようだ。前一七六二年第一一月を最後にジムリ・リムについての情報がなくなる。ジムリ・リムとシプトゥがどうなったかはわからない。

ハンムラビ王治世三三年の「年名」は前一七六一年の二つのできごとが記されていて、実に長い。前半では、灌漑農耕社会の王にとって重要な運河浚渫事業を記している。豊かな水を永遠に供給できると、ニップル、エリドゥ、ウル、ラルサ、ウルクおよびイシンと、バビロニアの重要な都市名を列挙していて、バビロニア支配は安定している。

一転して、「年名」の後半では、「戦闘でマリとマルギウムの軍隊を打倒し、マリとその近隣の町々およびスバルトゥの山岳地の多くの都市、エカラトゥム、ブルンダの全域とザルマクムの地、つまりティグリス河岸からユーフラテス河岸までを征服し、彼の権威下に友好的に住まわしめた年」と、広範囲な軍事遠征による征服を記念している。マルギウムはメソポタミア南部に位置するが、ティグリス河流域の小国である。一方で、スバルトゥやザルマクムはメソポタミア北部であって、ザルマクムはバリフ河の上流地域である。つまり、治世三二年（前一七六一年）にメソポタミア統一を成し遂げた後で、この一大事業を三三年の「年名」にしたのである。

治世三四年（前一七五九年）には、ハンムラビはマリの城壁や王宮を破壊し、マリ征服の仕

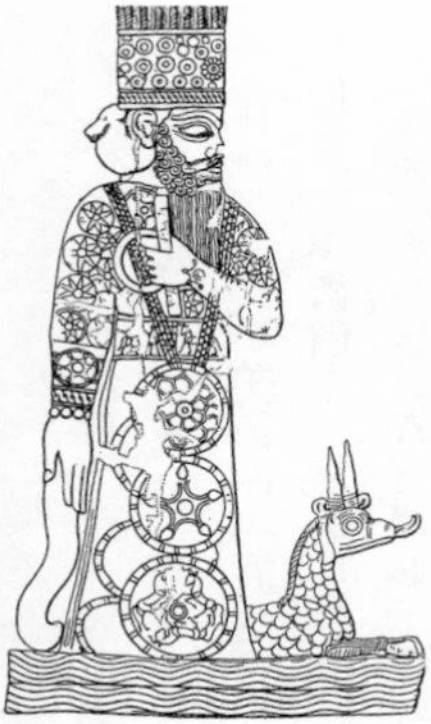

2—27　マルドゥク神　マルドゥク神と随獣のムシュフシュ。円筒印章印影図。高さが19cm もある、ひどく傷んだラピスラズリ製円筒印章に陽刻で刻まれていた図柄。実用ではなく、大きなマルドゥク神像の首にかけられていた印章で、バビロン王マルドゥク・ザキル・シュミ１世（図４—11参照）がマルドゥク神に奉献した。前854—前819年、ラピスラズリ、高さ19cm、ペルガモン博物館蔵

あげをした。全メソポタミアを統一したハンムラビは、この年から王の称号に「アムル全土の王」を加えた。たとえば、治世三六年（前一七五七年）の神殿改修を記念した王碑文では、「ハンムラビ、強き王、バビロン市の王、アムル全土の王、シュメルとアッカドの王」と称している。

また、この頃からバビロンの都市神マルドゥクがバビロニアの「偉大な神々」の一員となるが、「神々の王」「ベール（主人）」と高められるのは後代のことで、前一二世紀末である。

さて、マリを滅ぼした後、ハンムラビは約一〇年間王位にあるも、病床にあったともいわれ、この間の具体的な治績はよくわかっていない。

『ハンムラビ法典』の制定

ハンムラビは治世晩年に『ハンムラビ法典』を制定したようだ。ハンムラビ自身は「正しい判決」と呼んでいる『ハンムラビ法典』だが、これが参考にされて、裁判がおこなわれたことを示す証拠はなく、模範的な判決を集めた一種の手引き書と考えるべきだという。また、『ハンムラビ法典』は最古の「法典」ではないが、先行する「法典」の伝統を継承している。

『ハンムラビ法典』が一般によく知られ、その全容がわかるのは、なんといっても「法典」碑（本章扉図）が一九〇一―〇二年に、スーサでフランス隊によって発見されたからである。現在はルーヴル美術館で展示されている。わが国でも、二〇〇〇年の「メソポタミア文明展」で世田谷《せたがや》美術館（東京都世田谷区）で展示されたし、現在でもレプリカは古代オリエント博物館（東京都豊島《としま》区）などに展示され、古代メソポタミア文明を象徴する作品として一般にも注目されている。スーサから出土したのは、シッパル市の太陽神シャマシュ神の神殿に立てられていた碑を、前一二世紀中頃に侵攻したエラム（第三章参照）が戦利品として持ち去ったからである。

同害復讐法

『ハンムラビ法典』は、序文、条文二八二条および跋文からなり、ほぼ決疑法形式で書かれている。

人（自由人）と奴隷のほかに、ムシュケーヌム（半自由人）階級があり、法的には差別されていた。ムシュケーヌムは国家に所有された隷属民と考えられる。

条文はさまざまな問題を扱っている。外科医の料金と手術に失敗した折の損害賠償（第二一五―二二三条）、大工の賃料や家が倒壊し死者が出た際の損害賠償（第二二八―二三三条）などの、現代社会でもありうる被害者救済、製造物責任、医療過誤などが取りあげられている。

また、『リピト・イシュタル法典』では、役牛のけがを扱っていることを話したが、『ハンムラビ法典』では役牛（図2—29）に関する条文が二〇条以上あり、牛を質にとることの禁止（第二四一条）、牛を一年間借りたときの料金（第二四二、二四三条）などが扱われ、当時の社会における牛の重要性を確認できる。

だが、なんといっても『ハンムラビ法典』の特徴といえば、前章でも話したように同害復讐法が採用されていることで、次のように書かれている。

第一九六条
もし人がほかの人の目を損なったならば、彼らは彼の目を損なわなければならない。
第一九七条
もし人が人の骨を折ったならば、彼らは彼の骨を折らなければならない。
第一九八条
もし彼（人）が半自由人の目を損なったか、半自由人の骨を折ったならば、彼は銀一マナを払わなければならない。
第一九九条
もし彼（人）が（ほかの）人の奴隷の目を損なったか、人の奴隷の骨を折ったならば、彼は彼（奴隷）の値段の半分を払わなければならない。

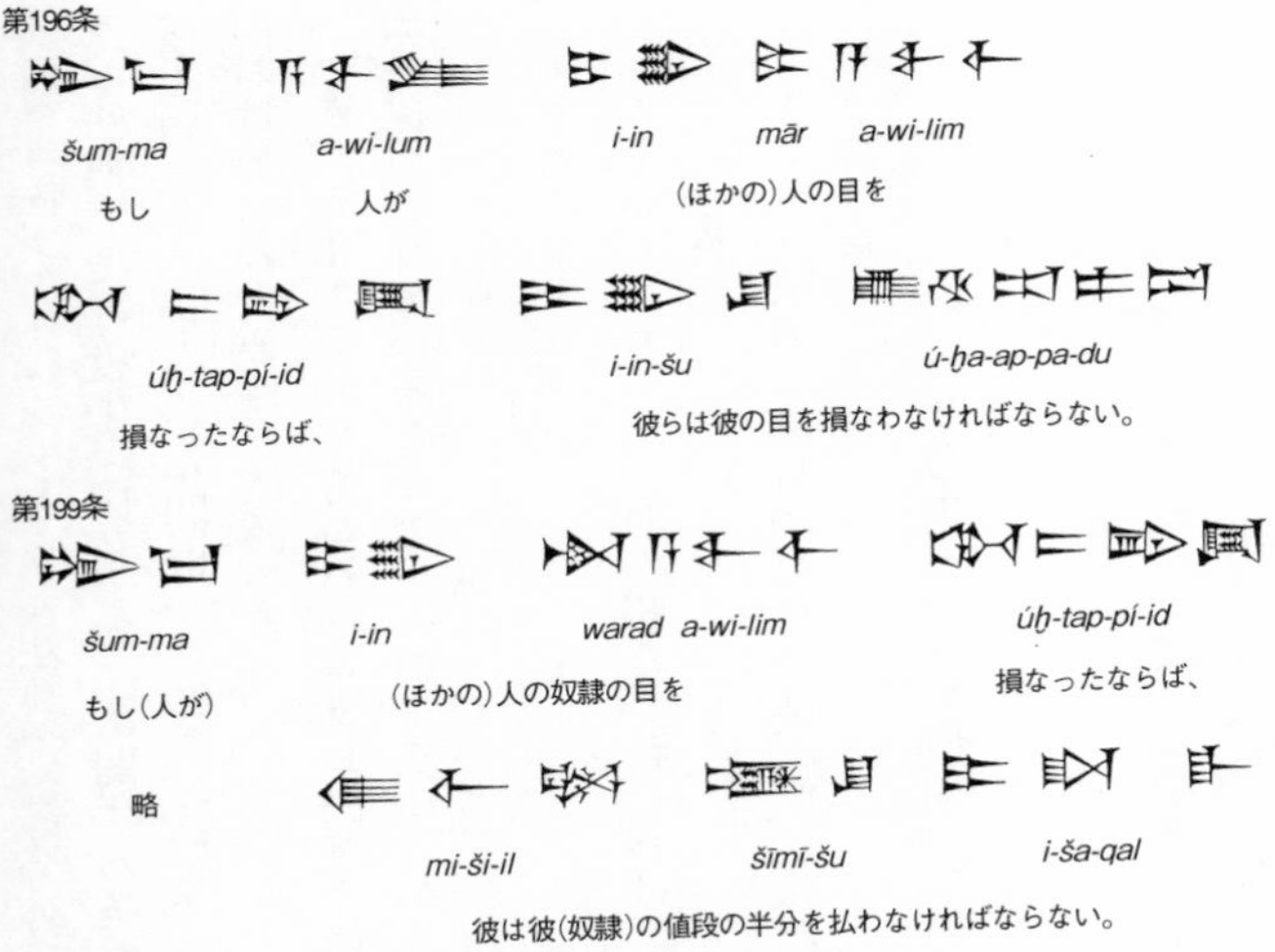
第196条
šum-ma
もし
a-wi-lum
人が
i-in
mār
a-wi-lim
（ほかの）人の目を
úḫ-tap-pí-id
損なったならば、
i-in-šu
ú-ḫa-ap-pa-du
彼らは彼の目を損なわなければならない。
第199条
šum-ma
もし（人が）
i-in
warad
a-wi-lim
（ほかの）人の奴隷の目を
úḫ-tap-pí-id
損なったならば、
略
mi-ši-il
šīmī-šu
i-ša-qal
彼は彼（奴隷）の値段の半分を払わなければならない。

2—28 『ハンムラビ法典』 第196条、第199条

遊牧民社会の掟《おきて》といわれる同害復讐法が採用されているが、被害者も加害者も自由人の場合にのみ適用され、被害者が半自由人や奴隷の場合は賠償になる。

また、実際の裁判の場では、裁判官の自由裁量の余地があり、自由人同士の場合も、必ずしも同害復讐法で処罰されたとは考えられない。

ハンムラビ王の支配

ハンムラビの中央集権化を象徴する具体的政策として次の三つがあげられる。

一　土地および官僚の管理体制として、イルクム（イルク）制度を導入した。イルクムとは王または国家への奉仕義務の意味で、転じて奉仕義務負担者に与えられる土

地を指す。イルクム地の面積は一—二ブル（一ブル＝六・五ヘクタール）が多かったようだ。一ブルの耕地で一家族の生計が成り立った。

二　商業・交易統制策を実施した。商人長（官職）の下に私商人を統合し、都市の港湾地区の直轄支配をおこなった。また、交易商人の手形発給制度を採用した。

三　司法制度の体系化として『ハンムラビ法典』の制定および判事を官僚にした。

以上の具体策の大半は、すでに統一国家のウル第三王朝でおこなわれていて、イシン・ラルサ時代に興亡した領域国家でも重要視されていた。ハンムラビの統一国家でのみ確認できるのはイルクム制度である。

経済

古バビロニア時代の農業経済の主体は、前代につづいて、王室と神殿だった。全土が政治的に統一され、中央集権的な領域支配が完成されるにつれ、王室を中心とした体制へと再編されていった。

ハンムラビは征服した地域の耕地を王室領に編入し、さまざまな形で経営した。高級官僚や神官に対しては、これらの耕地の一部を封地として給付し、収穫の一部は地代として国庫に納めさせた。下級の官僚や兵士の家族にも、その役割に応じて耕地が分配された。これは彼らのイルクムつまり奉仕義務や賦役に対する見返りとしての意味があったようだ。また、その地方

2—29　こぶ牛にまたがる農夫
南アジア世界からもたらされたこぶ牛の図は多くはない。メソポタミア南部で長く飼われ、ペルセポリスの朝貢行列図でもバビロニア人はこぶ牛を連れている（終章扉図〔下〕参照）。ディヤラ地方出土、前2000年紀初期、素焼き粘土、高さ7cm、シカゴ大学オリエント研究所蔵

の自営農たちに地代の支払いを契約の前提として貸し与える場合もあった。

手工業では、各種の工房を通して、男女を問わず職人たちが王室と神殿のための経済組織に組み込まれていた。なかには雇用契約を前提として工房に出仕する人もいた。この時代、メソポタミア北部を中心に、個人による私有地が拡大したことがわかっている。南部でも、個人間での宅地や耕地の売買は禁止されてはいなかった。

王室を中心とする経済体制のなかで、商人も重要な役割を果たしていた。バビロニア国内での商人の活動は、王室による管理、制約を受けたが、国際間の交易に従事する商人のなかには私的な利益を求める者が目立つようになる。

ウルやラルサの交易商人たちは、ペルシア湾の海上交易や東方のエラム地方との陸上交易に従事し、これらの地域からバビロニアへの銅の輸入をおもな仕事としていた。当時、秤量貨幣の銀や、青銅の原料でもある錫が流通した国際交易は、国家の重要な収入源であり、またその統制が戦略的にも重要であった。

マリ王宮やバビロニア出土の文書からわかる交易は、王室や神殿が主導する「官民交易」の

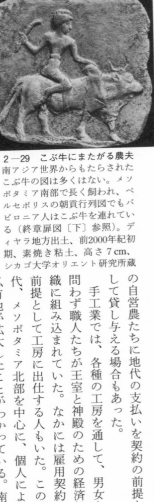

2—30　**伝ハンムラビ王頭部像**　晩年のハンムラビ王ともいわれている。スーサ出土、閃緑岩、ルーヴル美術館蔵

2—31　**伝ハンムラビ王像**　『ハンムラビ法典』碑上のハンムラビ王と同じ姿勢をしている。アッカド語で、アムル人の王ハンムラビ王の長寿祈願を目的に、イトゥル・アシュドゥムなる人物が奉献した旨が記されている。スーサ出土、前1792—前1750年、石灰岩の碑、高さ36.2cm、幅38.8cm、大英博物館蔵

形態で、交易商人は「役人」的あるいは特権的な性格をもち、外交使節を兼ねることもあった。

バビロン第一王朝の滅亡

前一七五〇年、ハンムラビは死去し、四三年もの長い治世をおえた。

後継者の息子のサムス・イルナは父王の遺領を守ることができず、衰退しはじめ、「徳政令」を治世二年と八年に出さざるをえなかった。経済的に貧しい者たちへの救済策で、民間債務の帳消しと債務奴隷の解放であった。

治世八年にはシュメル地方などで反乱が相次ぎ、治世九年にはカッシート人がメソポタミア北部に侵攻している。さらに、「海の国」第一王朝（前一七四〇—前一四七五年）が独立する。

第一〇代アンミ・ツァドゥカ王（前一六四六—前一六二六年）も治世元年に「徳政令」を出

している。「徳政令」はバビロンのほかの王たちも、イシンやラルサの王たちも出したようだ。

なお、アンミ・ツァドゥカ治世二一年間の「金星観測記録」が、メソポタミアの絶対年代決定の手がかりであることは前で話した。

このように、バビロン第一王朝は長期にわたって少しずつ凋落《ちょうらく》していき、内部崩壊していた。ところが、本来有力な対抗勢力となるべきアッシリアが、シャムシ・アダド一世没後、長く停滞したままで、バビロニアの敵対勢力たりえず、最盛期のハンムラビ王没後、およそ一五六年もバビロン第一王朝はつづいたことになる。

だが、バビロンも滅亡を免れることはできなかった。第一一代サムス・ディタナ王（前一六二五—前一五九五年）治世下のバビロンは、異説もあるが、アナトリア中央部からタウルス山脈を越えて長駆遠征してきたヒッタイト王国のムルシリ一世（前一六世紀前半）の急襲で、前一五九五年に滅亡した。

バビロン第一王朝は滅んだ。だが、都市バビロンは優位さを失わず、バビロンを首都とする王朝が新バビロニアまで、一〇〇〇年以上にわたって断続的につづくことになる。

第三章
バビロニア対アッシリアの覇権争い
——前2000年紀後半

祈るトゥクルティ・ニヌルタ1世　左手に王権の象徴である王笏をもったトゥクルティ・ニヌルタ1世が、アッシリアの伝統的な祈りの表現である右手の人差し指を突き出す所作をしている。後代に、アッシリアはバビロニアの伝統的な祈りの表現（第二章扉図参照）を採用することになる。王は立って、跪いて、祈っている。祈る対象は、一説には閃光で象徴されるヌスク神と、別の説では筆記具と書板で象徴されるナブ神ともいう。トゥクルティ・ニヌルタ1世奉献の祭壇。アッシュル出土、前1243—前1207年、雪花石膏、高さ60cm、ペルガモン博物館蔵

年代	事項
16世紀	**ミタンニ王国**(—14世紀)
1500	**中アッシリア時代**(—1000)
	アッシュル・ウバリト1世(1363—1328、第73代)によるアッシリアの復活
1225	トゥクルティ・ニヌルタ1世(1243—1207、第78代)がバビロン攻略
	ティグラト・ピレセル1世(1114—1076、第87代)がバビロニアを攻撃、治世末に飢饉
16世紀中頃	**中バビロニア時代**(—1026)
1500	**カッシート王朝**(−1155)
	ブルナ・ブリアシュ1世(1530−1500、第10代)がアッシリアと境界を制定
	カラインダシュ(15世紀末、第15代)がアッシリアと境界条約締結
	クリガルズ1世(14世紀初期、第17代)がドゥル・クリガルズ造営
	カダシュマン・エンリル1世(1374?—1360、第18代)およびブルナ・ブリアシュ2世(1359−1333、第19代)がエジプトと交流
	ナジ・マルッタシュ(1307—1282、第23代)がアッシリアと境界地域の争奪戦
	カダシュマン・トゥルグ(1281—1264、第24代)がアッシリアと条約
	カダシュマン・エンリル2世(1263—1255、第25代)
	カシュティリアシュ4世(1232—1225、第28代)によるアッシリアの侵攻
	アダド・シュマ・ウツル(1216—1187、第32代)がアッシリア支配を脱す
1155	エンリル・ナディン・アヒ(1157−1155、第36代)がエラムに捕囚され、カッシート王朝が滅亡
1157	**イシン第2王朝**(—1026)
	マルドゥク・カビト・アッヘシュ(1157−1140、初代)による建国
	ニヌルタ・ナディン・シュミ(1131—1126、第3代)がアッシリアに侵攻
	ネブカドネザル1世(1125—1104、第4代)最盛期
	マルドゥク・ナディン・アッヘ(1099—1082、第6代)アッシリアと戦闘

前二〇〇〇年紀後半のメソポタミア

前二〇〇〇年紀後半のバビロニアとアッシリアは、同じアッカド語を使い、同じ神々を祀るなどの同一文化を担う二大勢力として、本格的な覇権争いを展開することになる。

メソポタミア南部では、前一五九五年にバビロン第一王朝が滅亡した後の時代は、**中（期）バビロニア時代**（前一六世紀初期—前一〇二六年）にあたる。

バビロン第一王朝滅亡後、バビロニア南東の低地に独立した「**海の国」第一王朝**（前一七四〇—前一四七五年）の支配の後に、バビロニアを支配したのは**カッシート王朝**（前一五〇〇—前一一五五年）の約三五〇年にわたる長期支配で、東方のエラムおよび北方のアッシリアと対峙《たいじ》することになる。カッシート王朝時代のバビロニアはカルドゥニアシュといわれた。カッシート王朝がエラムによって滅ぼされた後は、**イシン第二王朝**（前一一五七—前一〇二六年）がバビロニアを短期支配した。

一方、前一五〇〇—前一〇〇〇年のアッシリアは、**中（期）アッシリア時代**という。

前一七七六年にシャムシ・アダド一世が没した後のアッシリアについては、史料がほとんどない。それというのも、アッシリアは西方の**ミタンニ**（**ミッタニともいう**）**王国**（前一六—前一四世紀）に制圧されていたからである。だが、前一四世紀後半にミタンニ支配を脱するや、アッシリアはメソポタミア北部で勢力を回復していく。
ところが、一転して、前二〇〇〇年紀末になると、西アジア世界および東地中海世界はさらなる混乱の時期を迎える。海の民やアラム人が移動し、いくつかの国が滅亡することになる。

一　謎の強国ミタンニ王国――前一六世紀末期から前一四世紀中期まで

最古の国際社会

前二〇〇〇年紀後半のメソポタミア史は、バビロニアおよびアッシリアの動向だけでなく、メソポタミア北西部のミタンニやアナトリア中央部の侮りがたい強国ヒッタイト王国の動きが、メソポタミア史の流れを左右することになる。

また、これまではナイル河流域の世界に閉じこもっていたかのような大国エジプトが、第一八王朝（前一五五〇―前一二九二年）の成立とともに、古代オリエント史に本格的に参入する。国策を変更してアジアに軍事進出し、シリア・パレスティナをめぐって、まずミタンニとエジプトが軍事衝突する。

本格的な国際社会が形成された古代オリエント世界では、どの国も複数の敵対勢力との対峙を覚悟しなければならず、生き残りをかけての和戦両様の厳しい外交が展開された。

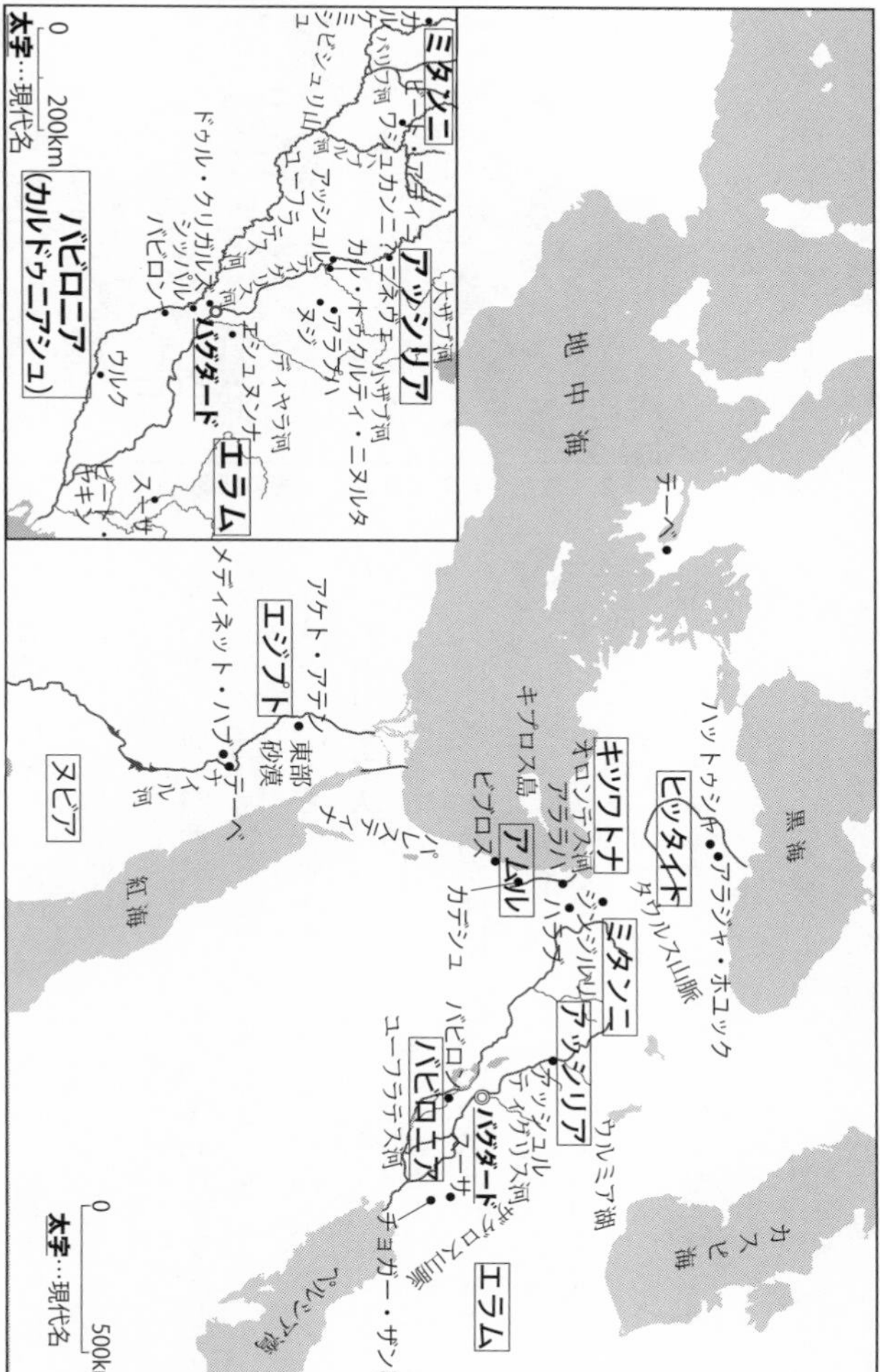
黒海
カスピ海
地中海
紅海
ペルシア湾
ハットゥシャ
アラジャ・ホユック
ヒッタイト
タウルス山脈
キッワトナ
オロンテス河
アララハ
キプロス島
ビブロス
アムル
カデシュ
ハラブ
ミタンニ
アッシリア
アッシュル
ティグリス河
ウルミア湖
バグダード
スーサ
ザグロス山脈
チョガー・ザンビール
エラム
バビロン
バビロニア
ユーフラテス河
テーベ
エジプト
アケト・アテン
メディネット・ハブ
東部砂漠
ナイル河
ヌビア
太字…現代名
0
500km
ミタンニ
アッシリア
バビロニア
(カルドゥニアシュ)
エラム
バグダード
ニネヴェ
カル・トゥクルティ・ニヌルタ
アッシュル
大ザブ河
小ザブ河
ティヤラ河
エシュヌンナ
ヌジ
アラファ
ドゥル・クリガルズ
シッパル
バビロン
ウルク
スーサ
ワシュカンニ
ユーフラテス河
ティグリス河
0
200km
太字…現代名
3―1　第三章関係地図

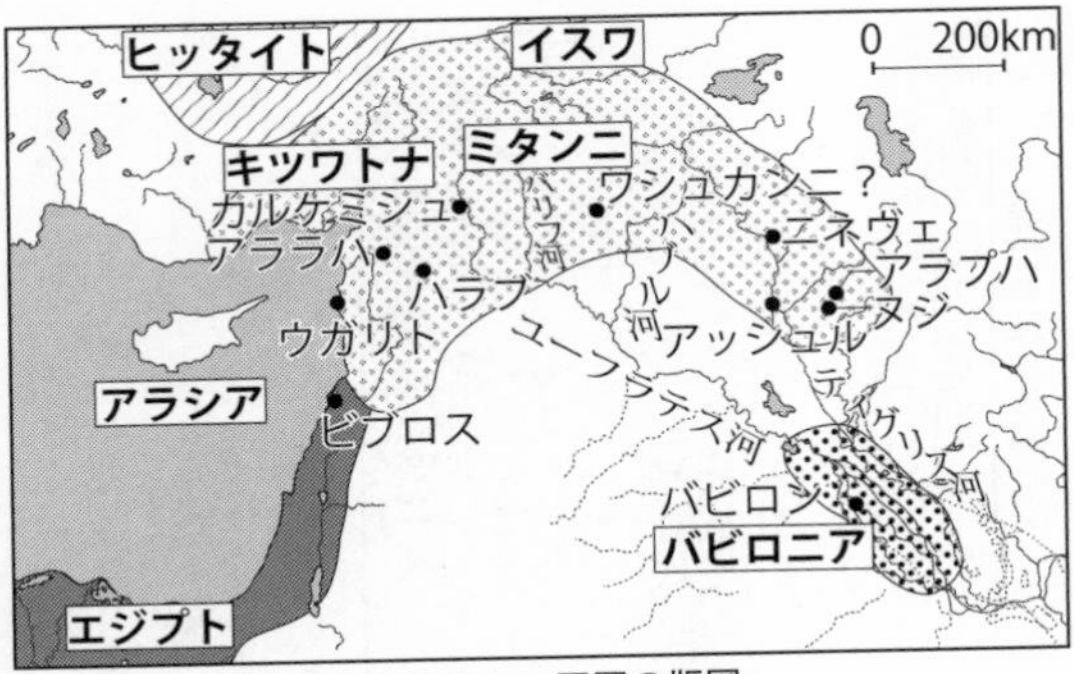

3―2　想定されるミタンニ王国の版図

こうした前二〇〇〇年紀後半の歴史で、最初に覇権争いの主導権を握っていたミタンニ王国から話していく。

フリ人の国

前一六―前一四世紀のメソポタミア北部を支配していたのはミタンニ王国だった。

ミタンニを、ヒッタイト人はフリ人の国と、アッシリア人やバビロニア人はハニガルバトと、そしてエジプト人はナハリンと呼んでいた。ちなみに、ハニガルバトは、ミタンニの滅亡後に末裔が建国した小国の名としても使われている。

ミタンニはメソポタミア北西部のハブル河流域を中心とした地域およびシリア北部に建国されたフリ（フルリ）人の国である。異説もあるが、フリ人はメソポタミアではスバルトゥ（スビル）と呼ばれていた。

フリ語は膠着語《こうちゃくご》（日本語の「てにをは」にあたる文法要素をもつ言語）で、前一〇〇〇年紀前半にアナトリア東部およびアルメニアを支配したウラルトゥ王国（前九世紀中期―前六世紀初

3―3 （左）ヌジ遺跡出土彩色壁画復元
（右）ヌジ式土器　黒、茶などの暗色系の地に、白色系の顔料で植物文や幾何学文が描かれ、前16―前13世紀にミタンニ王国の領域内で使用された。アララハ出土、前15―前14世紀、高さ21.5cm、直径10cm、大英博物館蔵

期）の言語、ウラルトゥ語と類縁関係にある。

「ヌジ文書」が語るフリ人の社会

フリ人社会の様子については、ミタンニの属国だったこと以外はよくわからないアラプハ王国の地方都市だった、メソポタミア北東のヌジ市（現代名ヨルガン・テペ、前一五―前一四世紀中期）およびシリア北部のアララハ市（現代名テル・アチャナ）第四層（前一五世紀）で出土した文書から、推測されている。

「ヌジ文書」には、多くの私的契約文書がふくまれていた。偽装養子縁組による大土地所有、女性を男性とみなしての財産相続、家の神々と祖先崇拝など、フリ人の社会や家族制度についての興味深い事例が見られる。

また、「アララハ文書」から、最下層の奴隷を除いて、四つの社会層があったことがわかった。上から戦士、自由民、貧民そして賤民《せんみん》で、フリ人の社会を反映していたと考えられている。

3—4（上）アララハ王頭部像　アララハ出土、前18世紀、閃緑岩、アンタルヤ考古学博物館蔵
（下）イドリミ王座像　アララハ出土、前1500年頃、白雲石、マグネサイト、高さ1.04m、大英博物館蔵

アララハ市のイドリミ王

アララハ遺跡からは、粘土板文書とともに、前一五〇〇年頃のイドリミ王座像が出土している。高さ一メートルほどのギョロリとした目が特徴的な像で、一度見たら忘れられない印象を見学者に与えるようだ。

像には王の「自伝」が刻まれていて、ミタンニのパラッタルナ王に臣下として仕え、その後ミタンニの後盾でアララハ王になったことが記されている。

ミタンニ王国の歴史の復元

フリ人は軍事的に強く、ウル第三王朝のシュルギ王が繰り返し遠征するなど、手こずっていたことはすでに第一章で話した。そのフリ人のミタンニが、メソポタミア北部の交通の要衝を支配したのである。

ミタンニの首都はハブル河流域のワシュカンニ市で、現在のテル・ファハリヤともいわれるが、いまだに発掘されていない。現時点では、近隣諸国つまりエジプト、ヒッタイト、アッシリアおよびバビロニアなどの史料から、対外関係を中心としたミタンニの歴史が暫定的に復元されている。

また、ミタンニ王は支配領域をすべて直接支配したのではなく、周辺部では属王を介して間接的に支配していた。これらの諸国には王がいて、宗主であるミタンニの王に服属するという体制であった。こうした周辺部のヌジやアララハなどの発掘が進んだことで、ミタンニの歴史やフリ人の社会を復元するのに役立つ史料が出土しているのである。

馬にひかせた戦車

わからないことの多いミタンニだが、軍事的に強かった理由は何だろうか。ミタンニを建国したフリ人は好戦的といわれるが、精神論だけではない。新しい軍事技術の発明と利用があげられる。単一の材料だけでつくられた単弓に対して、木、動物の骨あるいは金属を張りあわせた強い弓、つまり複合弓の利用もあげられている。だが、なんといっても、馬にひかせた戦車を戦場に導入したことこそ、強国になった理由であろう。

戦車はすでに初期王朝時代のシュメル人が使っていた。ろばあるいはオナガー（高足ろば）

3―5　**キックリの馬調教文書**　ハットゥシャ出土、前14世紀、高さ28.5cm、幅16cm、ペルガモン博物館蔵

3―6　**軽戦車に乗るアメンヘテプ2世**　輻が4本の戦車に乗り、牛の皮型の銅の延べ板を射抜いている。この牛の皮型の延べ板は地中海世界で広く使われていた（図3―14参照）。カルナク出土、前1428―前1397年、花崗岩、ルクソール博物館蔵

にひかせた戦車の車輪に輻《や》（スポーク）はなく、板を二枚あわせた車輪（図1―12参照）だった。ようやく前二〇〇〇年頃に輻が発明され、前二〇〇〇年紀前半には馬に戦車をひかせた。この戦車の基本型をミタンニがつくったようだ。

さらに、ミタンニが戦車をひかせる馬の調教に長けていたことは、ヒッタイトの都ハットゥシャ遺跡から出土した『キックリの馬調教文書』からわかった。キックリはミタンニの調教師の名で、馬への飼《かい》葉《ば》の与え方から、並み足や駆け足などの一八四日間にわたる調教法が詳細に記されていた。

後に、ミタンニに学んだヒッタイトが、戦車を駆使した機動的な戦術を用いて大国へ成りあがり、皮肉なことにミタンニは滅ぼされることになる。

エジプトとの対決

フリ人の国ミタンニは前一五世紀初期のパラッタルナ王治世には、シリア北部を支配していた。

前一五世紀中期のサウシュタタル王治世になると勢力を拡大し、東方はティグリス河東岸のヌジをふくむアラプハ王国から西方はユーフラテス河を越えて、シリア北部およびアナトリア南東部のキッワトナ地方まで支配した。この過程でミタンニはティグリス河流域のアッシリアを属国とした。

3—7　サウシュタタル王円筒印章印影図「サウシュタタル、パルサタタルの子、ミタンニの王」の銘。後にミタンニ王家の印章として利用された。複数の闘争図、有翼円盤、合成獣などから構成される精巧な図柄。ヌジ、ブラク出土、前15世紀中頃、高さ2.9cm

さて、地中海沿岸まで勢力を拡大したミタンニだったが、シリア領有をめぐって、南方のエジプトとぶつかることになる。

この頃のエジプトを支配していたのは第一八王朝である。アジア系の異民族集団ヒクソスを追い払うことに成功した第一八王朝だったが、ユーフラテス河を越えたシリア・パレスティナにまでミタンニの影響力がおよんでいて、分立する多数の都市国家がミタンニの宗主権下にあることに直面した。

そこで、エジプトはこれまでとは国策を一新し、エジプト防衛のために、シリア・パレスティナを植民地とする帝国主義政策に転換せざるをえなかった。エジプトは、防衛のためには先制攻撃やむなしとの、「攻撃的防御」をアジアへの基本政策とした。

トトメス一世の親征

ミタンニをたたくことを目的とした、エジプト王トトメス一世（前一五〇四―前一四九二年）のアジア遠征では、ミタンニは準備不足であったともいわれるが、エジプト軍の先制攻撃が功を奏した。大した反撃を受けることなく、シリア北部のユーフラテス河に達した。トトメス一世はカルケミシュ市（現代名ジェラブルス）近郊の、ユーフラテス河岸に境界碑を立てたという。つまり、ここまでがエジプトの勢力圏と宣言し、一時的にエジプトの宗主権がシリア・パレスティナ全域におよんだことになる。

トトメス三世のアジア遠征

ところが、父王トトメス一世を敬愛していたハトシェプスト女王（前一四七九／七三―前一四五八／五七年）の平和政策でアジア遠征を控えていた間に、ミタンニはカデシュ侯を盟主とする反エジプト同盟を結成させてしまう。

こうしたアジア情勢の急変に、ハトシェプストはおそらく失脚させられ、ようやくトトメス三世（前一四七九―前一四二五年）が治世二二年に名実ともにエジプトの王となった。このとき、パレスティナ南部を除いて、シリア・パレスティナの大部分がミタンニの勢力圏に組み込まれ

3—8（上）アジア人捕虜を打ち据えるトトメス3世　前1479—前1425年、カルナクのアメン大神殿の第7塔門の浮彫
（中）トトメス3世征服地名表　前1479—前1425年、カルナクのアメン大神殿の第6塔門の浮彫。楕円形の枠のなかに書かれた地名は115を数える
（下）トトメス3世の植物園　シリアやヌビア遠征で多数の異国の植物を集め、植物園をつくったという。前1479—前1425年、カルナクのアメン大神殿第10室の浮彫

ていた。

単独支配開始後わずか半月で、トトメス三世は親征する。第一回遠征以来、治世四二年の第一七回遠征まで、ほぼ連年アジア遠征をせざるをえなかった。一連の遠征はカルナク神殿の壁面に記されていて、『トトメス三世年代記』と呼ばれている。エジプトだけでなく、古代の王たちは勝利をより大きく記す

世紀	エジプト	ミタンニ	アッシリア	バビロニア	他
13			シャルマネセル1 (1273―1244) トゥクルティ・ニヌルタ1 (1243―1207)	カダシュマン・トゥルグ (1281―1264) カダシュマン・エンリル2 (1263―1255) カシュティリアシュ4 (1232―1225) アダド・シュマ・ウツル (1216―1187)	ハットゥシリ3(ヒッタイト)(13中) ウンタシュ・ナピリシャ(エラム) (1260―1235)
12	第20王朝 ラメセス3 (1183/82―1152/51)		アッシュル・ダン1 (1178―1133) アッシュル・レシュ・イシ1 (1132―1115) ティグラト・ピレセル1 (1114―1076)	エンリル・ナディン・アヒ (1157―1155) イシン第2 マルドゥク・カビト・アッヘシュ (1157―1140) イッティ・マルドゥク・バラトゥ (1139―1132) ニヌルタ・ナディン・シュミ (1131―1126) ネブカドネザル1 (1125―1104)	シュトルク・ナフンテ1(エラム) (1185―1155) クティル・ナフンテ2(エラム)
11				マルドゥク・ナディン・アッヘ (1099―1082)	

3—9　本章に登場する主要な王

世紀	エジプト	ミタンニ	アッシリア	バビロニア	他
16	18王朝 トトメス1（1504—1492）		中アッシリア プズル・アッシュル3（16）	カッシート ブルナ・ブリアシュ1（1530—1500）	
15	ハトシェプスト（1479/73—1458/57） トトメス3（1479—1425） アメンヘテプ2（1428—1397）	パラッタルナ（15初） サウシュタタル（15中）	アッシュル・ベル・ニシェシュ（1417—1409）	カラインダシュ（15末） カダシュマン・ハルベ1（治世年不詳）	イドリミ（アララク）（15）
14	トトメス4（1397—1388） アメンヘテプ3（1388—1351/50） アクエンアテン（1351—1334） ツタンカーメン（1333—1323）	アルタタマ1（14初） シュッタルナ2（14初） トゥシュラッタ（14前）	アッシュル・ナディン・アッヘ2（1400—1391） エリバ・アダド1（1390—1364） アッシュル・ウバリト1（1363—1328） アダド・ニラリ1（1305—1274）	クリガルズ1（14初） カダシュマン・エンリル1（1374?—1360） ブルナ・ブリアシュ2（1359—1333） カラハルダシュ（1333） ナジ・ブガシュ（1333） クリガルズ2（1332—1308） ナジ・マルッタシュ（1307—1282）	トゥトハリヤ2（ヒッタイト）（14前） シュッピルリウマ1（ヒッタイト）（14中） ニクマド2（ウガリト）（1350） リブ・アッディ（ビブロス）（14中）

が、敗北は敗北と書かないことが普通である。現時点では、ミタンニとエジプトとの戦いについては、もっぱらエジプト側の史料によって語られているので、注意を要する。

それにしても、ミタンニを後盾にした反エジプト諸国は手ごわく、トトメス三世は繰り返し出陣せざるをえなかったということであろう。一七回の遠征のすべてが戦闘をともなうわけではなかったようだが、治世三三年の第八回遠征はミタンニと直接対決し、シリア北部のハラブ市近郊で勝利したという。エジプト軍はカルケミシュ付近でユーフラテス河を渡ったが、ミタンニ軍は決戦を避け、内陸部に退却したので、深追いしなかったという。トトメス三世は祖父トトメス一世の碑に並べて、新たな境界碑を立てた。

敵対関係から同盟への転換

ミタンニとエジプトとの敵対関係は、アメンヘテプ二世（前一四二八―前一三九七年）治世後半には、一転して平和共存を選択せざるをえなくなる。きっかけは、ヒッタイト王トゥトハリヤ二世（前一四世紀前半）がミタンニの勢力圏であるハラブを占領、破壊したことである。

ヒッタイトの脅威がミタンニ、エジプト両国を結びつけ、平和交渉は長期におよぶも、トトメス四世（前一三九七―前一三八八年）治世に同盟条約が結ばれた。シリア北部はミタンニの、シリア南部とパレスティナはエジプトの、それぞれ支配にはいることを相互に承認した。シリア・パレスティナをめぐる国際情勢は安定し、力の均衡状態が生まれた。

両国の同盟は、ミタンニの王女たちがエジプト王家に嫁ぐことで保障された。トトメス四世に娘を嫁がせたのはアルタタマ一世（前一四世紀初期）が最初で、この後シュッタルナ二世（前一四世紀初期）そしてトゥシュラッタ王（前一四世紀前半）も同様の婚姻政策を採用した。

この間の事情を物語る一等史料が「アマルナ文書」であり、次節で紹介しよう。

二　「アマルナ文書」が語る時代――前一四世紀中期

聖刻文字の国から出土した楔形文字文書

古代エジプトの文字といえば、聖刻文字（ヒエログリフ）がその一つで、事物の形を抽象化せずにそのまま書いた絵文字である。聖刻文字はパピルス紙だけでなく、神殿や墓室の天井や壁面そして柱と、ありとあらゆるところに刻まれている。エジプト観光では、どこでも目にする代表的な古代文字である。

そのエジプトのアマルナ（テル・エル・アマルナ）から、一八八七年に、農婦が楔形文字の刻まれた粘土板を発見した。この発見後に盗掘が繰り返され、古物市場に楔形文字を刻んだ粘土板が出回った。当初その重要性は理解されなかったが、解読された結果、そのほとんどがアッカド語で書かれた手紙で、出土地にちなんで「アマルナ文書」と呼ばれることになる。

アテン神の都

アマルナは古代の都アケト・アテンと判明した。「アテン神の地平線」を意味するアケト・アテン遺跡は、エジプト・アラブ共和国の首都カイロ市からナイル河を約二八〇キロメートル南方に遡ったところである。このあたりはイスラーム原理主義者が多い危険なところといわれ、日本人がエジプト観光にいってもほとんど立ち寄らない。現代の思想的に過激な場所は、今から約三四〇〇年昔もやはり思想的に過激な場所であった。

「宗教改革」を断行したアメンヘテプ四世（前一三五一―前一三三四年）あらためアクエンアテン王は治世六年に王家の人々や官僚、神官らを引き連れて、国家神アメンを厚く祀っているテーベ市からアケト・アテンへの遷都を開始した。アメンと多くの神々を捨てて、王はアテン神のみを信仰することをひたすら推進することになる。

エジプト史において、アケト・アテンに都があった約二〇年間を「アマルナ時代」という。また、当時のオリエント世界を知るうえで、重要な史料が「アマルナ文書」だから、これにちなんで前一四世紀中期を広い意味で「アマルナ時代」と呼ぶ。

3―10　アマルナ北王宮跡

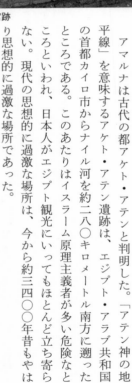

3―11（左）アクエンアテン王頭部　前1351―前1334年、アマルナ出土、石膏、高さ20cm、新博物館（ベルリン）蔵
（右）アテン神を礼拝するアクエンアテン王と正妃ネフェルティティ　アクエンアテン王と正妃ネフェルティティが円盤と光線で表現されるアテン神に奉献している場面。アマルナ出土、前1351―前1334年、石灰岩、高さ1.05m、エジプト博物館（カイロ）蔵

「アマルナ文書」とは

「アマルナ文書」の多くは「文書庫」と見られるアマルナ中心部の建物から出土した。三五〇点が手紙、三二点は学校で使用された文学文書や語彙《ごい》集などになる。ほとんどが手紙なので、「アマルナ書簡」とも呼ばれている。

エジプト王にあてられた手紙がほとんどで、アメンヘテプ三世（前一三八八―前一三五一／五〇年）治世末から、ツタンカーメン王（前一三三三―前一三二三年。図3―13）治世におよぶが、多くはアクエンアテンにあてられている。わずかだが、エジプト王が出した手紙もあり、草案か控えであろう。

当時の共通語であるアッカド語楔形文字で書かれているが、なかにはヒッタイト語二通、フリ語一通の手紙もある。

3―12　アメンヘテプ3世の頭部　高さが1.168mもあり、完全だったら、かなり大きな像だっただろう。テーベ出土、前1388―前1351年、砂岩、大英博物館蔵

大国と小国

手紙の冒頭を読むと、当時の国際社会での大国あるいは小国といった、国の格がはっきりわかる書式が採用されている。国際社会にはさまざまな国があり、国々の関係は平等ではない。エジプトと同格の諸国では、発信者自らが「大王」と称し、エジプト王を「わが兄弟」と呼んでいる。具体的にはバビロニア、ミタンニそしてヒッタイトであり、後からアッシリアが加わる。

現代のキプロス島にあたるアラシアの王もエジプト王を「兄弟」と呼んでいる。キプロスは小さな島だが、銅の産地である。エジプト、アラシアともに王名が書かれていない手紙のなかで、疫病による被害がありながらもアラシアがエジプトへ贈物の銅を五〇〇タラント（約一五トン）も送ったと書かれている。前一四世紀は青銅器時代であり、銅を生産するアラシアは大国にふさわしい豊かな経済力をもっていたのである（図3―14）。

一方、小国はエジプトの属州支配下に置かれたシリア・パレスティナの諸国で、臣下の礼をとってエジプト王を「わが主人」と呼び、差出人自らはその「僕《しもべ》」とへりくだっている。

たとえば、シリアの地中海に面したウガリトのニクマド二世（前一三五〇年）がアクエンアテンにあてた手紙の冒頭では、「王、太陽、わが主人へ。あなたの僕、ニクマドのご挨拶《あいさつ》。私は王、太陽、わがご主人様の足下にひれ伏します」といっている。小国ウガリトの王は、大国エジプトの王に対しては、過剰なまでへりくだった表現を使っている。

3—13　**ツタンカーメン王とアンケセナーメン后妃**　ツタンカーメン王墓から出土した副葬品で、黄金の玉座のぜいたくに象嵌された背もたれ。上部にアテン神の円盤が見え、后妃が王に香油を塗っている場面。前1333—前1323年、高さ53cm、エジプト博物館（カイロ）蔵

ミタンニからの贈物

ミタンニの王たちからの手紙はエジプト王たちとの友好関係を公言し、嫁いでいく王女の婚資を列挙し、見返りに多量の黄金を露骨に要求している。

ミタンニの王女ムテミアを母とするアメンヘテプ三世の後宮には、ミタンニの王女ギル・ヘパやタドゥ・ヘパが嫁いできていた。

タドゥ・ヘパの父、トゥシュラッタ王はシリア北部への進出を企てるヒッタイトに対抗するために、エジプトの支

3―14　銅の延べ板を担ぐ男
1本の樹木と牛の皮型の銅の延べ板を担ぐ男が表現されている透かし彫り香炉台。キプロス島のエピスコピ（古代名クリオン）出土、前1250―前1050年、青銅、高さ12.5cm、幅11cm、上部直径8.5cm、大英博物館蔵

援を必要とし、ヒッタイトとの戦いで得た戦利品の一部をエジプトへ送っている。また、タドゥ・ヘパを嫁がせる際には、アメンヘテプ三世に贈物をしていて、その贈物の「目録」は合計五五〇行を超え、そのなかに鉄製の刃の短剣や金メッキをした鉄製の腕輪などがふくまれていた（図3―15）。ヒッタイト（後述）だけでなく、ミタンニもまた鉄製品を贈物に有効利用していた。この頃、鉄は黄金よりも高価であった。

エジプトへ旅する女神像

エジプトへ旅をしたのは、嫁いでいく王女たちだけではなかった。トゥシュラッタ王がアメンヘテプ三世にあてた手紙には、女神像が旅をしたことが、「すべての国々の女主人、ニネヴェ市のシャウシュガ女神が次のように（いう）。『私は私が愛する国、エジプトへいきたい、そして戻ってきたい』。そこで、私はこれ（手紙）とともに彼女を送ったので、彼女は旅の途中である」と書かれている。

トゥシュラッタは娘婿のアメンヘテプ三世に女神像を貸与した。女神像はトゥシュラッタの父シュッタルナ二世のときにも、貸与されていた。今回の貸与はアメンヘテプ三世晩年のできごとのようで、王は病気だったらしい。そこで、当時ミタンニの支配下にあったニネヴェに祀られていた、フリ人の愛と生命の女神シャウシュガ女神が病気治癒に霊験あらたかと信じられていたことから、女神像がはるばるエジプトまで送られたのである。

粘土板の「旅券（パスポート）」

ミタンニからエジプトへ使者が旅をするとなれば、シリア・パレスティナのいくつかの小国を通過することになる。そこで、使者は「わが兄弟の家臣であるカナンの王たちへ。（ミタンニ）王は次のように（いう）。私はこれとともにわが使者アキヤをわが兄弟、エジプトの王に急ぎ送る。誰も彼を引きとめてはならない。彼を安全にエジプトに入国

3—15（上）ツタンカーメン王の鉄製短剣　トゥシュラッタ王がアメンヘテプ3世に送った武器と類似している。柄頭に水晶を使い、鞘は黄金製。ツタンカーメン王墓出土の副葬品。前1333—前1323年、長さ34.2cm、エジプト博物館（カイロ）蔵
（下）トゥシュラッタ王の目録　アマルナ出土、粘土、前14世紀前半、高さ31cm、幅17cm、ベルリン国立博物館蔵

させ、エジプトの城塞《じょうさい》司令官に彼を引き渡せ」と書かれた粘土板、つまり、ミタンニ王発行の「通行許可書」、現代でいえば「旅券」を持参していた。こうした「旅券」を携えた使者が、ミタンニとエジプトの間を往復していた。当然のことながら、ほかの国々との間でも、往来には「旅券」は必要であっただろう。

エジプトとの同盟関係の破綻

「アマルナ文書」そのものの話が長くなった。このあたりで、ミタンニの歴史に話を戻す。ミタンニとエジプトとの同盟関係は、アクエンアテン王が「宗教改革」に専念し、アジア情勢に関心を示さなかった結果、約半世紀で破綻してしまう。

アクエンアテンがアジア情勢に無関心であったことは、ビブロス市のリブ・アッディ王（前一四世紀中期）の手紙からもよくわかる。リブ・アッディの手紙は「アマルナ文書」のなかでも、もっとも数が多く、ヒッタイトに服属したアムル国の脅威が増したので、エジプトの軍事介入を懇願している。だが、アクエンアテンが無視したので、ビブロス国内でクーデターが起き、リブ・アッディは追放されてしまった。

シュッピルリウマ一世の急襲

この頃、つまり前一四世紀中期のヒッタイトでは、後年武勇を謳われることになるシュッピルリウマ一世（前一四世紀中期）がアナトリア内部を固めて、その後シリア北部に侵攻したものの、ミタンニのトゥシュラッタ王に敗北を喫する。

敗北からの立て直しが、さすがであった。シュッピルリウマは再度のミタンニ遠征にあたっては、慎重にことを運んだ。ミタンニ東部の国々と外交交渉で条約を結ぶなどの策を弄《ろう》し、さらにミタンニを挟み撃ちするような形になるバビロニアから、王女を娶っている。

ミタンニ攻撃の機をうかがっていたところ、ユーフラテス河上流東岸を支配し、ヒッタイトに服属していたイスワ国をミタンニが挑発した。これを口実に、シュッピルリウマは首都ワシュカンニ急襲に成功する。

3―16　ビブロス市のオベリスク神殿
前2000年紀のビブロス市の繁栄をこの神殿に見ることができる。神殿中庭に、高さが3mから50cmの間の複数のオベリスクが立てられていて、オベリスク神殿と呼ばれている。オベリスクは砂岩製で、表面に漆喰が塗られていた

ミタンニの滅亡

首都ワシュカンニまで攻め込まれたトゥシュラッタは、息子によって殺害される。

さしもの強国ミタンニがヒッタイトに征服され、前一三四〇年に属国にされてしまった。詳細は不明だが、前一四世紀後半にミタンニは滅亡する。

勝利したシュッピルリウマは、帰路シリアの要衝カルケミシュとハラブを陥落させ、両市を息子たち

に支配させた。ミタンニの遺領のうち、シリア北部はヒッタイトが支配するところとなる。こうした一連の行為がシュッピルリウマの名声を高めることになった。

前一三世紀末には、シリア北部にミタンニの末裔がハニガルバトと呼ばれる小国を建てて、アッシリアの侵攻に対抗したものの、あっけなく征服されてしまう。

三　大国の仲間いりを果たしたアッシリア――前一四世紀後半以降

「中興の祖」アッシュル・ウバリト一世

ここまで話してきたように、前一六―前一四世紀のメソポタミア北部を支配したのはミタンニで、アッシリアは前一五世紀中頃にミタンニの属国とされた。だが、ミタンニが滅亡したことで、アッシリアは大国の仲間いりを果たし、前一三世紀には強国として全盛期を迎えることになる。

ミタンニに従属していた時代のアッシリアはミタンニ様式の印章（図3―7）を使っていたが、独立を達成するとアッシリアの独創的な様式（図3―17、19）が生まれた。

ミタンニ滅亡時の混乱に乗じて、メソポタミア北部に勢力を回復したアッシュル・ウバリト一世（前一三六三―前一三二八年、第七三代）こそは、アッシリア「中興の祖」であった。アッシュル・ウバリトとは、「アッシュル神が命を与えし者」の意味で、皮肉なことだが、約七五

○年後に、同じ名前のアッシュル・ウバリト二世（前六一一―前六〇九年、第一一七代）がアッシリア最後の王となる。
　好戦的なフリ人の影響を大きく受け、アッシュル・ウバリト一世は王の武装勤務という名称の下に、自由農民を中心に軍隊を組織し、定期的な軍事訓練をほどこし、かつ実戦で鍛え、アッシリア軍を強化した。

3―17　中アッシリア様式の円筒印章印影図　アッシュル・ウバリト1世の父王エリバ・アダド1世（前1390―前1364年、第72代）の印章印影図。図柄は従来のミタンニ様式とはちがう発展を示し、彫刻技術も向上している。獲物の後脚をつかむ有翼グリフィンはエリバ・アダド1世および息子のアッシュル・ウバリト1世の時代に数多く見られる。アッシュル出土、前1390―前1364年、高さ3cm、ベルリン国立博物館蔵

大国の仲間いり

アッシュル・ウバリト一世は、手紙を少なくとも二通、エジプトのアクエンアテン王に送っている。外交関係を結ぶべく、エジプト王に送った最初の手紙は次のように書かれている。

　エ［ジプト］の王にいえ。［アッ］シリアの王アッシュル・ウバリ［ト］は次のようにいう。
　あなた、あなたの家、あなた［の国］、あなたの戦車、あなたの兵士た

ちが平安であるように。

私はあなたとあなたの国を訪問させるべく、あなたのもとにわが使者を送った。これまでわが父祖たちは（手紙を）書いたことはなかったが、今日、私はあなたに（手紙を）書いた。［私は］贈物［とし］て良き戦車一両、馬二頭、本物のラピスラズリ［でつくった］なつめやし一つをあなたに送る。

エジプトに対しては、アッシリアの伝統的な王の称号「アッシュル神の副王」を使わずに、「アッシリアの王」を使用している。アッシリアがエジプトに対して、独自の外交を展開することを宣言したのが、この手紙である。

「大王」を称したアッシリア王

ところが、エジプトはアッシリアを大国と認知していなかったようで、アッシュル・ウバリト一世は二番目の手紙のなかで、エジプトに不満をいっている。

手紙の冒頭には次のように書かれている。

［大王］、エジプトの王、わが兄弟［……］にい［え］。［アッシリ］アの王、大王、あなたの兄弟、アッシュル・ウバリトは次のように（いう）。

最初の手紙ではエジプト王の固有名詞はなかったが、この手紙では欠損しているものの、固有名詞ナプフリヤつまりアクエンアテンと書かれていたはずである。名前を書くことで親しさを表し、さらに「大王」「兄弟」と呼びあう、当時の大国間で採用されていた手紙の書式を当然のように採用し、アッシリアの矜持《きょうじ》を表している。

黄金の贈物

冒頭の決まりきった挨拶や贈物の列挙の後で、祖父アッシュル・ナディン・アッヘ二世（前一四〇〇―前一三九一年、第七一代）やハニガルバトつまりミタンニの王は黄金を二〇ビルトゥ、換算して約六〇〇キログラムにもなる量を受け取っているのに、自分に対する黄金の量が少ないと、アッシュル・ウバリトは次のように不満を述べている。

わが父祖アッシュル・ナディン・アッヘがエジプトに（手紙を）書いたとき、黄金二〇ビルトゥが送られてきた。

ハニガルバトの王がエジ［プト］のあなたの父に（手紙を）書いたとき、（あなたの父は）彼に黄金二〇ビルトゥを送った。

［今や］私はハニガルバトの王と同格である。しかしあなたは私に黄金［……］しか送っ

てこなかった。（これではエジプトまで）往復したわが使者たちへの支払いにも足りない。

アッシュル・ウバリトに送られた黄金の量は欠損していてわからないが、ミタンニへ送られた黄金の量についての情報がアッシリアへ伝わっていたことがわかる。

エジプトには「塵《ちり》のように黄金がある」ことも知られていて、アッシュル・ウバリトの不満は、黄金の多寡もあろうが、それ以上にミタンニの支配から脱して列強の仲間いりを果たしたと考えているのに、エジプトがアッシリアをいまだに大国と認めていないことにあったようだ。

こうしたアッシリアの動きに対して、バビロニア王ブルナ・ブリアシュ二世（前一三五九―前一三三三年、第一九代）は、アッシリアのエジプトへの接近を容認できなかった。ブルナ・ブリアシュがエジプトにあてた手紙では、実際にアッシリアがバビロニアの属国だったかは疑問だが、アッシリアを「臣下」といっていて、アッシリアの使者を追い返すように、エジプトに要請している。

アッシリアとバビロニアの縁組

アッシュル・ウバリト一世がエジプトに接近し、エジプトと結んだアッシリアの勢力拡大は、バビロニアの脅威となることは必定であった。

過去には、アッシリアのプズル・アッシュル三世（前一六世紀、第六一代）が、バビロニアのブルナ・ブリアシュ一世（前一五三〇—前一五〇〇年、第一〇代）と境界を定めている。また、アッシュル・ベル・ニシェシュ（前一四一七—前一四〇九年、第六九代）の時代にも、バビロニアのカラインダシュ（前一五世紀末、第一五代）と友好条約を締結していた。

結局、バビロニアはアッシリアの台頭を認めざるをえず、アッシュル・ウバリトの娘がブルナ・ブリアシュ二世に嫁いでいった。ところが、ブルナ・ブリアシュが死ぬと、後継者をめぐってバビロニア王家内で混乱があった。おそらくアッシリアの影響を危惧《きぐ》した一派が蜂起《ほうき》し、これに対してアッシリアは直接介入した。この結果、アッシリア王女を母とするカラハルダシュ（前一三三三年、第二〇代）がバビロニアの王位につく。

アッシュル・ウバリト一世はバビロニアの政治に干渉するほどの政治力をもつにいたったが、逆にバビロニア文化の力に圧倒され、結果としてアッシリアを「バビロニア化」することになってしまう。アッシリアがバビロニアに軍事的に勝利しても、バビロニア文化に圧倒されるできごとは、この後も繰り返される。

バビロニアへの介入

さて、アッシリア王家の血をひくカラハルダシュがバビロニア王に即位した後、バビロニア軍が謀反を起こし、まもなく新王は殺害されてしまう。

つづいて、反乱軍に担がれた素性の知れないカッシート人（後述）ナジ・ブガシュ（前一三

3―18（左）ヒッタイト王　武装したヒッタイト王を表している。ハットゥシャ遺跡、王の門の高浮彫。ハットゥシャ遺跡出土、前14―前13世紀、石灰岩、高さ2.25m、アナトリア文明博物館蔵
（右）鉄剣　アナトリアの先住民がつくったと考えられている。アラジャ・ホユック出土、前3000年紀後半、鉄、黄金、長さ28.5cm、アナトリア文明博物館蔵

三三年、第二一代）が王位につくも、アッシュル・ウバリトが軍事介入し、孫の仇《かたき》を討つ。その後、アッシュル・ウバリトが立てたクリガルズ二世（前一三三二―前一三〇八年、第二二代）はブルナ・ブリアシュの下の息子だが、アッシュル・ウバリトの孫かは不明である。クリガルズ没後、アッシリアはバビロニアと戦っている。つまり、クリガルズ二世の後に王位についたナジ・マルッタシュ（前一三〇七―前一二八二年、第二三代）と、アッシリア王アダド・ニラリ一世（前一三〇五―前一二七四年、第七六代）は境界地域の争奪戦をすることになる。

ところで、アダド・ニラリがおそらく受け取ったはずの、アッカド語で書かれた手紙の写本がハットゥシャ遺跡から出土している。差出人はヒッタイト王ハットゥシリ三世（前一三世紀中期）である。手紙には、今は鉄の生産に適さない時期なので、生産したら送るとして、今日

のところは一振りの短剣を送ると、書かれていた。この手紙はヒッタイトの製鉄についての貴重な情報であり、ヒッタイトはアッシリアへの贈物として鉄製品を利用していた。

トゥクルティ・ニヌルタ一世の最盛期――前一三世紀後半

前一三世紀のアッシリアはシャルマネセル一世（前一二七三―前一二四四年、第七七代）とトゥクルティ・ニヌルタ一世（前一二四三―前一二〇七年、第七八代。本章扉図）父子の治世に広大な地域を征服することに成功した。アッシュル・ウバリト一世にはじまるアッシリアの復活は、トゥクルティ・ニヌルタ一世の治世に最盛期を迎える。

トゥクルティ・ニヌルタは治世初期には多数のヒッタイト人をユーフラテス河の対岸から強制移住させ、北方および東方の山岳地方に軍事遠征した。この頃、ヒッタイトは急速に国力が弱体化していて、同盟国のエジプトが穀物を支援物資として送っている。

アッシリアの交易活動の詳細は不明だが、広範な軍事遠征の成功が大量の戦利品や貢納品をアッシリアにもたらした。ことに北方山岳地帯からは各種の貴重な金属や木材が供給さ

3―19　中アッシリア様式の円筒印章印影図
1本の樹木と1頭の鹿　図3―17よりも洗練されている。1本の樹木とそれに近づく1頭あるいは複数の動物の図柄である。前13世紀、玉髄、高さ3cm、直径1cm、ピエールポント・モルガン・ライブラリー（ニューヨーク）蔵

れた。アッシリアがまるで生業《なりわい》であるかのように、軍事遠征を繰り返した要因の一つは、こうした資源獲得が目的であった。

西方では、バリフ河流域地方まで支配権を拡大した。このうち属州化された地域は行政州に分割され、中央から任命された州長官が支配した。これらの行政州は前一二世紀末から前一一世紀初期のティグラト・ピレセル一世（前一一一四―前一〇七六年、第八七代）治世の史料によればアッシュル神に対して毎年食糧を奉献していたようだ。

バビロニア王を捕虜とす

前一二二五年、トゥクルティ・ニヌルタ一世はアッシリア王としてはじめてバビロニアを攻略し、カシュティリアシュ四世（前一二三二―前一二二五年、第二八代）をマルドゥク神像とともに捕囚し、しばらくの間バビロニアの王とも称した。トゥクルティ・ニヌルタによるバビロニア征服は『トゥクルティ・ニヌルタ叙事詩』に謳われている。この後、前一二二一年に王位を奪還されるまで、アッシリアはバビロニアを支配した。

軍事的に勝利したアッシリアであったが、マルドゥク神像を捕囚し、戦利品としてバビロニアの宗教文書を持ち帰ったことで、アッシリアの「バビロニア化」が促進されてしまう。

トゥクルティ・ニヌルタの達成した版図はこれまでで最大であって、ティグリス河に面したアッシュル市の対岸に自らの名を冠した新都を築き、「トゥクルティ・ニヌルタの港」を意味するカル・トゥクルティ・ニヌルタと名づけた。
その後、一転して、トゥクルティ・ニヌルタの晩年は宮廷内の権力闘争が激化し、最期は息子に暗殺された。

『中アッシリア法典』

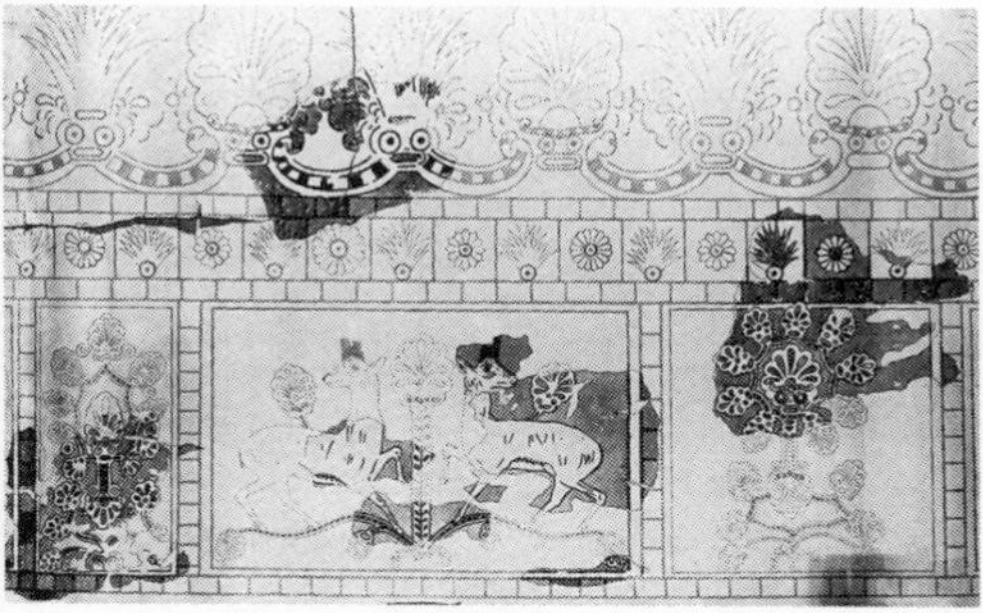
3―20　カル・トゥクルティ・ニヌルタの王宮の彩色壁画復元

中アッシリア時代の一五点の別個の粘土板文書に記された法令集が出土し、『中アッシリア法典』と総称されている。アッシリア社会が基本的に自由人と奴隷から構成されていたことや、銀と並んで錫が物価の基準だったことがわかる。
また、アッシリアの社会はバビロニアとはちがって、家父長の力が強く、女性の地位も相対的に低かったようだ。男女交際での女性の節度（A第七条）、外出時の女性は被り物をすること（A第四〇条）、娘の処女性の重視（A第五五条）などの、女性についての条文が多く残されている。
さらに、『中アッシリア法典』とは別に、中アッシリア時代には、宮廷内での作法を定めた独特な法令集が残されている。後宮の女性についての条項が多く、廷臣は自由に接触することを禁じられていた。

アラム人の侵入とアッシリアの衰退

トゥクルティ・ニヌルタ一世以降で、アッシリアが勢力を回復したのは、前一二世紀末のティグラト・ピレセル一世であった。王はアラム人を駆逐するために遠征を繰り返し、地中海まで達した。また、バビロニアを二度攻撃するも、その治世末は大飢饉に見舞われる。

すでに前一三世紀末には、アッシリアはかなりの領土を失っていた。大きな原因は自然環境の悪化で、何年にもわたる降雨量の減少という気候の変化が食糧生産に悪影響をもたらし、国力が著しく低下した。このできごとはアッシリア一国だけでなく、西アジア全域を襲った深刻

3―21（上）**ビート・ヒラーニ様式の正面**　アレッポ博物館の入口として復元された、グザーナ市（現代名テル・ハラフ）のビート・ヒラーニ様式の正面。ビート・ヒラーニ様式とはアラム人が支配した時代のシリア北部の都市から発掘されている公共建造物の様式
（下）**2人のアラム人**　ジンジルリ出土、前8世紀後半、閃緑岩、78cm、古代オリエント博物館（イスタンブル）蔵

な事態であった。

前一二世紀以降には、西方シリア砂漠からアラム系諸部族が侵入してきた。都市の周囲には、西方セム語の一つ、アラム語を話す牧畜民が流入し、定住しはじめた。対応を迫られたティグラト・ピレセル一世は当時アラム系遊牧民の本拠地だったビシュリ山方面への攻撃のためにユーフラテス河を二八回も渡ったと記されている。それでも、アラム人の流入はつづき、メソポタミアとシリアの大部分に定着し、その後独立国をつくる。アラム人とその後のカルデア人(後述)の国の多くは、ビート・アディニ、ビート・ヤキンなどのように、建国者名にビート「家」を冠した国名をつけている。

前一〇世紀中頃までには、アッシリアの領土はメソポタミア北部のティグリス河流域周辺までに縮小してしまったものの、アッシリア王国が滅ぶことはなかった。

四　カッシート王朝のバビロニア支配

民族系統不詳のカッシート人

前節までで、メソポタミア北部の歴史を前一〇世紀頃まで話した。ここでは時間の針を戻して、バビロン第一王朝滅亡後のメソポタミア南部の歴史を話していく。

本章冒頭で話したように、前一五九五年にバビロン第一王朝が滅亡した後、バビロニアを

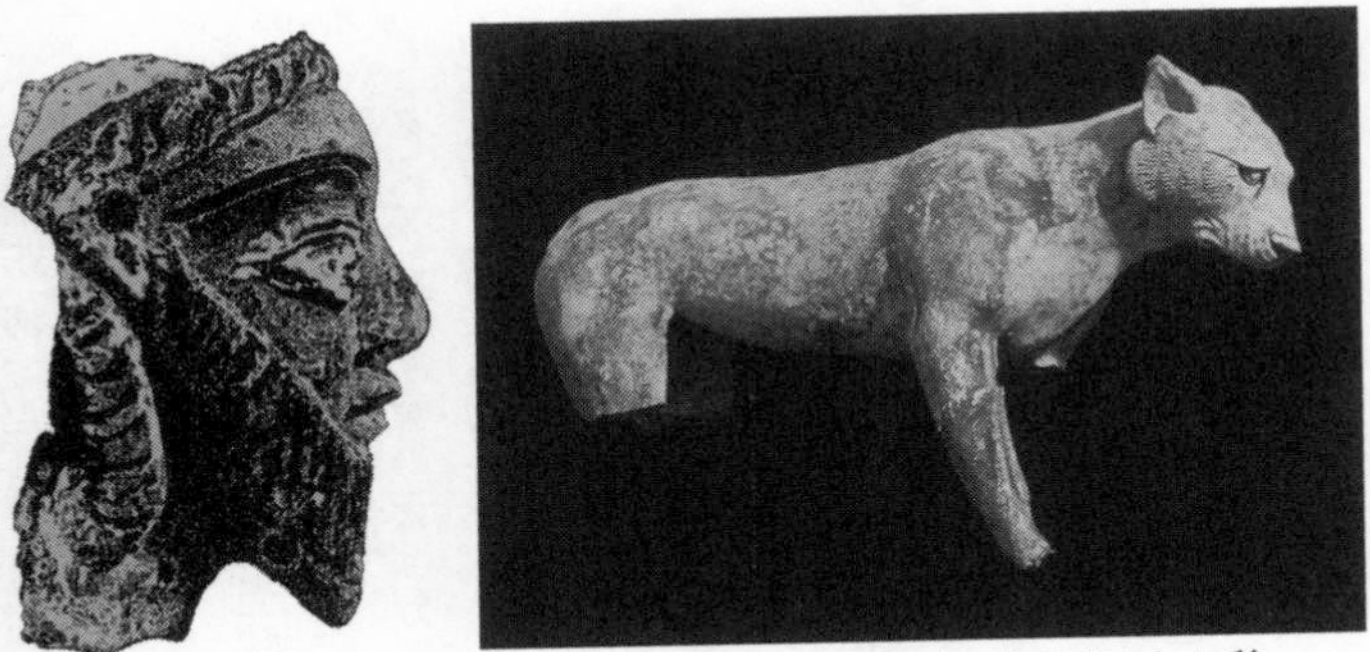

3—22（左）**カッシート人**　ドゥル・クリガルズ王宮から発見された彩色されたカッシート人の横顔、高さ4cm、イラク博物館蔵
（右）**牝ライオン**　写実的な表現。ドゥル・クリガルズ王宮出土、カッシート王朝時代、素焼き粘土、イラク博物館蔵

「海の国」第一王朝が支配する。すでにバビロン第一王朝のサムス・イルナ王治世に独立していた王朝であるが、「海の国」については史料が不足していて、わからないことが多い。

この「海の国」第一王朝を前一四七五年に敗北せしめ、バビロニアを統一し、三〇〇年を超える安定と平和の時代を築いたのが、民族系統不詳のカッシート人が建てたカッシート王朝である。この王朝が支配した時代のバビロニアはカルドゥニアシュと呼ばれた。

おそらくカッシート人はイラン方面からザグロス山脈を越えて、バビロニアへ移住してきたようだ。カッシート語については、二点のカッシート語・アッカド語辞書文書が発見されているだけで、現時点でほとんど情報はないが、ほかのいかなる言語とも近接した関係にないと考えられている。

王朝成立以前

カッシート人はすでに前一八世紀のシッパル市出土文書に、農作業や軍役に雇われる個人や部族集団として記されている。

また、ハンムラビ王没後のバビロン第一王朝では、カッシートとの戦闘に触れた「年名」が見られる。第七代サムス・イルナ王の治世九年は「王サムス・イルナがカッシートの軍勢を打ち破った年」である。次の第八代アビ・エシュフ王（前一七一一―前一六八四年）の、治世何年かはわからないが、「王アビ・エシュフがアン神、エンリル神の高められた命令とマルドゥク神の偉大な力によってカッシートの軍勢を（征服した）年」の「年名」もある。

独自の文化、クドゥル

征服者であったが、カッシート王朝の王たちはバビロニアの文化や宗教を尊重した。バビロニアの文学作品の収集と編纂を奨励したことから、新アッシリア時代の図書館で発見された文学作品の多くは、カッシート王朝時代の原典や編纂作品の写本である。

一つだけ、カッシート人独自の文化といえるのが、クドゥルである。クドゥルはアッカド語で境界あるいは境界碑の意味である。カッシート王朝の前一四世紀頃からはじまり、前七世紀頃までつづいた。石を素材とするが、なかには粘土製もあり、一五〇ぐらい残っている。カッシートの王たちは功績のあった臣下に対して王の土地を下賜し、この土地贈与を記念して、境界を示すクドゥルが設置された。クドゥルには楔形文字の碑文をはじめ、神々の象徴図や神像も彫られている。

ところで、複数のクドゥルが現在のイラン領内、ことにスーサから出土しているのは、すでに前で話したようにバビロニアへ侵攻したエラムがクドゥルも戦利品としたからである。

3—23（左）メリシパク２世の大クドゥル　上部には、左から太白（金星）、太陰（月）および太陽の象徴。玉座に腰かけるナナヤ女神に、メリシパク２世自身が王女を導く。碑文は王が王女に土地を贈与したことおよび用水路の修復を伝えている。スーサ出土、前1185—前1171年、黒色石灰岩、高さ83cm、幅42cm、ルーヴル美術館蔵

（右）メリシパク２世のクドゥル　別の面に、メリシパク２世が息子たちに土地を譲渡したことが記されている。この行為の保証者である神々の象徴が、この面で５段にわたって刻まれている。スーサ出土、前1185—前1171年、黒い石灰岩、高さ65cm、幅30cm、ルーヴル美術館蔵

王朝の安定期

『バビロニア王名表』はカッシート王朝の三六人の王名を記録しているが、最初の二〇〇年間についてはよくわからない。

前一六世紀末期の第一〇代ブルナ・ブリアシュ一世がアッシリア王プズル・アッシュル三世と、領土の境界を定めたことはすでに話した。ブルナ・ブリアシュ一世につづく時代に「海の国」第一王朝を制圧する。

3—24（上）カラインダシュ王の神殿の壁　カラインダシュ王がウルクに建てたイナンナ女神神殿の壁面装飾。山の男神（右端）と水の女神が交互にはめ込まれている。両者の間の波状装飾は水の流れを表す。ウルク出土、前15世紀末、焼成煉瓦、高さ2.1m、ペルガモン博物館蔵
（下）カラインダシュ王の息子の印章印影図　カラインダシュ王の息子イズクル・マルドゥクの銘があり、カッシート王朝時代最古の印章。カッシート王朝時代には人物像が長くなり、図に添えられる碑文も長文である。瑪瑙、高さ3.45cm、直径1.55cm、ペンシルヴェニア大学博物館蔵

前一五世紀から一世紀余は王朝の安定期であった。前述のように、第一五代カラインダシュはアッシリア、エジプトと友好関係を結んでいた。また、カラインダシュはウルクにイナンナ女神のために珍しい様式の神殿を建立した。第一六代カダシュマン・ハルベ一世(治世年不詳)はバビロニア国内では新たな灌漑用運河を開削する一方で、シリア砂漠に要塞を築いている。これは半遊牧民を撃退し、エジプトへの交通路を確保するためであった。エジプトとの友好関係は第一七代クリガルズ一世(前一四世紀初期)も保っていた。エジプトから大量の黄金が流入したことが、子孫の時代に書かれた「アマルナ文書」から伝えられている。

また、自らの名を冠した「クリガルズの城塞」を意味する新都ドゥル・クリガルズ(現代名アカル・クフ。口絵4中、図3—22)を、バビロン北方一〇〇キロメートルに造営した。今も遺跡にはジックラトが残っている。

美女を送れ、黄金を送れ

バビロニア王たちがエジプト王にあてた手紙も「アマルナ文書」のなかにはある。

カダシュマン・エンリル一世(前一三七四?—前一三六〇年、第一八代)はエジプト王アメンヘテプ三世と五通、その子ブルナ・ブリアシュ二世はアクエンアテンと八通の手紙を交わしていた。

カダシュマン・エンリルがアメンヘテプにあてた手紙では、両王家間の贈与品の交換および王家間の縁組について書かれている。父王クリガルズ一世がエジプト王家に嫁がせた娘、つまりカダシュマン・エンリルの姉妹の消息をただすと同時に、エジプトの王女を妻に要求したが、アメンヘテプの返事は「昔からエジプト王の娘は（外国の）誰にも与えない」であった。

そこで、「誰の娘でも、王の娘であるかのような美しい娘を送れ。彼女は王の娘ではないと誰もいわない」と伝えたが、かなわなかった。仕方なく、カダシュマン・エンリルは次のような交換条件を出した。

3—25　ブルナ・ブリアシュ（2世）の家臣の円筒印章と印影図　カッシート様式で、両手に流水の壺をもち山の間に立つ大男の図柄。ブルナ・ブリアシュ（2世）の宦官（図4—34参照）の円筒印章。テーベ（ギリシア）出土、前1359—前1333年、ラピスラズリ、高さ4.2cm、直径1.5cm、考古学博物館（テーベ、ギリシア）蔵

もし私が要求した黄金を送ってくれるなら、私は娘をあなたに与えよう。（略）この夏の間に、私が着手した仕事をおえることができる。この夏の間に私が要求した黄金を送ってくれるなら、私はあなたに娘を与えるだろう。（略）私がこの仕事をおえてしまったら、何のために黄金が必要だろうか。そこで、三〇〇〇ビルトゥの黄金を送ってくれても、私は受け取らず、あなたにそれを返すであろう。そして私の娘をあなたに妻として与えないで

あろう。

この条件をエジプト王は承諾した。バビロニアが受け取る黄金は三〇〇〇ビルトゥで、換算すると約九〇トンの莫大《ばくだい》な量である。前述のように、ミタンニ王は約六〇〇キログラムの黄金を受け取ったという。東部砂漠とヌビア地方から黄金が産出する大国エジプトの経済力を誇示する意図があったのかもしれないが、現代人からすると、外交上の贈物としては、多すぎるように思える。だが、実際にバビロニアへは大量の黄金がエジプトから贈られたようだ。この結果、銀が秤量貨幣として使われていたバビロニアで、一時的ではあったが、黄金が秤量貨幣に使われた。

ところが、カッシート王朝の衰退とともに、王朝末期には、本来の銀よりも価値の劣る銅を秤量貨幣として使わざるをえなくなっている。

はるかなるエジプト

カダシュマン・エンリル一世の子で、次王のブルナ・ブリアシュ二世が、ナプフリヤつまりアクエンアテン王にあてた手紙のなかの一通も以下に紹介する。

大王、エジプトの王、わが兄弟、［ナプフ］リヤ［にいえ。］

「大王」、カルドゥニアシュの［王、あなたの］兄［弟］、ブルナ・ブリアシュは次のように（いう）。［私］と私の家族、私の馬どもと［私］の戦車、私の高官どもや国はすべて［申し分ない］。（略）

「私の兄弟は私が病気であったと聞かなかったのか。なぜ彼は心配しないのか。なぜ彼は使者を送らないのか、私を訪問させないのか」（略）

私は私自身の使者にたずねたところ、彼は私にその旅程は遠いといったので、私はもはや怒っていないし、私はもはや（不平を）いわない。彼がいうには、わが兄弟の国にはなんでもあり、私も何一つ不自由していない。我々は古来の良き関係を（これまでの）王たちから受け継ぎ、互いに贈物を送りあおう。我々の関係が確固たるものであるように。

（略）

また彼がいうには（エジプトへの）旅路は厳し［く］、水もなく、天候は（といえば）暑［い］とのこと。（そこで今回は）多くの美しい贈物は送らないことにして、通常の（？）贈物として四マナ（二キログラム）の美しいラピスラズリをわが兄弟に送る。また五組の馬をわが兄弟に送る。天候が良くなったら、多くの美しい贈物を、そちらに向かう次の使者に託してわが兄弟に送ることにしよう。

同格の同盟国の王への手紙なので、「兄弟」と呼びかけ、決まりきった挨拶の後でブルナ・

ブリアシュは、私が病気をしたときになぜエジプト王は見舞いの使者を寄こさないのかと、怒ってエジプトの使者を詰問した。すると、エジプトの使者はエジプトとバビロニアは遠く離れていて、病気の報が届かなかったのだと、そしてこのことはバビロニアの使者に確かめるようにと答えた。すると確かにエジプトは遠く、「エジプトへの旅は困難であって、水がなく、天候は暑い」と、バビロニアの使者が答えたので、王は納得したという。

さらに、ブルナ・ブリアシュは両国ともに何不自由ない国だが、友好関係を維持するために贈物の交換をしよう、今回は四マナ（約二キログラム）のラピスラズリと五組の馬を送るが、天候が良くなったら、さらに多くの美しい物も贈ると申し出る一方で、エジプトに対しては黄金を送るように要求している。

ヒッタイトとの関係強化

バビロニアにとって、エジプトとの間は遠く隔てられているので、贈物の交換や縁組で外交関係を保つことができたともいえる。だが、すでに話したように、国境を接しているアッシリアとの外交関係は、むずかしかった。

そこで、外交の要諦《ようてい》「遠交近攻」で、バビロニアがタウルス山脈の彼方の大国ヒッタイトとの関係を強化することは必然であった。関係強化となれば、政略結婚が常套《じょうとう》手段である。前述のように、バビロニアからヒッタイトに嫁いだ王女は、前一四世紀中期のシュッピルリウマ一世の第三王妃になった。ヒッタイトの宮廷で三代にわたり絶大な権力を行使したが、バビロンからハットゥシャに悪い習慣を持ち込んだとして、追放されてしまう。悪い習慣が具体的に何を指すかはわからない。

カダシュマン・トゥルグ（前一二八一―前一二六四年、第二四代）はアッシリアのアダド・ニラリ一世と条約を締結していたが、ヒッタイトとの関係もつづいていて、ヒッタイト王ハットゥシリ三世にあてた手紙がハットゥシャから出土している。

次のカダシュマン・エンリル二世（前一二六三―前一二五五年、第二五代）の宮廷での高官の専横は、ハットゥシリ三世の手紙からわかり、カダシュマン・エンリル二世以降宮廷内で権力闘争が激化していたようだ。

アッシリア支配からの脱却

前述のように、バビロニアのカシュティリアシュ四世はアッシリアのトゥクルティ・ニヌルタ一世の侵攻で捕囚され、その後バビロニアはアッシリアに支配されていた。

バビロニアがアッシリアの支配から脱することができたのは、アダド・シュマ・ウツル（前一二一六―前一一八七年、第三二代）治世のことで、トゥクルティ・ニヌルタ一世死後、弱体化したアッシリアを撃破した。アダド・シュマ・ウツルの三〇年にもおよぶ治世は、カッシート王のなかでも最長で、そして最後の安定した治世であった。

3—26 **チョガー・ザンビールのジックラト** 日乾煉瓦と焼成煉瓦を巧みに組みあわせたジックラトはメソポタミアのどのジックラトよりも大きい。ほぼ1辺が105mの正方形で、四隅は東西南北を指している。高さは現在約28mだが、元来は倍の高さがあった。1979年にユネスコ世界遺産に登録された

3—27 **ナピル・アス后妃立像** スーサからの出土品はメソポタミア南部からの戦利品が多いが、この作品はエラム人が金属工芸で優れた技術をもっていたことを示している。ウンタシュ・ナピリシャ王のナピル・アス后妃のほぼ等身大の立像。頭部は欠損している。重量が1750kgもある。衣装のひだの細かい線がみごとに表現されている。スーサ出土、前1260—前1235年、青銅、高さ1.2m、ルーヴル美術館蔵

その後、アッシリアのアッシュル・ダン一世（前一一七八—前一一三三年、第八三代）の攻撃を受け、北方領土を失い、カッシート王朝は弱体化したが、最後の一撃は北方のアッシリアからではなく、またしても東方のエラムからであった。

エラム王国の侵攻と歴史的な戦利品

少し時間を前に戻すが、前一三世紀のエラム王国は古典期といわれている。新都アール・ウンタシュ・ナピリシャ（現代名チョガー・ザンビール）を造営したウンタシュ・ナピリシャ王（前一二六〇—前一二三五年）はジックラトを建立した。今も遺跡に

残っているジックラトはメソポタミアのどのジックラトよりも大きく、保存状態も良好である。

前一二世紀のシュトルク・ナフンテ一世（在位年不詳、前一一八五―前一一五五年）はバビロニア諸都市を占領し、エシュヌンナ、シッパルなどの多くの都市に重い貢納を課した。また、このとき前述のように、大きくて重い『ハンムラビ法典』碑（第二章扉図）、「ナラム・シン王の戦勝碑」（第一章扉図）などが掠奪され、エラムの首都スーサに運ばれたのである。ただし、出土品のすべてが掠奪したものかといえば、そうではなく、エラムの工人が優れた技術をもっていたことを示す例もある（図1―16〔下〕、3―27）。

カッシート王朝最後の王エンリル・ナディン・アヒ（前一一五七―前一一五五年、第三六代）は、シュトルク・ナフンテの子で次のエラム王クティル・ナフンテ二世により、マルドゥク神像とともにエラムへ捕囚された。前一一五五年、カッシート王朝は滅亡した。

3―28　カッシート美術に影響された壁面装飾　バビロニアに侵攻したエラムはカッシート美術（図3―24〔上〕参照）の影響を受けた。作品の中央部に銘文があり、シュトルク・ナフンテ王の2人の息子の名前が記されている。前12世紀、彩釉煉瓦、高さ1.37m、ルーヴル美術館蔵

カッシート王朝の行政機構

カッシート王朝時代の行政機構については研究が進んでいないものの、同様の体制と考えられるイシン第二

王朝から推測されている。それによると、都市とその周辺をあわせて一二の行政州に分割し、中央から任命された州長官の下に、農業や牧畜に対する税および賦役を住民は課されていた。

カッシート人はバビロニアの伝統的な都市社会に浸透した。一方、周辺では旧来の独自の部族組織を保っていた。一族の名前を冠した「家（ビート）」に属すとされ、族長によって統括されていたようだ。行政州のうち、周辺部ではこれらの名前がそのまま採用されている。

王朝滅亡後のカッシート人

カッシート王朝は滅亡したが、カッシート人はメソポタミアに住みつづけ、前九世紀頃までは行政上の重要役職についていた。

さらに、後代になってのことだが、イラン山岳地域などの好戦的住民として知られ、前四世紀末にマケドニア王国のアレクサンドロス三世（大王、前三三六―前三二三年）を迎え撃ったアケメネス朝ペルシアの同盟者カドゥシオイ人（アッリアノス著『アレクサンドロス大王東征記』第三巻一九）は、カッシート人の末裔と推測されている。

五　ネブカドネザル一世のイシン第二王朝

イシン第二王朝の成立

カッシート王朝が滅ぼされた後のバビロニアでは、マルドゥク・カビト・アッヘシュ（前一一五七―前一一四〇年）がイシン第二王朝を興したが、前一〇二六年までの一一代の王による短期支配の王朝だった。前王朝のカッシート王朝とイシン第二王朝との間には、社会的・文化的断絶は見られず、クドゥルもつくられつづけた。

第二代イッティ・マルドゥク・バラトゥ（前一一三九―前一一三二年）治世には、カッシート王朝の支配領域をほぼ支配下に組み込んだようだ。つづく第三代ニヌルタ・ナディン・シュミ（前一一三一―前一一二六年）はアッシリアに侵攻し、アッシュル・レシュ・イシ一世（前一一三二―前一一一五年、第八六代）と戦いを交えている。

最盛期は第四代ネブカドネザル一世（前一一二五―前一一〇四年）の治世で、王はバビロニアに安定と繁栄をもたらした。ネブカドネザルはアッシリアの城塞攻略を二度こころみたが、失敗におわっている。それでも、バビロニアの人々はネブカドネザルを偉大な王と見ていた。

3—29　ネブカドネザル１世のクドゥル　シッパル出土、前1125—前1104年、石灰岩、高さ64.5cm、大英博物館蔵

奪還されたマルドゥク神像

ネブカドネザル一世が評価されていた理由は、マルドゥク神像をエラム

から奪還したからである。カッシート王朝が前一一五五年にエラムの侵攻で滅ぼされたときに、マルドゥク神像は東方のエラムへ捕囚されたままであった。神像の具体的な大きさや重さはわからないが、後代のアッシリアの浮彫から複数の人間で運べる重さと推測されている。神像を奪還してマルドゥク神祭儀を再興し、エンリル神殿を再建したのが、ネブカドネザルであった。

エラムを攻略し、神像を奪還したことは大功績と、『ネブカドネザル一世叙事詩』に謳われている。この作品は前一〇〇〇年紀に書かれた複数の英雄物語の一編で、原文は断片で前半二〇行が残るのみである。

ところで、カッシート王朝滅亡時にマルドゥク神像とともに『ハンムラビ法典』碑や「ナラム・シン王の戦勝碑」なども、戦利品としてエラムの都スーサへ持ち去られた。だが、ネブカドネザル一世はこれらを持ち帰っていない。つまり、大きく、重い記念物であっても、奪還は不可能ではなかったが、なんといっても古代メソポタミアの王が奪還すべきは神像であった。

イシン第二王朝の終焉

ネブカドネザル一世の弟マルドゥク・ナディン・アッヘ(前一〇九九—前一〇八二年)が第六代王として王位につく。治世初期にアッシリアへ侵攻し、勝利する。だが、一転して治世後半にはアッシリアのティグラト・ピレセル一世にバビロンまで攻め込まれ、バビロンの王宮は炎上する。この直後、メソポタミア一帯は大飢饉に見舞われ、アラム人がバビロニアに大挙侵入する混乱のなか、王は消息不明となった。この後、第一一代までの王名は知られているが、ことに最後の三代の王については治世年数しかわからず、前一〇二六年にイシン第二王朝は滅亡する。

「前一二世紀の危機」

一九八〇年代から九〇年代にかけて、「前一二世紀の危機」についての研究会の開催や報告書の出版が、歴史学者や考古学者だけでなく、古気象学、古植物学などの研究者らも参加して、アメリカや日本などで活発であった。

前一二世紀頃、西アジアおよび東地中海世界は大きな民族移動の波に襲われた。原因は大きな気候変動であったかもしれないが、ギリシア共和国のペロポネソス半島にはドーリス人（ギリシア人の一派）が侵入し、東地中海を海の民が荒らしまわり、そしてシリア砂漠からアラム人がメソポタミア方面へ移動した。エジプト第二〇王朝（前一一八六／八五―前一〇七〇／六九年）ラメセス三世（前一一八三／八二

3―30　マルドゥク・ナディン・アッヘ王のクドゥル　王自身の姿が刻まれている。前1099―前1082年、黒色石灰岩、高さ53cm、大英博物館蔵

―前一一五二／五一年）のメディネット・ハブの葬祭殿には海の民との戦いの浮彫が残されている。

異説もあるが、エジプトの記録によれば、海の民の襲撃によって、ヒッタイトが前一二〇〇年頃に滅亡したという。ヤムハド、ミタンニ、バビロン第一王朝およびカトナなどの国々を滅亡に追い込んだヒッタイトだったが、約五〇〇年で終焉を迎えた。

これを機に、ヒッタイトが国家機密にしていた鋼《はがね》の製法が近隣に伝播していく。鉄器時代のはじまりである。武器だけでなく、工具や農具に鉄を使用することで、今まで人が住めなかったような山岳地帯や島嶼《とうしょ》部にも人の居住が可能になり、世界が広がった。この広くなった世界を一元的に支配しようとしたのが、前一〇〇〇年紀に興った世界帝国であり、次章では世界帝国の興亡について話すことになる。

3―31　**海の民**　左からリビア人、シリア人、ヒッタイト人、海の民そしてシリア人。メディネット・ハブのラメセス３世（前1183/2―前1152/1年）の葬祭殿浮彫、高さ約1.5m

第四章
世界帝国の興亡
——前1000年—前539年

弓をひくアッシュル・バニパル王　ニネヴェ市の北宮殿壁面を飾っていたアッシュル・バニパル王の「ライオン狩浮彫図」の部分。アッシリアの浮彫美術の最高峰とも評価されている。3段のパネルの下段に刻まれた馬上の王は野生ろばをねらって、弓をひいている。ロゼット文を散りばめた豪華な装束の王の腰帯には2本の葦ペンがさしてある。ニネヴェ出土、前669—前627年、石膏、高さ166cm、大英博物館蔵

年代	事項
1000	**新アッシリア時代**(—609)
879	カルフの北西宮殿をアッシュル・ナツィルパル2世(883—859、第101代)が完成
853	カルカルの戦い、シャルマネセル3世(858—824、第102代)のアッシリア軍対シリア諸都市同盟軍
851、850	シャルマネセル3世がバビロニアに遠征し、マルドゥク・ザキル・シュミ1世と条約締結
832	シャルマネセル3世がウラルトゥへ遠征
	ティグラト・ピレセル3世(744—727、第108代)
722	シャルマネセル5世(726—722、第109代)がイスラエル王国を滅ぼす
714	サルゴン2世(721—705、第110代)がウラルトゥへ遠征
713	サルゴン2世がドゥル・シャルキンを建設
701	ラキシュ攻城戦。センナケリブ(704—681、第111代)が征服
689	センナケリブがバビロン破壊
671/670	エサルハドン(680—669、第112代)のエジプト遠征
663	アッシュル・バニパル(668—627、第113代)のエジプト遠征
653	ティル・トゥーバの戦い、アッシュル・バニパル対エラム軍
652	「兄弟戦争」(—648)、アッシュル・バニパル対シャマシュ・シュム・ウキン
612	新バビロニア、メディア連合軍によりニネヴェ陥落
609	アッシュル・ウバリト2世(611—609、第117代)が敗退し、消息不明。これをもって新アッシリア滅亡
	低迷期のバビロニア
	海の国第2王朝(1025—1005)
	バジ王朝(1003—984)
	エラム王朝(984—979)
	メロダク・バルアダン2世(721—710、703)がアッシリアに抵抗
625	**新バビロニア王国**(—539)
	ナボポラッサル(625—605、初代)がメディアのキャクサレス(625—585)と同盟
	ネブカドネザル2世(604—562、第2代)
	第1回バビロニア捕囚(597)、第2回バビロニア捕囚(586)、第3回バビロニア捕囚(581)
	ナボニドス(555—539、第6代)
539	キュロス2世(559—530)のバビロン侵攻で、新バビロニア滅亡

新アッシリア帝国と新バビロニア王国

前一〇〇〇年紀前半の世界帝国の興亡が、古代メソポタミア史の結末になる。**新アッシリア帝国**（前一〇〇〇—前六〇九年）はティグリス河の流域から、最盛期にはナイル河流域のエジプトまでの広大な版図を支配する。だが、軍事大国アッシリアの凋落は早く、**新バビロニア王国**（前六二五—前五三九年）とイラン高原の新興勢力**メディア王国**（前八世紀後半—前五五〇年）の連合軍により、滅亡に追い込まれる。

その後に、新アッシリア帝国と**アケメネス朝ペルシア帝国**（前五五〇—前三三〇年）との過渡期、九〇年あるいは七〇年とも数えられる**四国分立時代**が訪れる。アッシリアの遺領をメディアと新バビロニアが分け、アナトリア北西部には**リュディア王国**（前七世紀—前五四六年）そして老大国**エジプト**の四ヶ国が古代オリエント世界に分立した。

新バビロニアは前五三九年にアケメネス朝の侵攻で終焉を迎える。

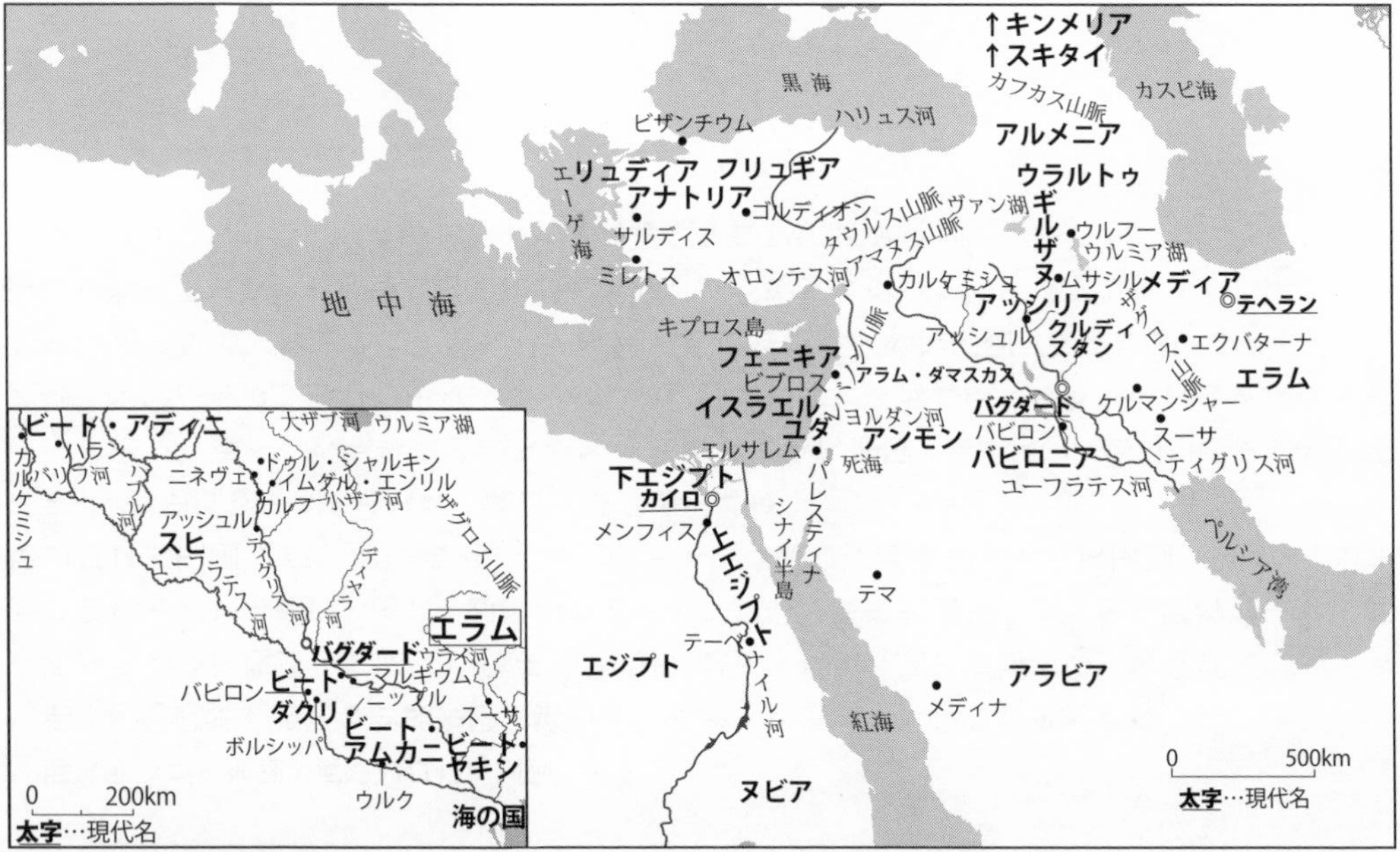
↑キンメリア
↑スキタイ
黒海
カフカス山脈
カスピ海
ビザンチウム
ハリュス河
アルメニア
エリュディア
フリュギア
アナトリア
ゴルディオン
エーゲ海
サルディス
ミレトス
タウルス山脈
アマヌス山脈
ヴァン湖
ウラルトゥ
ギルザヌ
ウルフー
ウルミア湖
ムサシル
メディア
テヘラン
地中海
オロンテス河
カルケミシュ
アッシリア
アッシュル
クルディスタン
ザグロス山脈
エクバターナ
キプロス島
フェニキア
ビブロス
アラム・ダマスカス
エラム
イスラエル
ユダ
ヨルダン河
アンモン
バグダード
バビロン
バビロニア
ケルマンシャー
スーサ
ティグリス河
エルサレム
死海
ユーフラテス河
下エジプト
カイロ
メンフィス
パレスティナ
シナイ半島
上エジプト
ペルシア湾
テマ
テーベ
ナイル河
エジプト
アラビア
紅海
メディナ
ヌビア
0 500km
太字…現代名
ビート・アディニ
ハラン
カルケミシュ
バリフ河
ハブル河
ニネヴェ
ドゥル・シャルキン
イムグル・エンリル
カルフ
大ザブ河
ウルミア湖
小ザブ河
アッシュル
スヒ
ユーフラテス河
ティグリス河
ディヤラ河
ザグロス山脈
エラム
バグダード
ウライ河
ビート・ダクリ
マルギウム
バビロン
ニップル
ビート・アムカニ
ビート・ヤキン
スーサ
ボルシッパ
ウルク
海の国
0 200km
太字…現代名

4—1　第四章関係地図

一　世界帝国の成立

鉄器時代の到来

新アッシリア帝国は武力で大きな版図を切り取った。「アッシュル神の聖戦」として、王や兵士たちが勇猛だったこともあるが、たとえば、青銅の武器を手に、ろばにひかせた戦車で帝国を築くことができたとは思えない。いくつかの要素が出そろって、はじめて帝国形成が可能になった。

4－2（上）ひとこぶらくだ　女性が4頭のひとこぶらくだを率いている。カルフ出土、前744―前727年、高さ1.01m、大英博物館蔵
（下）ふたこぶらくだ　ギルザヌ人スアの朝貢の場面で、シャルマネセル3世の黒色オベリスク（図4－13参照）の部分。カルフ出土、前858―前824年、大英博物館蔵

まず、鉄器である。前一〇〇〇年紀にはいると、鉄製の農具や工具が普及したことで、これまで人間が住めなかったような山岳部や島嶼部でも住めるようになり、人間の居住世界が大きく広がった。この結果、広がった世界を鉄製の武器を手に統一し、一元的に支配する世界帝国が誕生することになる。

4―3　（上）アッシリアの騎兵（下）上図をもとにした想像図　初期には、1人が2頭の手綱を握り、別の1人が武器を使う戦い方だった

新アッシリア帝国では、戦利品や貢物の記録に鉄がふえていて、このことを証明するかのようにサルゴン二世（前七二一―前七〇五年、第一一〇代）の新都ドゥル・シャルキン（現代名コルサバード）からは約一五七トンの鋳塊をふくむ鉄製品が出土している。

また、アッシリアではらくだを荷役獣として使用するようになった。メソポタミア北部のステップ地帯の輸送にらくだは適していた。アッシリアでは、前一一〇〇年頃にふたこぶらくだをメディアから山岳交通用に、前七〇〇年頃にひとこぶらくだを砂漠での輸送用に導入した。らくだが兵站《へいたん》を担うことで、本格的に砂漠を横断する軍事遠征ができるようになった。

一方、メソポタミア南部ではらくだの使用は広まらず、ろばが一般的な荷役獣であった。

さらに、騎兵が本格的になったこともあげられる。アッシリアは「馬の背」で帝国をつくったといわれる。馬が戦車をひき、兵士がその戦車に乗って戦う戦車隊も使いつづけていたが、馬にまたがる騎兵隊を戦力として最初に使ったのがアッシリアであった。トゥクルティ・ニヌルタ二世（前八九〇―前八八四年、第一〇〇代）治世の文書には騎兵があらわれ、アッシュル・ナツィルパル二世（前八八三―前八五九年、第一〇一代）治世には、浮彫に騎兵が見られるようになる。

良馬を集めるために国王直属の高官がいて、東方ザグロス山脈方面などに野生馬を捕まえにいった記録「徴馬報告書」が残っている。

アラム人の建国とアラム語の普及

前章で話したように、アッシリアの弱体化に乗じ、周囲に定住したアラム人は領域的な統一国家をつくることはなかったが、メソポタミアやシリア各地にアラム系の小国を建国した。

4―4　2人の書記　ひげのない書記はパピルスにアラム語を、ひげのある書記は蠟引きの書板にアッカド語で記している。書記の前方に立つアッシリア兵の足もとには敵兵の首級が積まれている。ニネヴェ南西宮殿、前640―前615年頃、石膏、高さ152.4cm、幅213.4cm、大英博物館蔵

また、アラム人が内陸交易で活躍したこともあって、アラム語、アラム文字が普及することになった。前七〇一年、センナケリブ王（前七〇四―前六八一年、第一一一代）がヒゼキヤ王（前七二八―前六九七年）支配のユダ王国（前九二二?―前五八六年?）を攻撃したとき、降伏を勧告するアッシリア

の代表に対して、「僕《しもべ》どもはアラム語が分かります。どうぞアラム語でお話しください。城壁の上にいる民が聞いているところで、わたしどもにユダの言葉で話さないでください」(『旧約聖書』「列王記下」一八章二六)と、ヒゼキヤの家臣たちが答えている。

この話から、アッシリアとユダ両国の官僚たちはアラム語が理解でき、外交用語として利用されていたことがわかる。

アッシリアでは、粘土板にアッカド語楔形文字を書く書記とともに「皮に書く書記」としてアラム語、アラム文字を書く書記が併用される。書写材料としては皮つまり羊皮紙だけでなくパピルス紙も使用された。アラム語は単音文字(アルファベット)で文字数が少ないこともあり、普及した。アケメネス朝でも、帝国アラム語として採用された。

二　先帝国期──前九世紀

「アッシリアの狼」

前九世紀は、先帝国期といわれ、アッシリアが拡大していく時期で、アッシュル・ナツィルパル二世とシャルマネセル三世(前八五八―前八二四年、第一〇二代)父子の治世が中心になる。

前章で話したように、前一三世紀末には版図を縮小せざるをえなかったアッシリアだったが、前一〇世紀の後半以降に、失われた固有領土を回復するために軍事遠征を繰り返し、前九世紀

4―5　アッシュル・ナツィルパル２世立像　数少ないアッシリア王の丸彫立像。カルフ出土、前883―前859年、砂岩、高さ1.02m、大英博物館蔵

中頃まではすべて取り戻し、そしてそれ以上の領土を拡大した。

アッシュル市とニネヴェ市の間に位置する、カルフ市のイシュタル女神の神殿から発見されたアッシュル・ナツィルパルの立像は、鷲鼻《わしばな》と鋭い眼をした専制君主らしい容貌の像である。立像の胸には、「アダド・ニラリ二世（前九一一―前八九一年、第九九代）の孫、トゥクルティ・ニヌルタ二世（前八九〇―前八八四年、第一〇〇代）の子」との王統が記され、「偉大な王、強い王、世界の王、アッシリアの王」の称号が、祖父、父そして王自身にもつけられ、「ティグリス河の対岸からレバノン山脈と大きな海（地中海）を征服し、東方から西方までのあらゆる領土を征服した王」と記されている。

アッシュル・ナツィルパルは反乱軍を容赦なく征伐し、掠奪した。反旗を翻す者たちへの見せしめに、「串刺し」「目をくりぬく」「皮膚をはぐ」などの残酷な場面が、浮彫や「年代記」で強調されている。この過度な見せしめを「アッシュル・ナツィルパルの計算された恐怖」という研究者もいる。効果があったようで、アッシリアは「アッシリアの狼《おおかみ》」と恐れられるようになった。古代社会とはいえ、アッシリアの行為はおぞましいとしかいいようがない。人権思想が発達した現代社会に生きる人間からすれば、

4—6　アッシュル・ナツィルパル２世への朝貢（部分）（上）塔のある城塞の前に立つアッシュル・ナツィルパル２世、右端では貢物を量っている。（下）**運ばれてくる家具**　カルフ出土、前883—前859年、黒色玄武岩製オベリスクの断片、大英博物館蔵

肯定はできない。

しかしながら、アッシリアもふくめてメソポタミアの王たちは、国家の維持、運営に一所懸命である。怠惰であったら、生き残れず、王位にある者は過酷である。

拡大された領土

実際にアッシュル・ナツィルパル二世は地中海方面まで、繰り返し遠征した。同王治世末には、アッシリアの版図は、北方はティグリス河上流、東方はザグロス山脈とクルディスタン山岳地域に達し、西方はバリフ河付近、そして南方はバビロニアと境を接した。だが、バビロニアの征服はできなかった。

アッシリアが西方へ向かったとき、バリフ河付近までは支配できたが、肝心のユーフラテス河本流の大彎曲部の両岸がアラム系国家ビート・アディニによって、支配されていた。排除する必要があったが、征服は次王の時代になってからだった。

前九世紀中頃には、アッシリアはアナトリアの鉄、アマヌス山脈の銀そしてレバノン杉を手

4—7　アッシリア工芸品

（左）窓の女　エジプト風のかつらをつけた神殿娼婦で窓から客を呼び込んでいる。カルフ北西宮殿出土、象牙、高さ9.7cm、幅8.8cm、大英博物館蔵

（右）サルゴン2世銘入りガラス容器　明るい緑色のガラス容器で、「アッシリアの王、サルゴンの宮殿」と銘がはいっている、カルフ北西宮殿出土、前721—前705年、ガラス、高さ8.8cm、直径6.2cm、大英博物館蔵

（下）牝ライオンに襲われる黒人　ロータスとパピルスの茂みのなかで、牝ライオンが黒人に嚙みつく瞬間を表現している。元来は家具装飾の一部で、象牙彫刻に、金箔、ラピスラズリ、紅玉髄を象嵌している。カルフ北西宮殿出土、前900—前700年、象牙、高さ10.4cm、大英博物館蔵

4―8（左）アッシュル・ナツィルパル2世の石碑
（右）復元されたニムルド遺跡

にいれることができた。また、シリアの職人をアッシリア諸都市に強制移住させた。ことにぜいたくな貴金属や象牙《ぞうげ》細工などの工芸品（図4―7）は、シリアから地中海沿岸にかけての職人のほうがすぐれた技術をもっていたので、この面でのアッシリアの技術は向上することになった。

アッシュル・ナツィルパル二世の大宴会

アッシュル・ナツィルパル二世はアッシュルからカルフ（ニムルド。図4―8（右））に遷都し、「北西宮殿」などを造営した。カルフの広さは約三六〇ヘクタールで、ある記録では人口一万六〇〇〇人のところに四万七〇〇〇人が新たに連れてこられたという。カルフには大ザブ河から運河がひかれ、周辺の耕地を潤した。

前八七九年に、「北西宮殿」が完成したときに、アッシュル・ナツィルパルは記念の儀式を挙行し、宴会を開催したことを、一面の石碑（図4―8（左））に刻んだ。表面真ん中には王の大きな姿が刻まれ、表裏両面に刻まれた碑文のなかで、

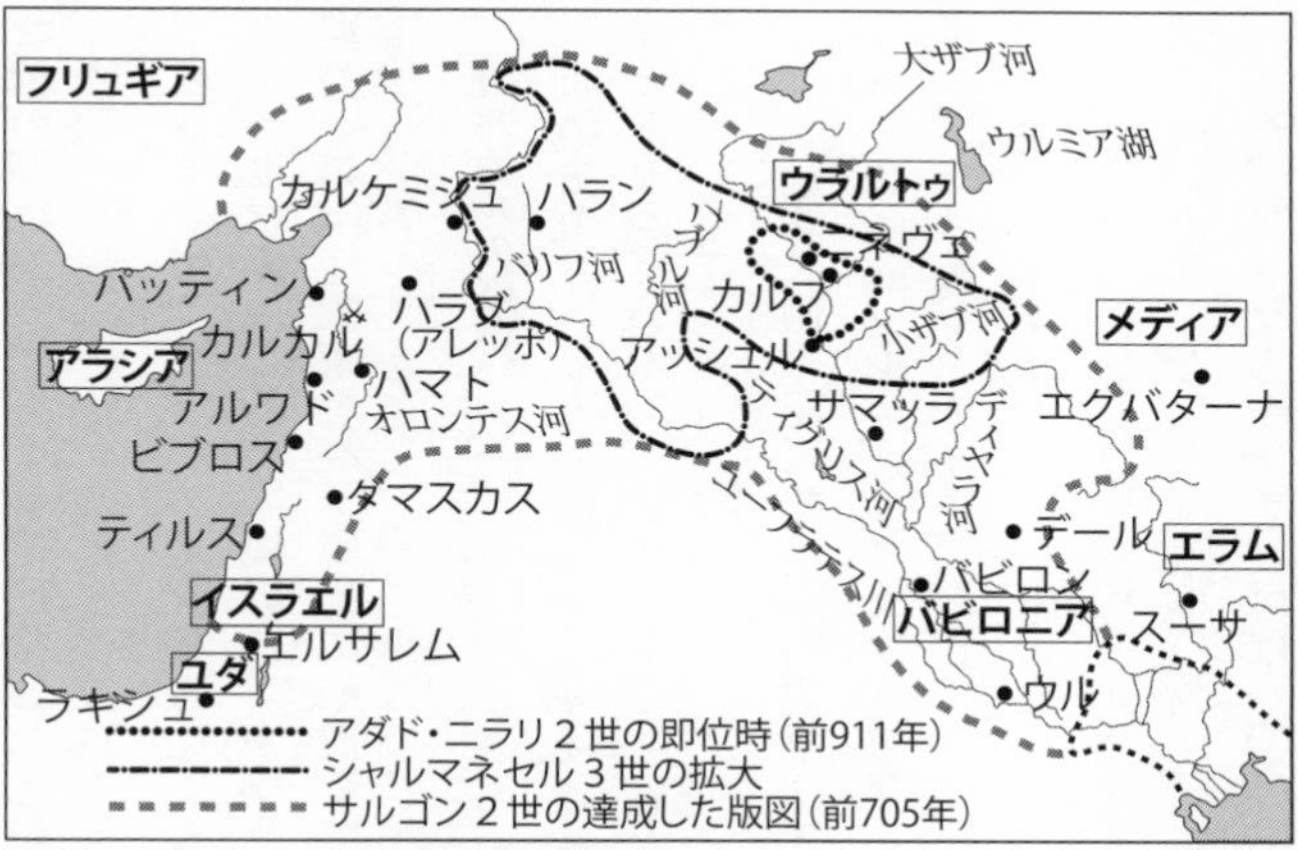

4―9　新アッシリア帝国の発展拡大

宴会で消費された多種多様な大量の食材の種類と数量とがあげられている。碑文の末尾には、カルフの住民や外国からの使節など、女性もふくまれていて、合計六万九五七四人もの人々を、一〇日間にわたって饗応《きょうおう》したと記されている。敵には残酷なアッシリア王だが、味方には大盤振る舞いの大宴会を開催していた。

なお、「北西宮殿」をイラク隊が一九八八―八九年に調査した際に、盗掘を免れた后妃たちの三基の墓を発見した。豪華な副葬品が出土し、「ニムルドの秘宝」（口絵3下）といわれている。

三五回も軍事遠征したシャルマネセル三世

アッシュル・ナツィルパル二世の後は、息子のシャルマネセル三世で、父王よりも一〇年も長い三五年の治世で、詳細な遠征記録をふくむ年代記などを残している。即位した年から、治世三三年までの間に三五回も軍事遠征をしたと記されている。前八五五年には一年に二度も遠征した。父王の代から懸案のビート・アディニをついに滅ぼし、その領土をアッシリアに併合した。ユーフラテス河の要衝の地を押さえたことは大きな成果だった。これ以降一世紀以上にわたり、アッシリア本土の西方の境界はユーフラテス河付近だった。カルケミシュなどのユーフラテス河沿いの臣従国家を次々属州に転換していき、直接支配地域を拡大した。

カルカルの戦い

前八五三年、シリアのオロンテス河畔の都市カルカル市(現代名テル・カルクル)で、シャルマネセル率いるアッシリア軍を反アッシリア同盟軍が迎え撃った。これがカルカルの戦いである。

アッシリア側の記録では、同盟軍はアラム・ダマスカスのアダド・イドリを盟主として、ハマトの人イルフレニ、イスラエルのアハブ、ビブロス、エジプト、アルワドのマティヌ・バアル、アラブ人ギンディブ、そしてアンモンなどが、歩兵、騎兵および戦車隊などで参戦した。

盟主アダド・イドリは「戦車一二〇〇両、騎兵一二〇〇、歩兵二万」で参戦しているが、『旧約聖書』では評判の悪い、イスラエルのアハブ王(前八七三―前八五三年)は、「戦車二〇〇〇両、歩兵一万」と、戦車の数は同盟軍のなかで最多だった。

また、アラブ人ギンディブは一〇〇〇頭のらくだを連れて、同盟軍に加わっていて、これがアッシリアの史料のなかでの「アラブ」の初出になる。現在の西アジア世界はアラブが支配する世界であるが、西アジアの長い歴史では紀元後の七世紀にイスラーム教が創唱されて以降が、アラブが主導した歴史であって、前九世紀のアラブは先進国アッシリアから見れば、蛮族にすぎなかった。

さて、カルカルの戦いを記した王碑文では、アッシリアの勝利が強調されている。だが、これは鵜《う》呑《の》みにできない。アッシリアは敗北を記録せず、しかも七万人の戦闘員の五分の一、つまり一万四〇〇〇人もが戦死していて、この戦闘の後も同盟軍の抵抗はつづいている。

4—10　アッシリア兵と戦うアラブ　らくだにまたがって、アッシリア兵と戦うアラブ。高さ134.6cmの壁面の3分の1。ニネヴェ北宮殿、前645—前640年、石膏、大英博物館蔵

4—11　アッシリア王とバビロニア王の握手　シャルマネセル3世（右）とバビロンのマルドゥク・ザキル・シュミ1世が条約を締結し、握手している珍しい場面。世界最古の握手ともいわれる。玉座の台にほどこされた浮彫。カルフ出土、前858—前824年、高さ21cm、英国イラク考古学研究所蔵

バビロニア王と条約締結

シャルマネセル三世は前八五一年と前八五〇年の二度バビロニアに遠征した。ただし、この遠征は、即位直後の内乱に苦しむバビロニア王マルドゥク・ザキル・シュミ一世（前八五一―前八二四年）を助けるためで、鎮圧に成功した。二人の王は条約を結び、この友好関係はバビロニア王とアッシリア王が握手をするという珍しい場面の浮彫の図像に記念されている。

さらに、シャルマネセル三世没後のアッシリアの内乱では、マルドゥク・ザキル・シュミは息子で後継者のシャムシ・アダド五世（前八二三―前八一一年、第一〇三代）と新条約を結んでいる。この頃、バビロニアがアッシリアに対して優位に立っていた。

なお、マルドゥク・ザキル・シュミ一世がマルドゥク神に奉献した円筒印章（図2―27参照）は残っていて、マルドゥクの図といえば、この印影図がよく使われている。

黒色（ブラック）オベリスクの朝貢図

こうした遠征の記録を文字だけでなく、目で見る形で、シャルマネセル三世は残した。

「バラワト門の門扉飾り」はバラワト（古代名イムグル・エンリル）から出土した青銅製門扉装飾帯で、ウラルトゥ王国やフェニキア地方などへの軍事遠征や朝貢の場面が刻まれている。ウラルトゥは、カフカス山脈を越えてオリエント世界へ侵攻してくる騎馬民族キンメリア人やス

4—12（左）バラワト門復元　浮彫をほどこした青銅の帯で、扉の板をとめている。前858—前824年、青銅、大英博物館蔵
（右上）碑の建立と供犠の場面
（右下）遠征中の王の幕舎内でのパンづくり

キタイへの緩衝地帯になっていたが、鉱物資源が豊かで鉄鉱石の主要産地であることから、アッシリアはウラルトゥと死闘を展開した。

また、四角柱の「黒色（ブラック）オベリスク」には、年代記と、五段に分けて、朝貢の場面が浮彫の図像と楔形文字で説明されている。この年代記はシャルマネセルの複数知られている年代記のなかでも現時点で最後に書かれたもので、即位年から治世三三年までをふくんでいる。上から順に、イラン北西部のギルザヌのスア、イスラエルのエヒウ（イエフ、前八四五—前八一八年）（口絵2中）、エジプト、ユーフラテス河中流のスヒのマルドゥク・アプラ・ウツルおよびオロンテス河下流のパッティンのカルパルンダが各々朝貢する場面である。なお、エジプト人朝貢者の名前は記されていない。

上から二段目のイスラエル王が朝貢する場面では、黄金の皿や黄金のコップなどを貢物として持参し、先王アハブが戦ったシャルマネセルの足下に、ひれ伏している姿のエヒウが刻まれている。

これらの国々は当時アッシリアの政治的影響力がおよんだ遠方の国々で、軍事遠征と外交努力によって達成されたアッシリア王の広い地域における権勢を、目で見る形で誇示した。

さて、東方ではザグロス山脈に勢力を拡大、西方ではシリア諸国を服属せしめ、北方ではウラルトゥ王国と繰り返し戦い、そしてバビロニアの内乱に介入するなど、シャルマネセル三世は八面六臂《はちめんろっぴ》の働きをした。だが、その晩年には、前述のように息子たちの間で王位継承をめぐる争いがあった。それというのも、アッシリアには王位継承についての原則がなかったからである。このときの争いが、権力闘争として確認できるアッシリアで最初の例になる。こうした王家内の権力闘争がアッシリアを弱体化させ、滅亡させるにいたる要因の一つでもあった。

4―13 黒色オベリスク　カルフ出土、前858―前824年、石灰岩、全高202cm、下部の幅61cm、大英博物館蔵

サムラマト后妃の息子、アダド・ニラリ三世

シャルマネセル没後約八〇年間は、アッシリア中央の求心力が低下した。こうした時代に即位した王の一人が、幼くして王になったアダド・ニラリ三世（前八一〇―前七八三年、第一〇四代）で、母は「セミラミス伝説」のモデル、サムラマトである。

第一章で話したように、古代メソポタミア史に女王は実在しなかった。だが、伝説の女王は伝えられていて、その一人がセミラミス女王である。ヘロドトスは「バビロンの平野を貫く、じつに驚くべき堤防を築いた」（松平千秋《まつだいらちあき》訳『歴史』巻一、一八四）のは、セミラミスと伝えている。「セミラミス伝説」は虚構だが、政権の中枢で権力を握った王母や后妃はいた。権勢をふるったサムラマトの話が、伝説誕生の背景にあったようだ。

4―14　ティグラト・ピレセル3世
カルフ南西宮殿出土、前744―前727年、石膏、高さ188cm、幅195cm、厚さ16cm、大英博物館蔵

三　帝国期の幕開け――前八世紀後半

バビロニア王も兼ねたティグラト・ピレセル三世

ティグラト・ピレセル三世（前七四四―前七二七年、第一〇八代）の即位とともに、アッシリアの国力は回復する。王は正統な王位継承者ではなかったが、有能で、この王の

治世をもって帝国期の幕開けとされる。

まず、行政、軍制などの国内問題を改革し、地方分権化していたアッシリアを中央集権国家として再建した。行政改革では、アッシリア本土の州長官の権限を削減し、征服地では旧来の支配者を排除し、属州にかえた。

また、軍制改革はもっとも重要で、これ以降兵士は属州や臣従国などで徴募され、訓練された常備軍が主力をなし、アッシリアの軍事力が一段と強化された。

さらに、ほぼ毎年軍事遠征を繰り返し、大規模な強制移住政策をおこなった。

北方では勢力を拡大していたウラルトゥを封じ込め、南方ではバビロニアの王権を掌握し、王自らがバビロニア王を兼ね、プル（前七二八―前七二七年）と称した。

ウラルトゥに内通したシリアの諸都市や、東方ザグロス山脈方面のイラン系のメディア人を敗北せしめ、強制移住政策による大規模な住民入れ替えで新行政州を建設し、アッシリアに併合した。

東方はザグロス山脈、西方はアナトリア南部、地中海沿岸そしてエジプト国境にいたる、さまざまな言語、文化をもつ民族を支配する、大帝国がつくりあげられた。

強制移住政策

ここで、ティグラト・ピレセル三世以降本格化した、強制移住政策について話しておこう。

征服地の住民をその居住地から別の土地へ強制的に移住させる政策は、エジプトやヒッタイトおよび中アッシリア時代にも見られたが、新アッシリアの版図拡大とともに大規模になり、後には新バビロニア王国も継承した。

　記録のある大規模強制移住は新アッシリア時代だけで一五七件を数え、かかわった人数は一二一万九二八人であった。一回の移住で最大の人数は、センナケリブ王がバビロニアからアッシリアへ捕囚した二〇万八〇〇〇人である。ごくまれに、帰還が許された捕囚民もいたが、大多数は二度と故郷に戻れなかった。

4—15（上）エジプトから連行されていく人々　ニネヴェ北宮殿出土、前645—前640年、石膏、大英博物館蔵
（下）エラム人の捕虜行列　ニネヴェ北宮殿出土、前645—前635年、石膏、大英博物館蔵

　捕囚民の多くはアッシュル、ニネヴェ、カルフなどアッシリア本土の主要都市に連行され、働かされた。また、防備のため周辺地域へ移され、兵力増強にも役立てられた。

　新しい移住先での捕囚民の地位については意見が分かれているが、センナケリブの頃までは税や賦役の義務はあるものの、自由民であった。ところが、エサルハドン王（前六八〇—前六六九

4―16　サルゴン２世と皇太子センナケリブ　サルゴン２世（左）と相対する皇太子センナケリブ。ドゥル・シャルキン出土、前721―前705年、石膏、高さ290cm、幅230cm、大英博物館蔵

年、第一一二代）治世になると、捕囚民は「王の奴隷」で、ほかの戦利品とともに個々人の間で分配された。

簒奪者ではなかったサルゴン二世

第一一〇代サルゴン二世は、天性の軍人にして、行政官としても有能な王であった。すでに第一章で話したアッカド王朝のサルゴン王と同様に、アッシリアのサルゴン二世もまたアッカド語で「真の王」を意味するシャル・キンの名前から、王権の簒奪者と見られ、同王にはじまる王統は「サルゴン朝」と呼ばれていた。だが、サルゴン二世はシャルマネセル五世（前七二六―前七二二年、第一〇九代）の兄弟説が近年有力で、正式な皇太子ではなかったとしても、王位継承の有資格者だったといわれている。

内政では、サルゴンは先王たちの政策を推進あるいは廃止して、人心の掌握に努めた。たとえば、ティグラト・ピレセル三世による地方行政や軍制改革を推進し、荒地の開拓にも積極的であった。同王が廃止した大神殿の免税特権の復活や、アッシュルなどの大都市の諸特権を認めた。また、シャルマネセル五世が廃止したアッシリア本土の兵役免除の特権を、再確認して本土の人心を安堵《あんど》させた。

反アッシリア勢力の集結

目を外に転じると、反アッシリア勢力が結集する大変な状況になっていた。というのも、ティグラト・ピレセル三世以来、アッシリアは属州支配機構をバビロニアやパレスティナにまで拡大しようとした。これによって、黒海、地中海とクルディスタン、イラン高原、メソポタミア、ペルシア湾を結ぶ大交易圏の直接支配をアッシリアが目論んだことは、これらの地域と交易で利害関係をもつエジプトとエラムには打撃であった。こうした事態に対処すべく、エジプトとエラムは、アッシリアの仇敵《きゅうてき》ウラルトゥと結んで、アッシリアに征服された国々に反乱をそそのかしていた。アッシリアは大同団結した反アッシリア勢力に取り囲まれてしまったのである。

そこで、サルゴンがまず手をつけたのは、シリア・パレスティナ諸国の反乱を制圧することであった。即位直後の前七二一年にイスラエル王国（前九二二？―前七二二年）を滅ぼしたと、『年代記』に記しているが、『バビロニア年代記』や『旧約聖書』「列王記下」一七章一―六では、先代のシャルマネセル五世が前七二二年にイスラエル王国を滅ぼしたと記されている。

サルゴンはユダ王国やシリア・パレスティナのほかの小国も服属させた。だが、これらの小国はアッシリアに朝貢する一方で、エジプトの支援を受け、反乱を繰り返した。

仇敵ウラルトゥへの遠征

サルゴンはタウルス山脈の諸小国を討伐し、その背後にある北方の強敵ウラルトゥ王国と戦い、前七一四年には大打撃を与えた。このとき、ムサシル市のハルディ神の神殿で掠奪し（図4―17〔上〕）、宝物をアッシリアへ運んでいる。ウラルトゥはアッシリアと激しく戦った一方で、アッシリア美術の影響を受けた（図4―17〔下左〕）。前述のように鉱物資源が豊かなウラ

4―17（上）ハルディ神の神殿でのアッシリア兵の掠奪　浮彫模写　ドゥル・シャルキン出土、前721―前705年
（下左）有翼人面獅子像　ラマッス（図4―19〔右下〕）の影響を受けている。トプラクカレ（トルコ）出土、前8世紀後期あるいは前7世紀初期、銅の合金、石、高さ15.5cm、長さ15cm、エルミタージュ博物館蔵
（下右）ウラルトゥ酒盃官像　トプラクカレ（トルコ）出土、前8世紀後期あるいは前7世紀初期、銅の合金、石灰岩、金箔、高さ36cm、幅13.5cm、ペルガモン博物館蔵

ルトゥは、アッシリアとの死闘以上に、鉱山開発の技術を利用した地下用水路、カナート（カレーズともいう）の発明で、歴史に名を残すことになった。また、金属細工に優れていた（図4―17〔下右〕）。

4―18　現在もイランで使われているカナート

カナートの利用を、ウルミア湖付近ウルフーの町に遠征したアッシリアが記録している。カナートはアケメネス朝で農地拡大のために採用され、その後広く伝播し、東方は中央アジア、西方は北アフリカからイベリア半島へと伝わっていった。現代でもカナートは使われている。イランでは、観光での見学先の一つになっている。イランには三万残っているともいわれるカナートのうち、一一本が二〇一六年にユネスコ世界遺産に登録された。

ウラルトゥはアッシリアよりも長く存続するも、前六世紀初期に西進するメディア軍と手を結んだスキタイの攻撃で滅亡した。

借金して造営したドゥル・シャルキン

ウラルトゥに大打撃を与えた翌年の前七一三年に、サルゴン二世はカルフに代わる新都、「サルゴンの城塞」を意味するドゥル・シャルキンをニネヴェ北東一二キロメートルの地に建設した。面積は三二〇

4—19（上）ドゥル・シャルキン想像図
（右上）伝エンキドゥ像　口絵2下のギルガメシュ像と対になる。ドゥル・シャルキン出土、モスール大理石、高さ545cm、ルーヴル美術館蔵
（右下）ラマッス（有翼人面牡牛像）　宮殿の大門の左右に安置された。足が5本あるのは前面からも側面から4本足に見えるようにとの工夫であった。重いラマッスを動かす場面が記録されている（図4—23〔上〕）ドゥル・シャルキン出土、前721—前705年、雪花石膏、高さ4.2m、ルーヴル美術館蔵

ヘクタールで、カルフよりも小さいが、宮殿の規模は大きく、サルゴンの治世には首都として機能した。

ドゥル・シャルキンの建設で、サルゴンは借金をした。金融業者がサルゴンにあてた督促状には、ドゥル・シャルキンの建設資金の一部として貸した「五七〇マナ（約二八五キログラム）の銀の借用書」があるから、返済するようにと書かれている。借金までして建てたドゥル・

シャルキンだったが、サルゴンの戦死を受け、王が神の怒りを買ったと考える者もいて、後継者センナケリブ王は不吉な新都を捨て去り、首都をニネヴェに移してしまった。

約二五〇〇年以上後代の一八四三―四五年に、フランス人外交官P・E・ボッタがドゥル・シャルキンの発掘に着手した。出土した英雄像や有翼人面牡牛《おうし》像（ラマッス）など、大きな迫力のある丸彫および高浮彫の傑作はフランス内務省が莫大な資金を提供していて、ルーヴル美術館に搬入された。

サルゴン二世の巧みなバビロニア支配

話はサルゴンの即位直後に戻るが、前七二一年にカルデア人（後述）の部族集団、ビート・ヤキンのメロダク・バルアダン二世（前七二一―前七一〇年、前七〇五年）がバビロンに入城した。サルゴン軍を敗走させ、エラムと同盟を結び、サルゴンと対峙しながら、一〇年もの間、バビロニアを支配していた。

前七一〇年、サルゴンは一〇年前の屈辱を晴らすべく、バビロニアに遠征する。大都市に重税を課したことから、メロダク・バルアダンの人気はすっかり落ちていたこともあって、サルゴンは勝利をおさめ、バビロン入城を果たした。

バビロニア支配にあたっては、アッシリア本土と同様に神殿への特権付与や神殿再建を許可することで、大神殿の神官たちを味方につけた。また、バビロニア王という称号を避け、バビロニア総督の肩書に甘んじるといった、行政官としての有能ぶりをサルゴンは発揮した。

4―20　クババ女神像が刻まれた碑　新ヒッタイトで信じられていたクババ女神像浮彫、下部にルウィ語象形文字が刻まれている。ビセリク出土、前900―前800年、玄武岩、高さ124cm、厚さ24cm、大英博物館蔵

サルゴン二世に朝貢したミダス王

前七〇九年、アナトリアのムシュキ王国のミタ王がサルゴン二世に和平を求めた。前七一八年以降、アナトリアへの進出を図るサルゴンに対して、ミタは新ヒッタイトの諸王と結んで敵対していたが、これ以後朝貢するようになった。

ちなみに、新ヒッタイトとは、前一二〇〇年頃のヒッタイト王国滅亡後にタウルス山脈を越えてアナトリア南東部、シリア北部およびユーフラテス河上流地域に建国された都市国家群である。このあたりをアッシリアの文書では「ハッティの地」と呼んでいる。担い手はヒッタイト人と近縁関係にあるルウィ系民族で、前七〇〇年頃まで存続した（図4―20）。

さて、話を元に戻すと、このミタ王がフリュギア王国（前八―前七世紀）のミダス王を指すと考えられている。ミダス王といえば、ギリシア神話のなかで伝えられ、「触れたものがなんでも黄金になる」「王様の耳はロバの耳」といった話で、よく知られている。

4―21（上）フリュギア人の朝貢　前方の男が腹部に使っている半円形の大きな留めピンがフリュギア人であることを表す。前721―前705年、浮彫

（右上）伝ミダス王の大墳墓　フリュギアの都ゴルディオンに残る最大の墳墓で、高さ50m、直径300mにもなる

（右下）伝ミダス王の大墳墓木造墓室復元模型　アナトリア文明博物館

なお、アッシリアの史料やギリシア神話だけでなく、首都ゴルディオン市（現代名ヤッスホユック）ではミダス王の墳墓といわれる墳墓（図4―21（右上））が発掘されたが、その墓室（図4―21（右下））には黄金製品はなかった。こうしたこともあって、近年ミダスのものではないとの説も出されている。

サルゴン二世の最期

サルゴンはほぼ毎年のように国境での戦闘に親征し、東方の峻厳《しゅんげん》な山岳地帯での戦闘では、しばしば小部隊の先頭に立って戦った。すでに前七一三年には、ザグロス山脈中央部を突破し、ケルマンシャー市やエクバターナ市（現代名ハマダン）付近の町々や小王国を

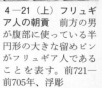

手中におさめ、メディア人を撃退した。

サルゴンはメソポタミア、シリア・パレスティナ、アナトリア東部、ザグロス山脈とクルディスタンの山岳地、そしてペルシア湾岸を支配し、前八世紀後半から本格的になった新アッシリア帝国の領土拡大を完成した。

前七〇五年、アナトリアの山岳地帯での作戦行動に従軍していた際、サルゴンは部下の部隊とともに敵の罠《わな》に落ち、惨殺されたらしい。諸説あるも、王の遺骸は行方不明となった。このことは凶事と受けとめられ、前述のドゥル・シャルキン放棄となったのである。

四　絶頂期――前七世紀

センナケリブ王のラキシュ攻城戦

ティグラト・ピレセル三世とサルゴン二世が拡大した帝国は、アッシリアの長い歴史のほぼ最後の段階にあたる前七世紀には絶頂期を迎えた。センナケリブ（前七〇四―前六八一年、第一一一代）、エサルハドン（前六八〇―前六六九年、第一一二代）およびアッシュル・バニパル（前六六八―前六二七年、第一一三代）の三代の治世にあたる。

前七〇四年、サルゴン二世の息子センナケリブが即位した。センナケリブは自らの王碑文のなかで、サルゴンの子と名乗っていない。ティグラト・ピレセル三世と同様に家系よりも、自

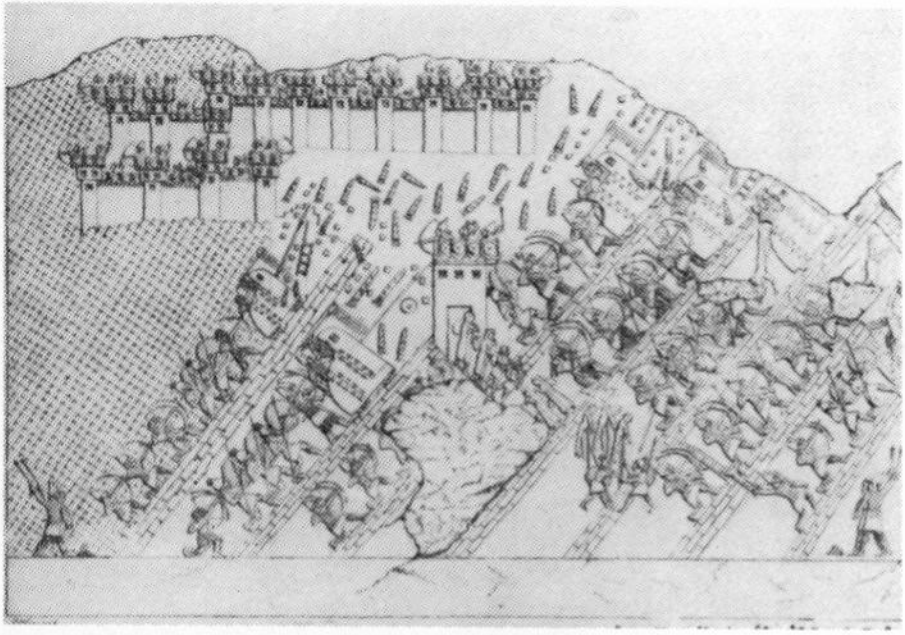

4—22　ラキシュ攻城戦
（上）模写線画
（下）浮彫部分　ニネヴェ南西宮殿出土、前700—前692年、石膏、高さ167.6cm、幅190.5cm、厚さ15cm、大英博物館蔵

らの能力を信じた王で、軍事と行政の両面に手腕を発揮した。

前七〇一年、ユダのヒゼキヤ王がエジプトと結んで反乱を企てたので、センナケリブは親征した。このとき、攻め落とされたのが、エルサレム南西三八・五キロメートルのラキシュ（現代名テル・エッ・ドゥウェイ）で、アッシリアの攻撃をよくしのぎ、なかなか陥落しなかった。

ラキシュ攻城戦は「年代記」などのほかに、ニネヴェのセンナケリブ宮殿の壁面を飾った一連の浮彫から伝えられている。二重の城壁で守られたラキシュは城壁の上から矢を射かけ、松明《たいまつ》や煉瓦《れんが》を投げつけている。アッシリア軍の先頭を破城槌車《はじょうついしゃ》が進み、その後を槍兵、弓兵そして投石兵の順につづいている。アッシリア軍の城攻めがいかなるものか、その詳細がよくわかる。

センナケリブ王のバビロン市破壊

西方から南方バビロニアに目を転じると、バビロニア支配はなまやさしいことではなかった。それというのも、歴史と伝統のある諸都市の扱いだけでなく、新興勢力のアラム人やカルデア人、さらには東方のエラムといった複雑な勢力の動きを見極める必要があった。

遡ること前七〇二年に、アッシリアの傀儡《かいらい》ベル・イブニ（前七〇二―前七〇〇年）がバビロンの王になるも、反旗を翻したので、センナケリブは長男アッシュル・ナディン・シュミ（前六九九―前六九四年）を王位につけた。ところが、前六九四年にこの新王をバビロニアの反乱者たちはエラム軍に引き渡し、その後二代のバビロニア王が立てられた。

アッシリア軍はバビロニアを支援するエラム軍を打ち破り、厳重な包囲の後、ついに前六八九年にバビロン征服に成功する。センナケリブは運河の流れを変えてバビロンに放水し、徹底的に破壊した。このとき、バビロニアの最高神マルドゥク神像がまたしてもアッシリアへ捕囚された。翌年前六八八年からは、センナケリブがバビロニア王を兼ねた。

バビロンの破壊者センナケリブは、アッシリアでは運河開削や都市建設に才能を発揮している。土木工学に興味があったセンナケリブ治世にニネヴェ市は洗練された都市となった。ニネヴェを拡張したのはセンナケリブで、城壁に囲まれた都市の面積は七二〇ヘクタールにもなる。

クユンジュクとネビ・ユニス

ニネヴェ遺跡にはクユンジュクとネビ・ユニスという二つの高い丘がある。クユンジュクは前七〇〇〇年紀から中世初期にいたるまで、ほぼ絶えることなく町が存在しつづけた。一方、ネビ・ユニスにはイスラーム教の重要な聖所や墓地があるため、あまり調査されていなかった。ところが、テロリスト集団「イスラム国」が支配した二〇一五年に、軍資金を得るためにネビ・ユニスは盗掘されたとの報道があった。事実としたら、残念なことである。

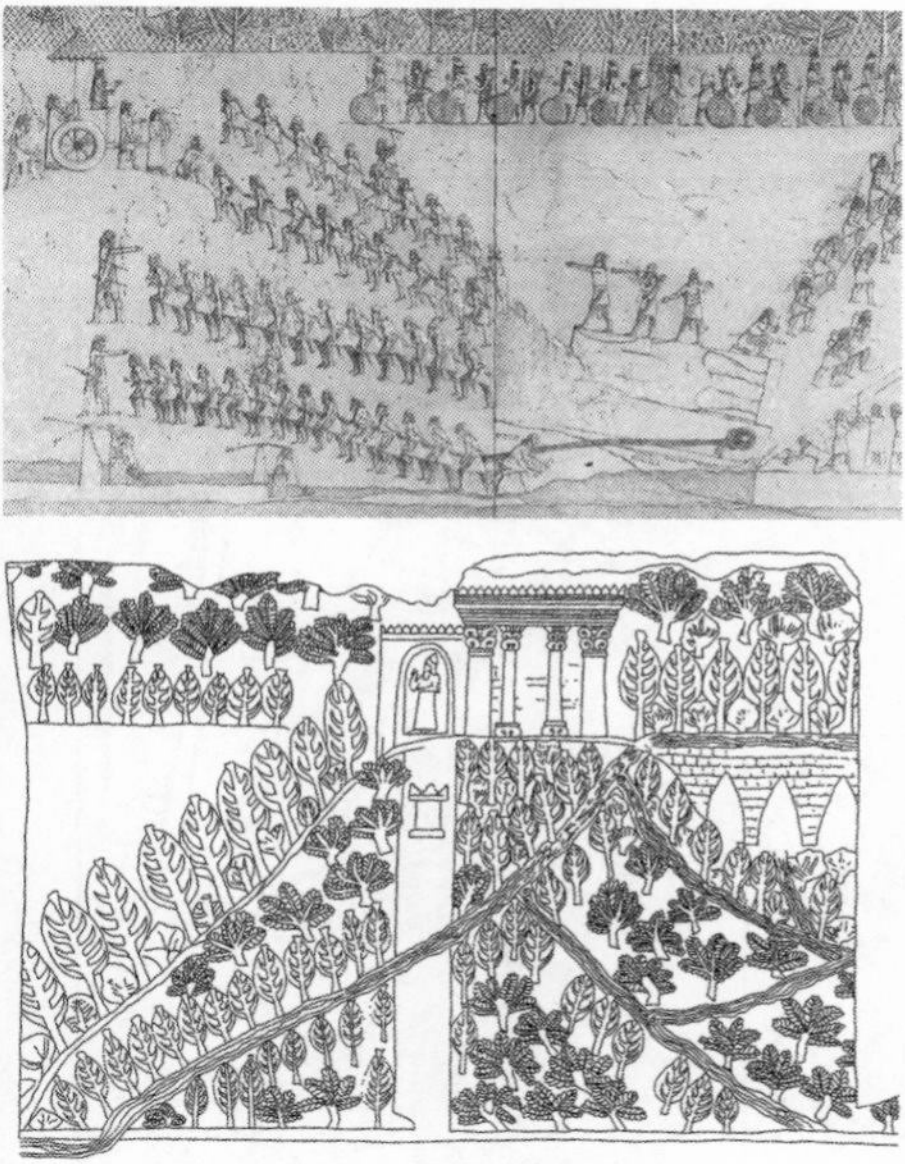

4—23 センナケリブの土木事業
(上)ラマッス運搬図線画模写 丘の上でセンナケリブ王が見守っている。梃子を使って、大きなラマッス(図4—19〔右下〕参照)を動かしている
(下)庭園 ニネヴェ北宮殿出土、前704—前681年、石膏、高さ208.3cm、幅129.5cm、厚さ18cm、大英博物館蔵

センナケリブ王はクユンジュクに王宮(「南西宮殿」)を、ネビ・ユニスに王宮兵器庫(未発掘)を建設し、町の周囲に一五の城門を備えた全長約一二キロメートルにおよぶ二重の城壁をめぐらせた。

後代にエサルハドン王とその息子アッシュ

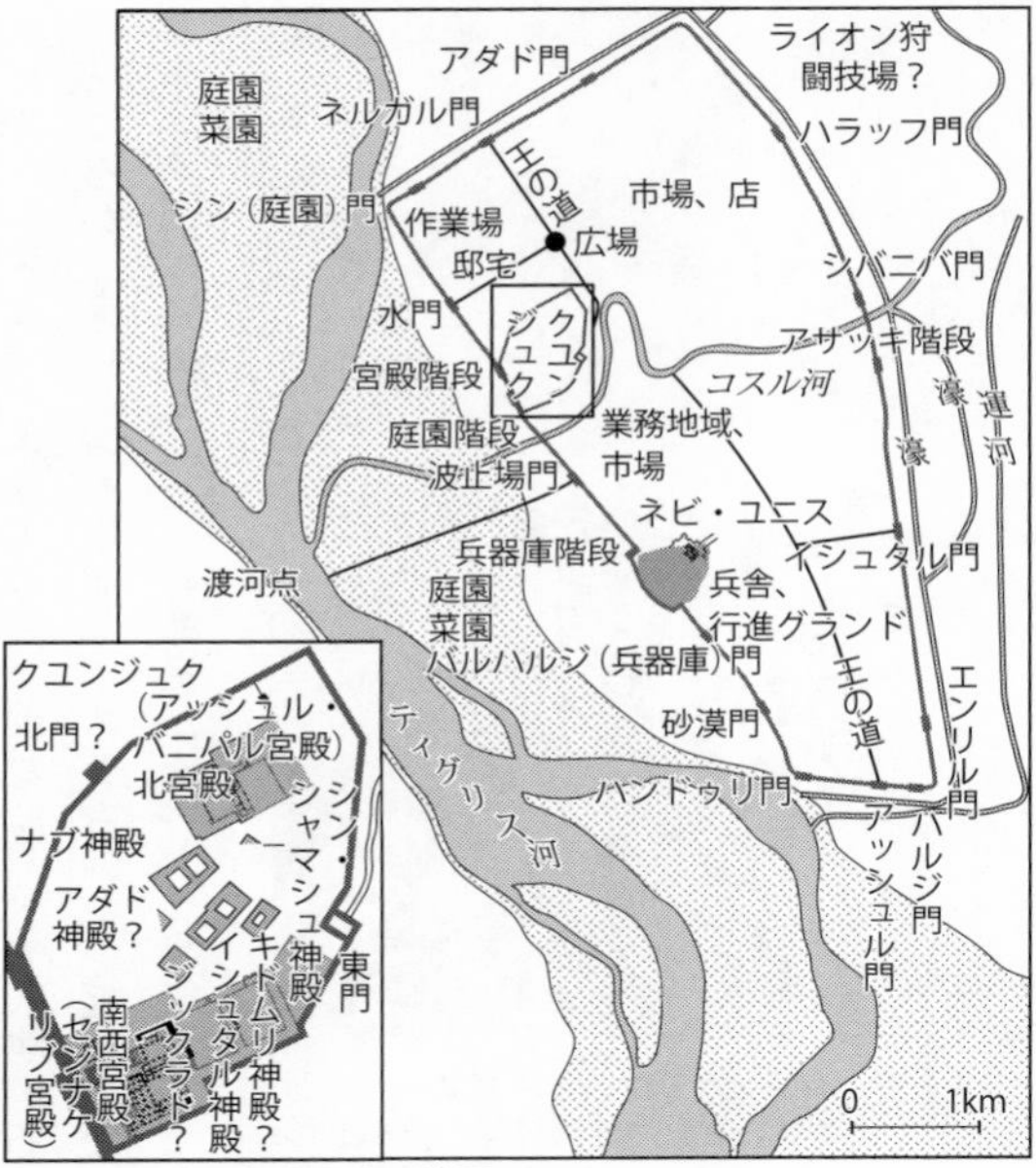

4—24　ニネヴェ市の地図

ル・バニパル王はネビ・ユニスに小規模な建設をした。また、クユンジュクにはアッシュル・バニパルが王宮（「北宮殿」）を建設し、壁面を壮大な浮彫で飾った。

「身代わり王」を立てたエサルハドン王

センナケリブ王はエラムに連れ去られた長男が消息をたったので、エサルハドンを皇太子と定めた。皇太子決定には、母ナキアの力があったようだ。アラム語で「純潔」を意味するナキアはアッカド語ではザクトゥといい、前述したサムラマトとともにアッシリア王家で権力をふるった女性の一人である。

この決定を不服とした息子たちにより、前六八一年にセンナケリブは暗殺された。エサルハドンはからくも逃れたが、翌前六八〇年には王位についている。エサルハドンは病弱で、迷信深く、日食や月食が起きたときなどに、「身代わり王」を立て、王自身は農夫に身をやつし、葦小屋に隠れた。「身代わり王」とは、「擬似王」ともいわれ、一定の状況に応じて、「王ではない人」を一時的に王位につけることで、古典的人類学研究の大著J・G・フレイザー著『金《きん》枝篇《しへん》』に膨大な例が集められている。『金枝篇』では取りあげられていないが、すでにメソポタミアではイシン第一王朝時代におこなわれていた可能性がある。

エサルハドンはアッシリア王とバビロニア王を兼ね、父王が破壊したバビロンの復興に尽力するも、この事業の完成は息子のアッシュル・バニパルに委ねられた。

4—25　エサルハドン王と母后ナキア　前681—前669年、青銅、高さ33cm、幅31cm、厚さ6.5cm、ルーヴル美術館蔵

最大版図の達成

エサルハドン王の大きな戦勝記念碑がベルリン市のペルガモン博物館に収蔵されている。浮彫の図像にはエジプト美術の影響が見てとれる。エサルハドンはエジプトへ親征したのである。

ついにアッシリア王がエジプトまで本格的に遠征せざるをえなくなった。いつになっても収まらないシリア・パレスティナの属王たちの反乱は、エジプ

4―26（右）エサルハドン王の戦勝碑
下方は捕らえられたエジプトのタハルカ王とシドンのアブディ・ミルクッティという説もある。側面に2人の息子の立像（中・左）が刻まれている。サムアル出土、玄武岩、高さ322cm、幅135cm、厚さ62cm、ペルガモン博物館蔵
（中）アッシュル・バニパル
（左）バビロニア風装束のシャマシュ・シュム・ウキン

トが背後で糸を引いているとアッシリアは見ていた。

前六七二年、エジプト遠征に先立って、不満分子を抑え込むため、内外の要人を集め、王位誓約儀礼をおこなった。この儀礼では息子のアッシュル・バニパルをアッシリア王に、その兄のシャマシュ・シュム・ウキン（前六六七―前六四八年）をバビロニア王にすえた王位継承の定めを遵守することを誓わせた。

前六七一／六七〇年、シリア・パレスティナを支配した後、シナイ半島の水不足に苦しんだといわれるが、エサルハドンはエジプトに侵攻した。第二五王朝（前七四

4—27（上左）エジプト遠征　ニネヴェ北宮殿出土、前645—前640年、石膏、高さ114.3cm、幅188cm、厚さ15.2cm、大英博物館蔵
（上右）タハルカ王の柱　カルナク神殿内のアメン大神殿中庭に１本だけ残るタハルカ王の柱
（下）タハルカ王のシャブティ（葬送用小像）　前664年頃、高さ52cm、幅18cm、厚さ13cm、大英博物館蔵

六—前六五五年）のタハルカ王（前六九〇—前六六四年）を敗北せしめ、メンフィス市を占領した。タハルカはテーベに敗走し、アッシリアは下エジプトを支配下に組み込み、ティグリス河からナイル河までの最大版図を達成する。

アッシリア軍は鉄鉱石の主産地であったアルメニア山地を支配し、鉄製武器で武装していた。一方で、鉄資源が不足し、依然として青銅製武器を主体とするエジプト軍との戦力の差はあきらかだった。第三章で話したように、アマルナ時代には外交上の贈物として、西アジアの大国に黄金をばらまいたともいえるエジプトだったが、技術の改革に乗り遅れたのだった。

前六六九年にも、エサルハドンはエジプトへ向けて再度進軍するも、軍営で急死した。

五　文武両道のアッシュル・バニパル王

エジプト全土を占領

古代メソポタミア史に登場する王たちのなかで、ハンムラビとともによく知られているのがアッシュル・バニパルである。アッシュル・バニパルについては、楔形文字で書かれた史料とともに、目で見る資料、浮彫彫刻が残っている。ニネヴェ出土品を数多く収蔵している大英博物館のアッシリア・ギャラリーには、王の姿をふくむ浮彫彫刻が多数展示されている。

アッシュル・バニパルは祖父センナケリブを尊敬していた。センナケリブ治世に形成された帝国の行政機構は父エサルハドン治世を経て、アッシュル・バニパルに継承された。

アッシュル・バニパルはエジプト遠征を断行し、前六六三年には上エジプトのテーベを陥落させ、エジプト全土をアッシリア支配下に置いた。

ところが、この支配は長くつづかなかった。前六五五年に、アッシリアからエジプト管理を任されていたリビア系のプサメティコス一世（前六六四—前六一〇年）が独立し、第二六王朝（前六六四—前五二五年）を開いている。

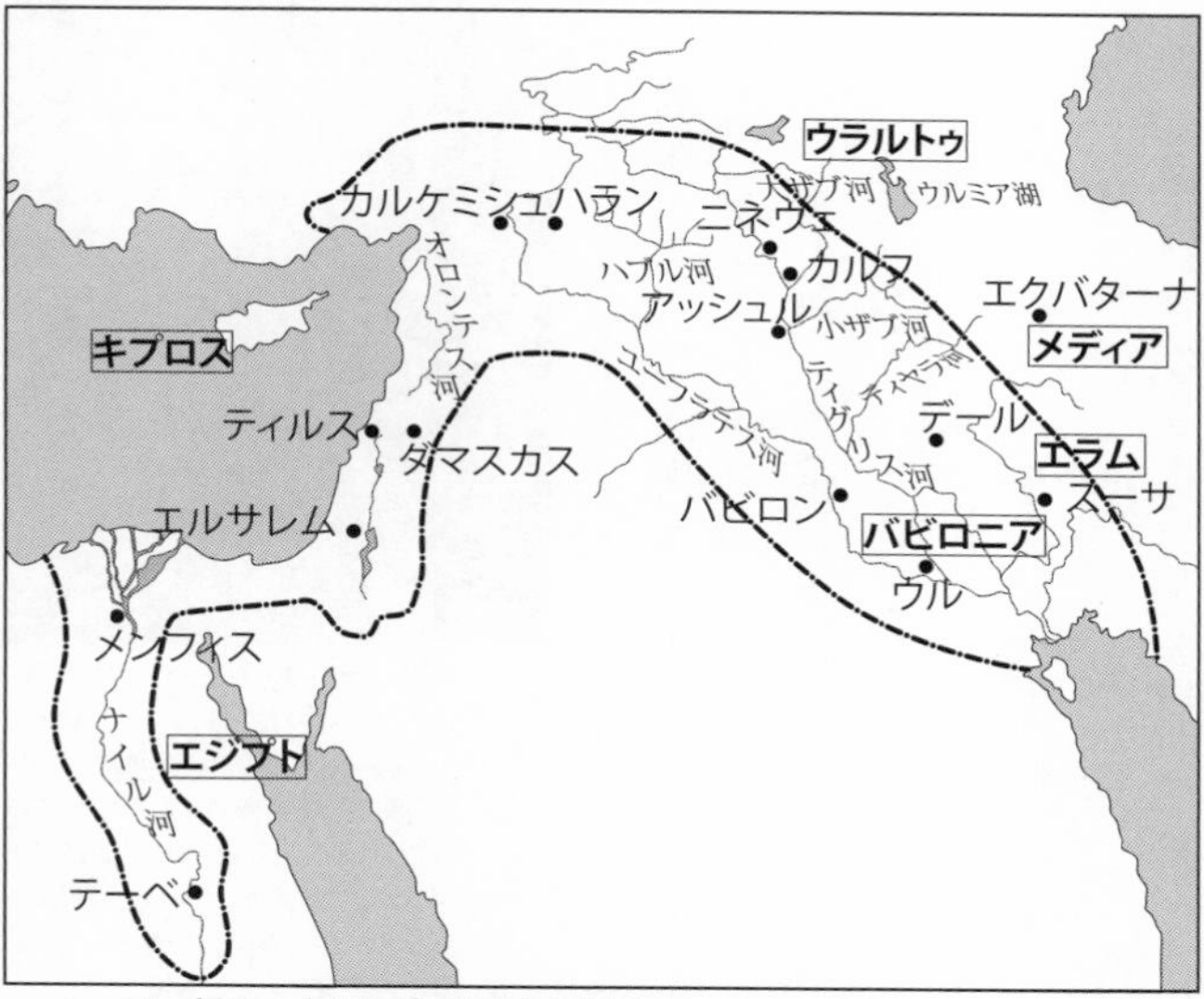

4—28　新アッシリア帝国の最大版図

ティル・トゥーバの戦い

アッシュル・バニパル王は、エジプトだけでなく、反アッシリアのエラム王国とも戦わざるをえなかった。アッシュル・バニパルが即位した頃に、アッシリアでは通称テウマンと呼ばれているテプティ・フンバン・インシュシナク（前六六四？—前六五三年）がエラム王となり、エラム全土を統一し、アッシリアと戦う体制が整えられた。

前六五三年、アッシリアとエラムは激突、アッシュル・バニパルはエラム軍をウライ河まで追いつめた。大英博物館のアッシリア・ギャラリーに展示されている浮彫彫刻の白眉《はくび》といえるのが、ニネヴェの「南西宮殿」の壁面を飾っていた、

4―29　ティル・トゥーバの戦い　エラム兵はアッシリア兵に追い詰められ、ウライ河にはエラム兵や馬の死骸が浮いている。一方で、河のなかには写実的とはいいがたい大きさの魚が見られる。ニネヴェ南西宮殿出土、前653年以降、石膏、大英博物館蔵

「ティル・トゥーバの戦い」の場面である。ティル・トゥーバはウライ河（現代名カルヘ〈河〉）の畔に位置していたので、「ウライ河の戦い」ともいわれる。

先端のとがった冑《かぶと》をかぶり、完全武装のアッシリア兵が、軽装で頭部は鉢巻だけのエラム兵を制圧していく迫力のある戦闘場面が詳細に彫刻されている。余白はほぼない。こうした浮彫のあちこちにちょうどわが国の「絵巻物」の「絵詞《えことば》」にあたる、場面解説のアッカド語楔形文字が刻まれていて、臨場感あふれる場面が説明されている。

おかしなことに、倒れている兵士はエラム兵ばかりで、死んでいるアッシリア兵の姿はなく、アッシリアの強さが意識して強調されている。

この浮彫のなかで、テウマンは首級《しるし》をあげられている。戦いの後に、アッシュル・バニパルは酒宴を開き、その場面ではテウマンの首級が樹木につるされていた。

前六四六年、バビロニアの歴代王朝が手こずったエラムは、ついにアッシリアによって崩壊に追い込まれた。エラムは国としては滅ぶが、後代にエラム人はアケメネス朝の中枢で重用され、エラム語はアケメネス朝の公用語の一つに採用されている。

アッシュル・バニパル王はエラム遠征に成功し、父王エサルハドンが達成したアッシリアの最大版図をほぼ回復した。

4—30　木につるされたテウマン王の首　ぶどうのふさの下で、アッシュル・バニパル王とアッシュル・シャラト后妃は杯を手に夫婦水入らずの宴だが、左端の木にはテウマンの首級がつるされている。ティル・トゥーバの戦いの勝利後の祝宴であろう。ニネヴェ北宮殿出土、前650年頃、石膏、大英博物館蔵

「兄弟戦争」

話がエラムの滅亡までいってしまったが、少し時間を前に戻す。エラムやエジプトだけでなく、バビロニアもまた反アッシリアであった。アッシュル・バニパルの兄王シャマシュ・シュム・ウキンが治めるバビロニアは、アッシリアに対して従属する立場に置かれ、不満をつのらせていった。

前六五二年、ついにシャマシュ・シュム・ウキンはカルデア人、エラム人、アラブ人などの反アッシリア勢力を集めて、反旗を翻す。謀反を知ったアッシュル・バニパルはバビロニアの諸都市が同調しないように「バビロニアの人々に告ぐ王の言葉。（略）この兄弟にあらざる者（シャマシュ・シュム・ウキン）が汝らに語った風（虚言）を私も聞いた。（略）彼を信じるな」といった激烈

4―31　アッシュル・バニパル王の定礎碑　バビロン市のエサギル神殿再建記念。前668―前627年、高さ36.8cm、大英博物館蔵

な手紙を急遽《きゅうきょ》送った。このことが功を奏し、重要ないくつかの都市はアッシリア側についた。

前六四八年、アッシュル・バニパルは籠城《ろうじょう》して抵抗するバビロンを鎮圧した。祖父センナケリブが破壊したバビロンを、父エサルハドンが復興し、アッシュル・バニパルもこの計画を継承した（図4―31）。ところが、ここでまたしてもバビロンは無残に破壊されてしまったのである。

葦ペンを携帯してのライオン狩

戦闘場面のみならず、アッシリアの浮彫は写実的で迫力があり、美術史のうえでも評価が高い。ことにライオンや馬のような動物の筋肉表現のすばらしさは高く評価されている。アッシュル・バニパル治世の「ライオン狩浮彫図」は浮彫の傑作といわれている（本章扉図）。古代メソポタミアにはライオンがいた。ライオン狩には武人としての訓練の要素などがあるが、宗教的儀式でもあった。ライオンが魔を象徴し、その魔をしとめることで、王が宇宙の秩序を整える意味があった。

ところで、浮彫のアッシュル・バニパルの腰帯のあたりに注目してもらいたい。戦闘の場面でも王は葦でできた二本のペンを腰帯にはさんでいる。王が望んだ肖像にちがいなく、王は高い識字力を誇りにしていたのである。

第一章で話したように、古代メソポタミア史に登場する王たちの識字率はかなり低かった。アッシュル・バニパルは例外の一人で、文武両道の達人といえるだろう。

アッシュル・バニパル王の手紙

アッシュル・バニパルがバビロン付近のボルシッパ市（現代名ビルス・ニムルド）にいる家臣にあてた手紙では、王は粘土板文書を集めて送れと命令している。ボルシッパのエジダ神殿にはバビロニアの最高神マルドゥクの子で、知恵や書記術を司るナブ神が祀られていた。知恵を司る神の神殿には貴重な粘土板文書があることを見越していた王は、ニネヴェの図書館に粘土板文書を収集したかったのである。

アッシュル・バニパ

4―32（上）帯にはさまれた2本のペン
（下）新アッシリア時代の王印　王がライオンにとどめを刺す図。スタンプ印章印影図。ニネヴェ出土、前715年、粘土、直径3.8cm、大英博物館蔵

4—33　シェルア・エテラトからアッシュル・シャラトへの手紙　ニネヴェ出土、粘土、長さ6 cm、幅3.2cm、大英博物館蔵

ルが特に欲しかったのは兵法書や呪術《じゅじゅつ》書であった。つまり、アッシュル・バニパルは文字の読み書きができたから自分の知性の発露として文書を集めさせたかというと、単にそれだけではないようである。

楔形文字を考案したシュメル人は、文字を実用的なものと考えていた。だが、時代が下るにつれ、文字は神聖化されていった。前二〇〇〇年紀後半以降のメソポタミアでは、「文字には過去の英知が宿っている」といった神秘的な考え方が生まれていたようである。だからこそ、武力で切り取った帝国を守るためにも、王たちはいわば護符のような役割を期待して粘土板文書を集めることに執着したようだ。

アッシュル・バニパル周辺には識字力のある女性たちがいた。アッシュル・バニパルのおそらく姉であるシェルア・エテラトがアッシュル・バニパルの后妃アッシュル・シャラト（リッバリ・シャラトともいう）に出した手紙がある。后妃が文字の勉強をしないことをなじる内容で、嫁と小姑《こじゅうと》との間には確執があったようだ。

アッシュル・バニパル王の図書館

アッシュル・バニパル王は識字力を自慢した王で、粘土板を集めた王でもある。西アジアの楔形文字文化圏では、文字文化が発達する前三〇〇〇年紀以降のおもな都市遺跡からはほぼ例外なく文書庫や図書館が発見されている。先駆けとなったのは、アッシュルに置かれた万を超える文書を収蔵した中期アッシリア時代のティグラト・ピレセル一世（前一一一四—前一〇七六年、第八七代）の図書館である。

アッシュル・バニパルの図書館と呼ばれた場所は、王宮の王座裏側で、通路に膨大な数の粘土板文書がずらっと並べられていた。二万枚あるいは四万枚ともいわれる粘土板文書が集められていた。このほかにも、ニネヴェでは図書館と呼びうる遺構が複数見つかっている。

アッシュル・バニパルの図書館は最大規模の蔵書数を誇り、『ギルガメシュ叙事詩』（図序—6）『エヌマ・エリシュ（創世神話）』などの文学作品、諸王の年代記、天文書、医学書、法学書、シュメル語をアッカド語に訳した語彙集など多岐にわたる。この蔵書の出土が近代にはじまる「アッシリア学」の基礎となった。ちなみに、アッシリア学とは、アッシリアのみならず古代オリエントにおける楔形文字を資料とする、歴史のみならず文化全般を研究する学問の総称である。

アッシュル・バニパル王の死

前六二七年、四二年もの間大帝国を牽引《けんいん》してきたアッシュル・バニパルが死んだ。

アッシュル・バニパルは有能な王だったから、さまざまな民族を寄せ集めた、広大な帝国を維持できたのである。この年から、アッシリア軍についての最後の記事が書かれた前六〇九年までの間の文献資料がほとんど残っていないので、くわしいことはわかっていない。アッシュル・バニパルが死んだ次の年、前六二六年には、すでに首都ニネヴェがメディア人によって攻撃された事件が、ギリシア側の記録に残されている。

新アッシリア帝国の構成

新アッシリア帝国の話をおえる前に、帝国の構成や社会・経済をまとめて話しておこう。

新アッシリア帝国には、アッシリアの行政組織によって統治される固有領土「アッシュルの地」と、一定の政治的自治をもつものの、「アッシュルのくびき」つまりアッシリアの支配を受けいれた多数の属国があった。

拡大されていった固有領土は、複数の行政州に分割され、各州に行政長官が置かれた。行政長官は、それぞれの州都に自分の宮廷と行政組織をもち、中央の政策にしたがって州全体を管理した。各州は輪番でアッシュル市のアッシュル神の神殿へ供物を奉献した。

中央で、行政の頂点にあったのは、王を中心とする王室である。王は「アッシュル神の副王」で、原則として国家の政治、軍事、宗教、司法において絶対的権威をもっていた。実際には、広大な帝国の運営にあたって、複雑な官僚組織が発達していた。特に王に忠実な家臣として、多数の宦官《かんがん》が官僚組織の要職につき、権勢をふるった。また、王の側近には呪術師や占卜《せんぼく》師《し》がいて、王の計画や行動の吉凶が占われ、魔《ま》除《よ》けなどがおこなわれた。

アッシリアが直接支配する領土の外側には、多くの属国があった。属国はアッシリアの宗主権を認め、その戦争に協力し、定期的に貢納する義務があった。アッシリア王と属国の王との間には、宗主・属王関係の遵守を誓った宗主権条約が交わされた。条約の証にアッシリアの宮廷に人質を差し出した。

社会・経済

アッシリア社会の頂点は、王族や高級官僚などの国家の上層の人々で、その下に家宅や土地、財産を所有して単婚家族を営む市民層がつづいた。底辺は債務奴隷と戦争捕虜からなる奴隷層になる。

4—34 宦官 ドゥル・シャルキン出土、前710—前705年、石膏、高さ64cm、幅53cm、厚さ12cm、大英博物館蔵

理論的にはアッシリア全土は王の所有とみなされたが、実際には王領地はアッシリア中心部の一部に限られていた。そのほかの土地は神殿、官僚および市民が分有した。王室が国家の最大の経営体だった。農地経営や通商産業活動に加え、属国からの定期的な貢納や軍事遠征での戦利品が王室の大きな収入であった。

国家が必要とするものを市民から調達する役割を果たしたのは、州行政制度である。帝国各地の行政州では、州の役人が農作物を税として集め、管理した。また、一定期間の労働義務や従軍義務が市民に課された。こうして、州は王室の要請にしたがって労働力、兵士、軍馬、武器や糧食などを管理、提供した。

本来、アッシリア経済の基礎は、メソポタミア北部での穀物生産と牧畜だったが、新アッシリア時代の国家規模の拡大は、アッシリア経済をより広い地域の経済構造のなかに再編成させたと考えられている。ことに東地中海の中継貿易の拠点として繁栄していたフェニキア地方のティルス市（現代名スール）とアナトリアの鉱物資源を直接支配できたことは、経済的に大きな意味をもったようだ。

また、アッシリアは帝国内の各都市で商品の通過に関税をかけていた。

アッシリアの滅亡

前六一四年、メディア軍がアッシリアの周辺都市を掠奪し、アッシュル市を陥落させた。前年の前六一五年に、新バビロニア王国のナボポラッサル王（前六二五―前六〇五年）はアッシュル市を攻撃したものの、落とすことはできなかった。先手をとられたナボポラッサルはメディア王国のキャクサレス王（前六二五―前五三八年）との同盟を結ぶ。衰えたりとはいえ、大国アッシリアを倒すためには、手を組むことは正しい選択であった。

前六一二年、バビロニア・メディア同盟軍の攻撃の前に、首都ニネヴェがついに落城した。

そして、当代のシン・シャル・イシュクン王（前？—前六一二年、第一一六代）は殺害された。ニネヴェは破壊され、掠奪され、廃墟《はいきょ》と化したが、アッシュル・バニパル王の図書館に集められた粘土板は土に埋もれて、残った。このときから、約二四〇〇年後に発見されることになる。

アッシリア「中興の祖」と同じ名前をもつ、最後の王第一一七代アッシュル・ウバリト二世（前六一一—前六〇九年）は情けないことながら、かつて支配したエジプトの援軍を期待し、帝国西部のいくつかの属州をわずかな間だけ支配した。エジプト第二六王朝のネコ二世（前六一〇—前五九五年）の支援を受け、アッシュル・ウバリトはニネヴェ奪還を目指すも、二ヶ月の包囲の後撃退され、消息不明となる。これが前六〇九年のできごとで、ここに新アッシリア帝国は完全に消滅した。

アッシュル・バニパルの死から一九年で、アッシリアは滅亡したことになる。軍事力によって膨張するだけ膨張した新アッシリア帝国には、縮小して、アッシリア本土だけでも永らえるような選択はもはやありえなかった。

六　バビロニア最後の煌《きらめ》き——新バビロニア王国

新興メディア王国

前節では新アッシリア帝国の滅亡まで話したが、本章の最後は少し時間を前に戻し、反アッシリアの一翼を担ったメディア王国の動向から話していく。

アッシリアの遺領を新バビロニア王国と分けたのが、メディア王国だった。メディア人自身が記した記録はなく、考古学の遺跡もわずかしか知られず、メディア史の復元はむずかしい。

メディア人は、前二〇〇〇年紀から前一〇〇〇年紀はじめに、イラン高原に進出したイラン系の人々の一派で、古代ギリシアの歴史家ヘロドトス『歴史』がくわしく伝えているものの、後代の記録である。メディアについての信用できる史料は、むしろ同時代のアッシリアの記録になる。前九世紀中頃のアッシリアの史料が、馬を捕まえるためにザグロス山脈方面へ出向いた折に、メディア人と遭遇したことを記している。

前八世紀後半から前六世紀後半にかけて王国を形成し、首都はエクバターナ市に置かれた。軍事力を強化し、一時メディアを支配していたスキタイを撃破したキャクサレス王の治世が最盛期と考えられる。

アッシリアが西方へ目を向けている間に、イラン中央部を支配するほど発展したメディアのキャクサレスは新バビロニアと同盟を結んだ。前六一二年、同盟軍はニネヴェを攻略し、アッシリアを滅亡に追い込んでいる。

イラン高原からアナトリア高原東部にいたる広大な地域を支配するにいたったメディアは、アナトリア西部のリュディア王国と対立することになる。

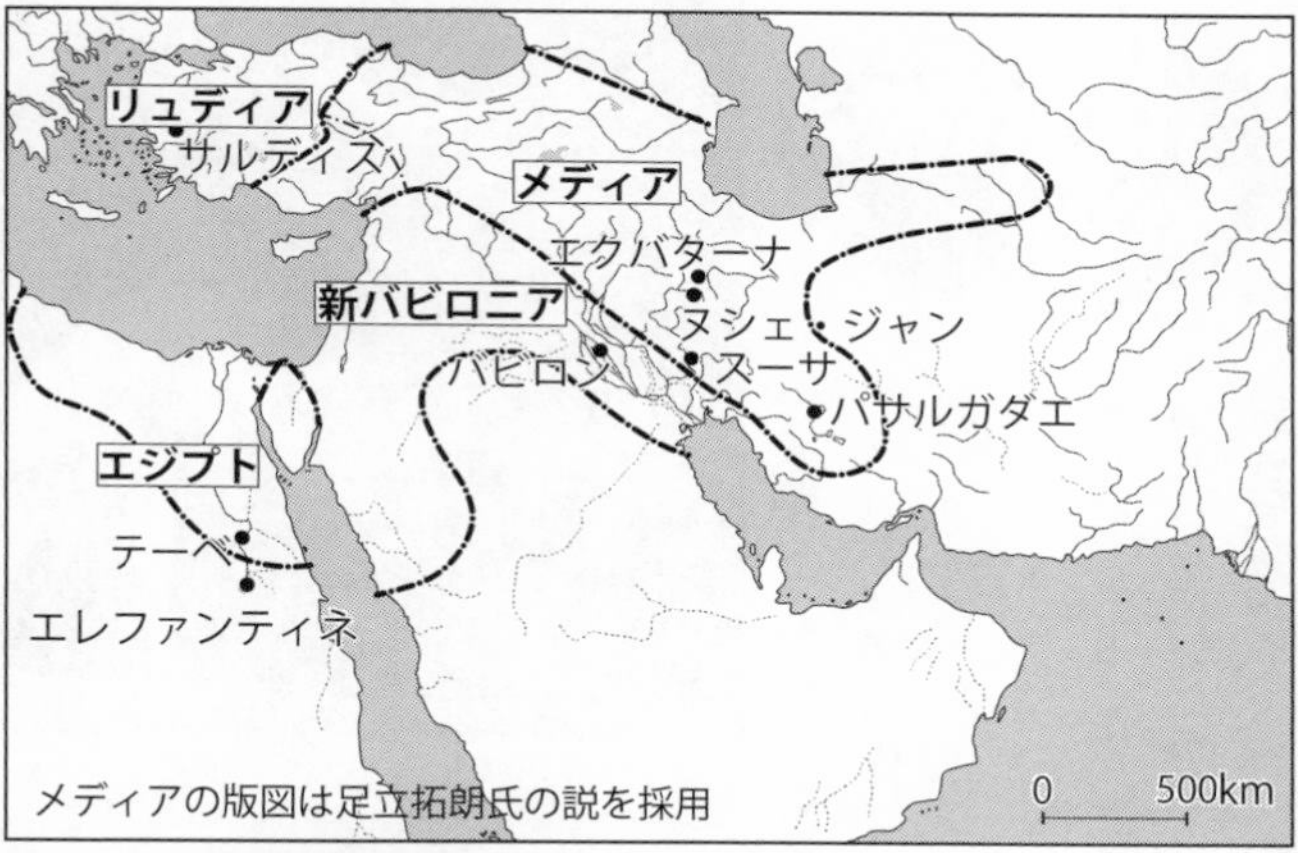

4—35　四国分立時代

4—36（上）メディアの遺跡ヌシェ・ジャン　イラン西部、エクバターナ南西70km、前８世紀頃に建てられたメディア人の小さな要塞で、丘の上に中央神殿が残っている
（下）メディア人従者　ドゥル・シャルキン出土、前721—前705年、雪花石膏、高さ49cm、幅79cm、メトロポリタン美術館蔵

4—37（左上）**リュディアの硬貨**　最古の硬貨のなかにはリュディアのクロイソス王に由来するものがある。金貨、銀貨には牡牛とライオンが表されている。1スタテル金貨の直径1.65cm、重量8.05g、大英博物館蔵
（上）**クロイソス王**　ギリシアの壺絵『歴史』巻1、86が伝える場面。捕らえられたクロイソス王が火刑に処せられようとするが、キュロス2世は助ける。イタリア出土、前5世紀、ルーヴル美術館蔵
（下）**サルディス市**　サルディスのアクロポリス

硬貨（コイン）を発明したリュディア王国

リュディア王国はフリュギア王国の西方、ヘルモス河流域に建国され、首都をサルディス市（現代のイズミール市近郊）に置く。アリュアッテス王（前六一〇？—前五六〇年）、クロイソス王（前五六〇—前五四六年）二代の治世が最盛期である。すでに前七世紀頃にリュディア周辺で単純な金属粒の硬貨がつくられていたが、この時期に豊かな鉱物資源と高度な技術の開発で、貴金属の硬貨がつくられた。硬貨は、西方はギリシアのポリス社会へと、東方は

アケメネス朝へと広がっていく。

リュディアとメディア両国の戦争をヘロドトス『歴史』巻一、七四が伝えている。戦争は六年目になっていて、戦いのさなかに突然真昼から夜になってしまった。このときの日の転換は、ミレトス（イオニア地方南部）の哲学者タレス（前六二四？—前五四六年？）が、その転換の起こる年まで正確にあげて予言していたという。この後、日食に驚いた両軍は戦いをやめ、和平を急いだという。タレスの予言した日食は前五八五年五月二八日のできごとであった。

同年、新バビロニアのネブカドネザル二世の執り成しで、リュディアとメディアは、和平条約を締結する。メディアとリュディア、メディアと新バビロニアはそれぞれ婚姻関係を結ぶことで、勢力均衡を図ったものの、三国ともアケメネス朝のキュロス二世によって滅ぼされる。リュディアの滅亡は前五四六年になる（図4—37上）。

前一〇〇〇年紀初期のバビロニア

前一〇〇〇年紀初期のバビロニアは長期にわたる低迷から抜け出せないでいた。第三章でイシン第二王朝の滅亡まで話した。その後、メソポタミア南東の低地に「海の国」第二王朝（前一〇二五—前一〇〇五年）が成立するも、わずか三代の短期政権であった。

後代に、この地はアッシリアに服属し、カルデア人（後述）ビート・ヤキンの族長が代々総督として支配したが、前八世紀から前七世紀にかけてメロダク・バルアダン二世とその子が新アッシリア帝国に抵抗したことはすでに話した。

「海の国」第二王朝の後に、バジ王朝（前一〇〇三―前九八四年）三代の王、エラム王朝（前九八四―前九七九年）一代の王と、短期の王朝がつづく。この後のバビロニアは新バビロニア王国の成立まで、一大勢力となることはなく、長く低迷したままであった。

従来からのバビロニア都市住民に加えて、カルデア人とアラム人が有力な勢力として台頭してきた。両勢力に加えて、エラムやアッシリアもバビロニアに侵攻し、バビロニアの政治情勢はきわめて不安定であった。

新バビロニア王国の成立

長期にわたって停滞していたバビロニアが久しぶりに繁栄を取り戻した。これが新バビロニア王国の成立で、カルデア王朝ともいわれている。

カルデア人はアラム人と同じ西方セム語族ともいわれるが、特定できない。カルデア人の原郷の地は不明だが、アラム人と並んで、あるいは遅くに、前一〇〇〇年頃から前九〇〇年頃に、バビロニアに侵入したようだ。ウルク近郊にビート・アムカニ、バビロン近郊にビート・ダクリ、ウルおよび沼沢地付近にビート・ヤキンと、部族ごとにバビロニア南部に定住した。前八世紀までには名前をバビロニア風にするなど、次第にバビロニア化した。前述のように、前八世紀末以降は有力部族ビート・ヤキンの指導者、メロダク・バルアダン二世が反アッシリアの活動を繰り広げ、カルデア人がバビロニアの独立を主導していく。

新バビロニア王国初代ナボポラッサル王もカルデア人といわれるが、実際の出自はよくわからない。前六二七年、アッシュル・バニパル王に任命されたバビロニア王カンダラヌ（前六四七―前六二七年）が死に、一年の空位期間があり、その翌年前六二五年に即位したというが、前六二六年との説も有力である。王は即位するや、メソポタミアの覇権をめぐり、アッシリアと激しい戦闘を繰り広げた（図4―38）。この状況が一〇年ほどつづき、ついに前六一五年にはバビロニア軍はアッシュル市攻撃にいたるが、一国では陥落させることはできなかった。この後についてはすでに前節で話した。

4―38　ナボポラッサル王の「宣戦布告状」　アッシリアの非を列挙し、結果として実質的な宣戦布告になる。バビロン出土、前625―前605年、粘土、縦12.7cm、横9.8cm、大英博物館蔵

さて、アッシリアを滅ぼした後、前六〇九年から前六〇七年にかけて、ナボポラッサルはウラルトゥ南西部に遠征し、諸部族の反乱を制圧している。だが、前六〇五年には、老齢で体調不良だったようで出陣できず、バビロンで死んだ。このとき、皇太子ネブカドネザルはエジプト軍とシリアで戦っていた。カルケミシュでエジプト軍の撃破に成功し、ユーフラテス河西方のシリア・パレスティナ地方の大部分を支配することになる。父王死後、間を置かずに、ネブカドネザルは

4—39　ネブカドネザル２世像　レバノンのベカー渓谷の北方に位置するワディ・ブリッサの岩壁に、レバノンの森林を支配し、木材運搬の道路を建設したことなどを記した長い碑文とともに、自らの姿を浅浮彫で刻んだが、現在では摩滅してしまった

王位を継承した。

「バビロンの空中庭園」

皇太子ネブカドネザルにまつわる話といえば、「バビロンの空中庭園（吊《つ》り庭ともいう）」である。すでに第二章で話したドイツ・オリエント学会のバビロン発掘で、「空中庭園」の跡が発見されたといわれたが、それは実はちがっていて、倉庫あるいは管財の役所関係の建物だったようだ。

「バビロンの空中庭園」はビザンチウム市（現代名イスタンブル）在住の数学者で、旅行家のフィロン（前二六〇—前一八〇年）が実際に見たという「世界の七不思議」の一つにふくまれている。一説には、「空中庭園」を建設したのはアッシリアのセミラミス女王ともいうが、これはまったくの伝説である。

別の説もある。当時まだ皇太子だったネブカドネザルがメディア王国との同盟の証に、キャクサレス王の娘（あるいは孫娘）アミティス王女を妻とした。平坦《へいたん》なバビロニアの地に嫁いできた新妻が故郷のイラン高原の緑をなつかしんだので、ネブカドネザルが「空中庭園」をつくったという。この話の前段つまり政略結婚は史実だから、「空中庭園」は実在するにちがいないと考古学者たちは期待して

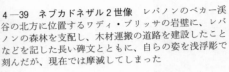

いたようだ。

アケメネス朝に仕えたギリシア人医師クテシアス（前四世紀前半）は「空中庭園」について、さまざまな種類の樹木を植えた庭園がつくられ、揚水機で運河から大量の水をくみ上げて、給水する仕組みと、伝えている。実はこれに当てはまるような浮彫（図4―23〔下〕）がニネヴェのアッシュル・バニパル王の宮殿にあった。祖父センナケリブ王の庭園を刻んだ浮彫で、高いところに樹木が茂り、そこに水があげられている様子が表されている。さらに、センナケリブ自身が庭園に給水する施設をつくったとの記録を残している。ニネヴェを発掘したA・H・レヤードはこれこそ「空中庭園」と考えたようである。

「バビロニア捕囚」

ネブカドネザル二世は新バビロニア王国八七年のうち、約半分の四三年もの間王位にあった。ネブカドネザルは評価の分かれる王である。

「反イスラエル」の立場で、イラクのサダム・フセイン元大統領（一九三七―二〇〇六年）は自らをネブカドネザル二世の再来と位置づけ、バビロン遺跡を大がかりに整備し、すぐ隣に自分の宮殿も建てた。「ネブカドネザル二世の手になるバビロン、サダム・フセインの世に再建される」と、遺跡の壁面のいたるところにアラビア語で碑文を刻ませていた。

一方で、悪くいわれるのは、「バビロニア捕囚」（バビロン捕囚ともいう）をおこなった当事者だからである。

前五九七年、エルサレムを陥落させ、ヨヤキン王（前五九八―前五九七年）と有力者など数千人をバビロンに連行した。これが第一回「バビロニア捕囚」である。

その後、ネブカドネザルが王位につけたゼデキア王（前五九六―前五八六年）が反旗を翻したので、前五八六年にはユダ王国を滅ぼし、第二回「バビロニア捕囚」を、そして前五八一年にも第三回「バビロニア捕囚」がおこなわれた。

バビロニアの政策は捕囚民を国別に一緒にしておくことだったので、人々は民族意識をもちつづけられたという。社会的、宗教的問題についてもある程度自治が許されていた。

また、多くのユダヤ人がバビロニアのニップル市周辺に送られた。ニップルは第一章で話したように、バビロニアの聖都である。前五三八年に捕囚民帰国令が出た後も、バビロニアにとどまった人たちもいた。前五世紀になっても、ニップルにはかなりの数のユダヤ人が住みつづけていた。バビロニアでしなやかに生きて成功したユダヤ人も少なくなかったようだ。

バビロン市を復興したネブカドネザル二世

アッシリアによって破壊されたバビロンの復興は、ナボポラッサルが着手した。息子のネブカドネザルが父王の事業を継承し威信を高めるべく、壮麗に改築、拡大し、完成した。

ドイツ・オリエント学会の発掘（第二章参照）では、おもにネブカドネザル治世に属するものが出土した。この頃のバビロンは周辺地区をふくめると一〇〇〇ヘクタールにもなった。約半分の五〇〇ヘクタールが都市内で、そこに一〇万人ぐらいの住民が住んでいたようだ。バビロンがもっとも繁栄した時期である。ベルリン市のペルガモン博物館に復元されているイシュタル門（口絵4下）の豪華さから、その繁栄ぶりを偲ぶことができる。イシュタル門を飾っていた彩釉煉瓦《さいゆうれんが》は発掘者のコルデヴァイが持ち去ったので、現地に立っているイシュタル門は模造建築だが、バビロン遺跡はようやく二〇一九年にユネスコ世界遺産に登録された。

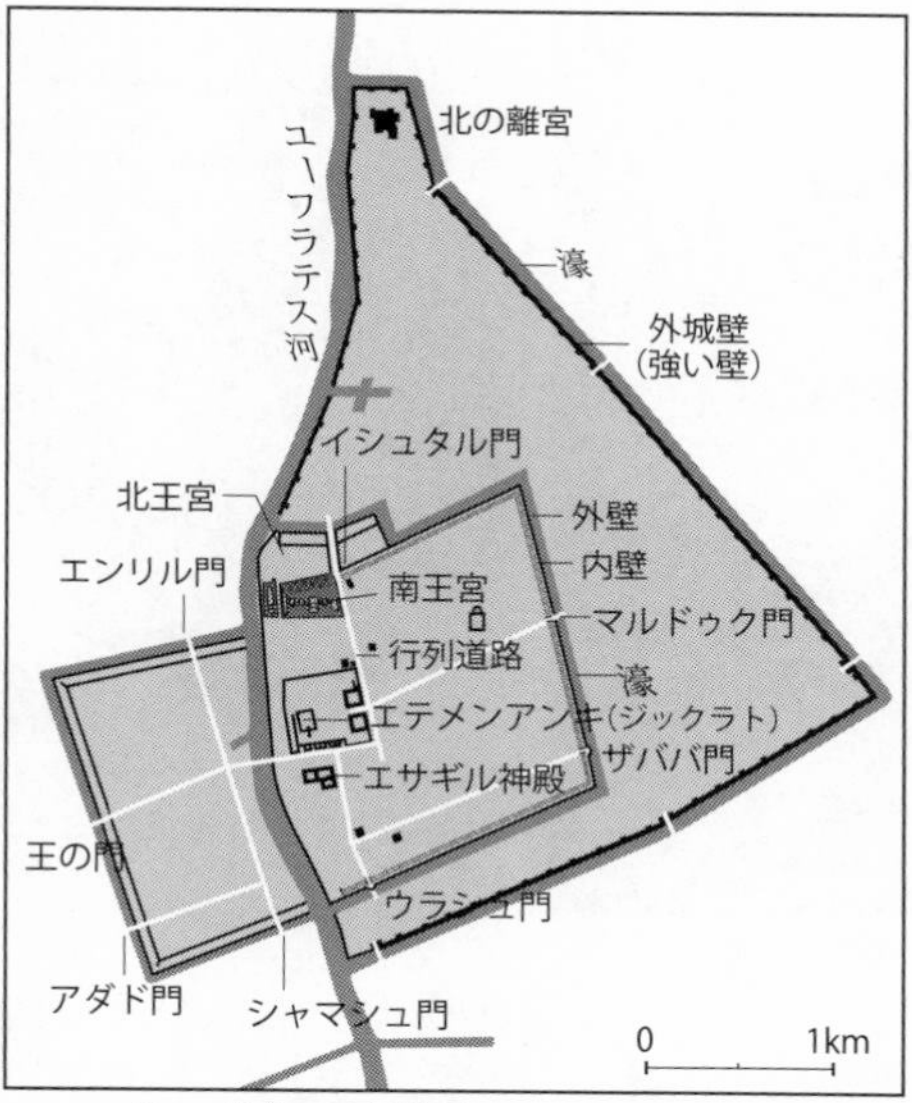

4―40　バビロン市地図

　バビロン遺跡は古代遺跡のなかでも最大規模だが、発掘されたのはバビロンの東半分で、西半分はユーフラテス河の下に埋もれている。長方形で二重の城壁に囲まれ、ユーフラテス河が中央を流れる。内城壁の長辺が約二六〇〇メートルもある。

4―41　バビロン市復元想像図

4―42　「バビロニアの世界地図」　２本の平行線がユーフラテス河で、河岸にバビロンがある。小さな円でアッシリア、ウラルトゥなどが表示されている。周囲を囲む大海の向こうに遠隔地域が突き出ている。前６世紀、大英博物館蔵

「バベルの塔」のモデル

バビロンの中心には、エサギル神殿（シュメル語で「高い頭の家」の意味）やエテメンアンキ神殿（シュメル語で「天と地の基礎の家」の意味）などが整備された。このように神殿の名前はシュメル語が使われつづけている。

エサギル神殿にはマルドゥク神像が安置され、『旧約聖書』「創世記」一一章の「バベルの塔」のモデルといわれるジックラト・エテメンアンキは、底辺が九〇メートル四方、高さは九〇メートルあったようで、威容を誇っていた。だが、セレウコス朝時代（前三〇五―前六三年）に、バビロンの煉瓦が流用され（後述）、このときエテメンアンキは破壊されてしまい、跡だけが残っていた。またヘロドトスもエテメンアンキを見ていた

ようで、『歴史』巻一、一八一で、バビロンの八層からなる頑丈な塔について伝えている。

すでにニネヴェも、アッシュルも滅び、バビロンだけが存続していた。メソポタミアから出土した唯一残存している世界地図（前一〇〇〇年紀）の中心はアッシュルでも、ニネヴェでもなく、ユーフラテス河畔のバビロンであった。

新バビロニア王国の社会・経済

新バビロニア時代の社会・経済について、ここでまとめて話しておこう。都市の住民は自由人、奴隷、および「半自由人」に分かれていた。「半自由人」に属すのは、王室や神殿、個人に従属している人や小作契約を結んだ小作人たちである。

王室経済は王宮文書が出土していないので、不明な点が多い。王国内の全土は、新アッシリア時代と同様、理論的には王が所有し、神殿や高級官僚、富裕市民に分配されたようだ。王室経済の詳細は不明である。だが、ネブカドネザル二世時代の文書から、神殿と同様に、土地を小作に出してそこから小作料を得ていたと考えられている。

神殿は広大な神殿所領地を有し、その所領地を小作に出したことが、当時の契約文書からわかっている。なかでも、その実態がよくわかっているのはウルクのエアンナ神殿である。エアンナ神殿の小作契約は、徴税請負人に土地に加えて農具と農耕用の家畜を貸し出す方法である。神殿所領地は、耕地あるいは家畜の放牧地として貸し出されていた。

新バビロニア時代以降、国内と国外の交易で、商人が活躍した。王や高級官僚、神殿に依頼されて国内で日用品などを売買したり、エジプトやシリアまで貴金属やぶどう酒、そのほかのものを買いつけにいった。

また、バビロンのエギビ家やニップルのムラシュ家に代表される富裕な商人が国内外の交易に参画していた。商人の経済活動はときに王権と関係をもちながら、重要な経済的役割を果たしていた。

新バビロニア王国の最期

ネブカドネザルの死後は、長男アメル・マルドゥク（前五六一―前五六〇年、第三代）が王位につくも二年でおわり、その後二代の王も短期支配であった。最後の第六代ナボニドス王（前五五五―前五三九年）は王権の簒奪者であった。

ナボニドスはバビロンのマルドゥク神ではなく、ハラン市（現代名アルトゥンバシャク）のエフルフル神殿に祀られていた月神シンを厚く信仰していた。その理由は、一〇四歳まで生きたという母アッダ・グッピがこの神殿の女神官だったことによるようだ。「私、アッダ・グッピ、バビロニア王ナボニドスの母」とはじまる長文の碑文はアッダ・グッピが刻ませたもので、一九五六年にハランでナボニドス王の碑文とともに発見された。過度なシン崇拝がマルドゥク神官団やバビロニア人の反感をかうことになる。

また、ナボニドスは、国内ではバビロニア各地の神殿を修繕、再建したが、神殿行政に介入し、神殿の経済と行政を王権の管理下に置こうとした。

対外的には、アナトリア、シリアおよびアラビアに遠征し、西方の貿易ルートを確保した。政治的、宗教的理由によるとも、経済的理由によるともいわれるが、約一〇年もの間、バビロンを離れ、アラビア半島北西部のオアシス都市テマに滞在した。テマは、西方からペルシア湾に抜ける隊商路と、ダマスカスからメディナに抜ける隊商路が交差する交通の要衝であった。ナボニドスのテマ滞在中、バビロニアの支配は皇太子ベルシャザル（生没年不詳）に委ねられ、国内は安泰であった。

だが、アケメネス朝ペルシア帝国のキュロス二世（前五五九―前五三〇年）の脅威が迫るや、ナボニドスはバビロンに戻ったものの、前五三九年にキュロスがバビロンを無血開城し、ナボ

4―43　エフルフル神殿跡

4―44　ナボニドス王の碑
上部には太陰、太陽および太白。シン、シャマシュおよびイシュタルに礼拝している。頭部に三日月のついた長い杖をもつナボニドス王。前555―前539年、高さ39cm、大英博物館蔵

ニドスは捕らえられる。ネブカドネザル二世没後二四年で、新バビロニアは滅亡した。

新バビロニアの滅亡をもって、古代メソポタミア史はおわる。もはやメソポタミアは歴史を動かす主役たりえず、以後はもっぱら東西の強国に蹂躙《じゅうりん》されていく。このあたりの話は章をあらためて話す。

終章
メソポタミアからイラクへ
——前539年—後651年

（上）**ダレイオス１世の定礎碑文**　楔形文字古代ペルシア語、エラム語およびアッカド語で、アフラ・マズダー神の庇護の下、アケメネス朝が大帝国であることが、記されている。ペルセポリス、謁見殿出土、前522—前486年、銀、高さ32.5cm、幅33cm、厚さ２mm、テヘラン国立考古学博物館蔵
（下）**「朝貢者行列」のバビロニア人**　先導するメディア人高官の背後に６人のバビロニア人朝貢者がしたがう。最後の１人はこぶ牛（図２—29参照）を引き連れている。「朝貢者行列」には楔形文字による状況説明はない。ペルセポリス、謁見殿東階段の中段、前６—５世紀

年代	事項
550	**アケメネス朝ペルシア**(－330)
539	キュロス2世(559—530、初代)がバビロンに侵攻し、新バビロニアを滅ぼす
	ダレイオス1世(522—486、第4代)
	クセルクセス1世(486—465、第5代)
	アルタクセルクセス1世(465—424、第6代)
	アルタクセルクセス2世(404—359、第9代)
333	イッソスの戦い、ダレイオス3世(336—330、第12代)がアレクサンドロス3世(336—323)に敗北
330	アケメネス朝、アレクサンドロスにより滅亡
334	**ヘレニズム時代**(—30)
323	アレクサンドロス、バビロンで死亡
305	**セレウコス朝**(－63)
	セレウコス1世(305—281、初代)
	アンティオコス1世(281－261、第2代)
275	セレウキアにバビロン市民を移転させる
247	**アルサケス朝パルティア**(—後224)
	ミスラダテス2世(124—87)がメソポタミアを支配
96	ローマと交渉、ユーフラテス河を国境とする
紀元後	
117	ローマのトラヤヌス帝(98—117)がメソポタミアを属州とする
117	ローマのハドリアヌス帝(117—138)が属州メソポタミアを放棄
224	**サーサーン朝ペルシア**(—651)
226	アルダシール1世(224—240、初代)がクテシフォンを首都とする
260	シャープール1世(240—270、第2代)がエデッサの戦いで勝利し、ローマ皇帝を捕虜とする
	ホスロー2世(590－628、第25代)
610	ムハンマド(570？—632)が最初の啓示を受ける
622	聖遷(ヒジュラ)、イスラム暦元年
628	ティグリス河の大洪水
637	カーディシーヤの戦い、ヤズデギルド3世(632－651、第31代)が敗北
642	ニハーワンドの戦い、同王が敗北
651	同王が殺害され、サーサーン朝滅亡

歴史の中心から周辺へ

本章では前五三九年の新バビロニア王国滅亡以降のメソポタミアを扱う。文明の発祥地にして中心地でありつづけたメソポタミアは、異邦人たちによって次々支配される歴史が一二〇〇年以上つづくことになる。やがて七世紀になると、イスラーム教を奉じたアラブ人がやってくる。

一　アケメネス朝ペルシア帝国のバビロニア征服

キュロス二世のバビロン侵攻

アケメネス朝ペルシア帝国（前五五〇―前三三〇年）は新アッシリア帝国の版図をさらに拡大した帝国で、西方はナイル河から東方はインダス河までの、広大なオリエント世界のほぼ全域を支配した。イラン系の人々のうち、前一〇〇〇年頃にイラン高原にはいったペルシア人は、前七世紀にはイラン高原南西部パールサ地方（現代ペルシア語ファールスの語源、ギリシア語でペルシス）に定着した。「良き馬と良き人に恵まれたパールサ」を誇りにしたペルシア人の出自は騎馬民族であった。騎馬弓兵の突撃隊の組織化に成功し、前五五九年にキュロス二世（前

終―1（上）キュロス2世の墓　パサルガダエ、全体の高さ10.7m、土台の高さ5.15m
（中）キュロス2世のフラワシ像　エラム風装束をつけた有翼の精霊で、キュロス2世のフラワシ（祖先の霊魂、守護霊）と考えられる。エジプト美術の影響が見られる。19世紀までは、キュロスが立てた旨の碑文が読めたようだ。パサルガダエ出土、原位置、高さ2.75m
（下）キュロス・シリンダー　大英博物館収蔵の楔形文字の刻まれた遺物のなかでも、『ギルガメシュ叙事詩』第11書板（図序―6参照）とともに有名である。　バビロン出土、前538年、大英博物館蔵

五五九―前五三〇年、初代）が「アンシャンとパールサの王」と称し、パールサ地方を中心にペルシア人勢力を結集し、歴史の表舞台に登場する。

前五五〇年、メディア王国を併合したキュロスは、前五四六年にはアナトリア北西部のリュディア王国をも征服する。さらに、前五三九年にバビロン市に侵攻し、新バビロニア王国を滅ぼした。

翌前五三八年には、バビロンに連れて来られてい

た人々への帰国令を出した。この間の事情が記されているのが、「キュロス・シリンダー（円筒形碑文）」である。一義的にはキュロスのバビロニア支配が正当であることが強く主張されている内容である。マルドゥク神が新バビロニアのナボニドス王の行為に立腹し、正義の支配者キュロスを探し出し、ナボニドスがバビロンへ連行してきた神像を返還させ、かつ連行してきた各地の住民を帰国させたと、アッカド語楔形文字で記されている。

なお、キュロス二世の面差しを直接偲ぶことができるような彫像は現時点でないが、キュロスが建てた首都パサルガダエ市（現代名パサルガド）にはフラワシ像（終―1〔中〕）とキュロスの墓（終―1〔上〕）が残されている。

簒奪者にして改革者ダレイオス一世

征服者キュロス二世のほかに、アケメネス朝には「大王」と評価される偉大な支配者がもう一人いた。ダレイオス一世（前五二二―前四八六年、第四代）である。キュロスを強く意識し、王権の簒奪者ではあるものの、統一者にして、改革者でもある。内政外交ともに業績をあげ、「諸王の王」として君臨した。ダレイオスの一連の改革があってこそ、その後約一五〇年余も帝国はつづいたのである。

ダレイオスは広大な帝国の交通の便と安全を維持するために、首都スーサと支配下の主要都市を結ぶ幹線道路「王の道」を整備した。「王の道」沿いの、ケルマンシャー市の東方約三二

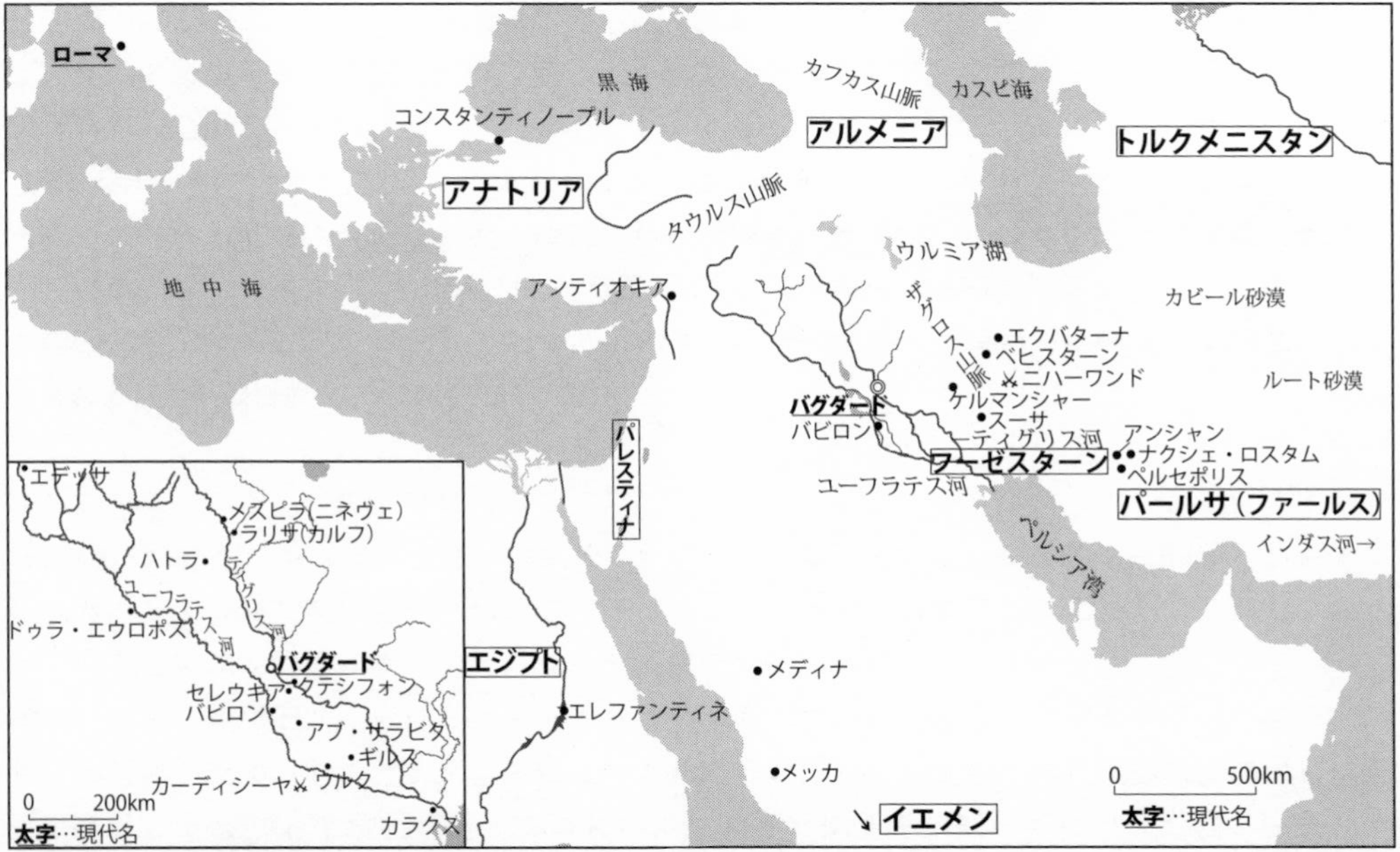
ローマ
黒海
コンスタンティノープル
カフカス山脈
カスピ海
アルメニア
トルクメニスタン
アナトリア
タウルス山脈
ウルミア湖
地中海
アンティオキア
カビール砂漠
ザグロス山脈
エクバターナ
ベヒスターン
ニハーワンド
ルート砂漠
バグダード
ケルマンシャー
スーサ
バビロン
ティグリス河
アンシャン
ナクシェ・ロスタム
ペルセポリス
フーゼスターン
ユーフラテス河
パールサ（ファールス）
パレスティナ
ペルシア湾
インダス河→
エジプト
メディナ
エレファンティネ
メッカ
イエメン
0 500km
太字…現代名
エデッサ
メスピラ（ニネヴェ）
ラリサ（カルフ）
ハトラ
ティグリス河
ユーフラテス河
ドゥラ・エウロポス
バグダード
セレウキア
クテシフォン
バビロン
アブ・サラビク
ギルス
カーディシーヤ
ウルク
カラクス
0 200km
太字…現代名
終—2　終章関連地図

キロメートルにベヒストゥーン集落がある。この集落のほぼ真東に面する岩壁の地上七〇メートルの高さに、「王の道」を見下ろすかのように、ダレイオスは即位宣言および即位後の反乱鎮圧を浮彫の図像と楔形文字碑文で刻ませた。これが有名なベヒストゥーン碑文である。

内容以上にベヒストゥーン碑文を有名にしたのは、同じ内容が古代ペルシア語、エラム語およびアッカド語の三種類の言語で刻まれていたので、楔形文字解読の糸口となったことである。

また、碑文を帝国各地の言語に翻訳させたので、エジプト領の南端にあたるナイル河中洲《なかす》の

終―3　ベヒストゥーンの断崖の磨崖浮彫
左方に2人の従者をしたがえたひときわ大きいダレイオス1世、右足で反乱者の1人を踏みつける。王の前には、9人の「偽王」たちが後ろ手に縛られている。上方のアフラ・マズダー神像（フラワシ説もあり）の庇護のもとにあるダレイオスの姿が強調されている

終―4　ダレイオス1世の円筒印章とその印影図　「ダレイオス、偉大な王」と3種類の言語の楔形文字が記されている。前522―前486年、瑪瑙、3.7×1.6cm、大英博物館蔵

エレファンティネ島からは、アラム語で記された写本の一部が出土している。前述のように、アケメネス朝ではアラム語が共通語として採用されていた。

ベヒストゥーン碑文はダレイオス一世の戦勝記念碑でもある。前五二二―前五二一年にペルシア帝国内で反乱があいつぎ、バビロニアでの反乱軍の首謀者二人がネブカドネザルを名乗った。本名は不明だが、歴史上ではネブカドネザル三世（前五二二年）およびネブカドネザル四世（前五二一年）と呼ばれている。新バビロニアが滅亡してから、二〇年も経《た》っていない。栄光のバビロニア王ネブカドネザル二世の名声を利用したということであろう。

ペルセポリスの建設

ダレイオス一世はアケメネス朝発祥の地パールサ地方に新たな宮殿群ペルセポリス建設に着手した（終章扉図〔上〕）。歴代の王が増築、修復などの活動をしたが、最終的な完成を見ることなく、前三三一年にアレクサンドロス三世軍の放火で廃墟と化した。

今も残る遺構のなかでも、白眉といえるのが、帝国各地からの「朝貢者行列」の浮彫である。このなかに、支配者から朝貢者へと成り下がったバビロニア人（終章扉図〔下〕）とアッシリア人の姿もある。

クセルクセス一世の暴挙か

アケメネス朝の重要な都市となったバビロンにやってきたのがヘロドトスで、ダレイオス一世の息子で後継者クセルクセス一世（前四八六―前四六五年、第五代）とほぼ同時代になる。ヘロドトスは、バビロンは広大な平野のなかにあって四角形を成し、巨大で類のないほど美しく、整備された町で（『歴史』巻一、一七八）、一二ペキュス（五・三二八メートル）もある純金の像をクセルクセスは手にいれた（『歴史』巻一、一八三）といっている。

だが、前四八二年に、バビロンで二度も反乱が起こるや、クセルクセスはバビロンを徹底的に破壊した。このとき、エサギル神殿も破壊し、マルドゥク神像を熔解《ようかい》したとも、持ち去ったともいわれている。一方で、クセルクセスの乱暴狼藉《ろうぜき》はギリシア語史料が伝えているもので、実際にはこうした行為にお

終―5　ダレイオス1世と皇太子クセルクセス　2つの拝火壇の前に座して謁見しているダレイオス1世と背後に立つクセルクセス。ペルセポリス、宝庫、前522―前486年、テヘラン国立考古学博物館蔵

終―6　クセルクセス1世の記念門（通称「万国の門」）　東の入口の有翼人面牡牛像。アッシリアの有翼人面牡牛像（図4―19〔右下〕参照）とちがって、4本足である

よんでいないとの説も出されている。

また、クセルクセスの称号から「バビロン市の王」がなくなり、「諸国の王」だけになった理由は、マルドゥク神像の移動により、新年祭が中止され、バビロニア王と認められなくなったためといわれたが、バビロニアの反乱以降も「バビロン市の王」を称し、アルタクセルクセス一世（前四六五―前四二四年、第六代）まで使用されている。

忘れ去られたアッシリアの都

アケメネス朝支配下のメソポタミアに、ギリシア人の軍人で著述家のクセノポン（前四三〇?―前三五四年?）もギリシア人傭兵《ようへい》一万数千人を率いてやってきた。クセノポンが著した『アナバシス』によれば、アケメネス朝のアルタクセルクセス二世（前四〇四―前三五九年、第九代）に対して、弟の小キュロスが王位簒奪を企て、ギリシア人傭兵を雇ったのである。雇い主小キュロスが戦死した後、黒海目指しての脱出行が記されていて、このなかに興味深い記述がある。

前四〇一年、敗残兵たちはティグリス河を左手にして、流れに沿って遡っていき、途中で、無人の町ラリサ、メスピラを通過する（巻三第四章）。ラリサはカルフ、メスピラはニネヴェのことで、アッシリア滅亡にかかわったメディアが支配していたことは触れられている。だが、アッシリアそのものについてはクセノポンは沈黙している。前六一二年のニネヴェ陥落から二〇〇年余で、都市は廃墟《はいきょ》と化し、新アッシリア帝国の栄華はすっかり忘れ去られてしまっているようだ。

一方、バビロンはまだ重要さを失ってはいなかった。

二　ギリシア人の支配

アレクサンドロス三世の首都バビロン

終―7（上）アレクサンドロス3世と（下）ダレイオス3世　ポンペイ遺跡出土の「アレクサンダー・モザイク」はイッソスの戦いを表しているという。前2世紀、ナポリ国立考古学博物館蔵

前三三三年、イッソスの戦いで、マケドニア王国（?―前一四八年）のアレクサンドロス三世（大王）（図終―7〔上〕）がアケメネス朝のダレイオス三世（前三三六―前三三〇年）（図終―7〔下〕）率いるペルシア軍を破った。前三三一年には、バビロンにアレクサ

ンドロスは入城した。その後アレクサンドロスはペルシア本土へ遠征し、前三三〇年にアケメネス朝は滅亡する。バビロンに戻ってきたのは前三二三年のことで、同年死んだ。バビロンこそが武力で切り取った広大な版図の首都と、アレクサンドロスは考えていた。

アレクサンドロスの死後、バビロニアはディアドコイ（ギリシア語で「後継者たち」の意味）の一人、セレウコス朝（前三〇五―前六三年）のセレウコス一世ニカトール（勝利王、前三〇五―前二八一年）が支配することになる。

バビロン市からセレウキア市へ

セレウコス一世は、首都をオロンテス河畔のアンティオキア市（現代名アンタキア）に定めたが、バグダード市南方約三〇キロメートル、ティグリス河西岸にも、新都セレウキア市（現在のテル・ウマル周辺）を建設する。セレウキアを領土の東半分の首都とすることは、東方の支配に有利と判断した。ティグリス河畔から東方へ数日でザグロス山脈にいたり、越えればイラン高原である。セレウキアの首都としての役割は約一二年でおわるが、その後もギリシア文明の中心地として、また交易の拠点として栄えた。

前二七五年には、アンティオコス一世（前二八一―前二六一年）がバビロンに残った市民にセレウキア移転を命じた。セレウキア建設にはバビロンの煉瓦が流用されていたので、バビロンの衰退は決定的となる。

また、アンティオコスの治世に、バビロンのマルドゥク神の神官ベロッソス（生没年不詳）が『バビロニアカ（バビロニア史）』をギリシア語で書いて王に献上した。これによってヘレニズム世界にバビロニアの歴史や文化が紹介されることになったが、残念ながら断片がわずかに残るのみである。

なお、バビロンのエサギル神殿に属す学者たちは『バビロン天文日誌』をまだ書いていた。おもに月に関しての天文観測の記録、銀一シェケルで購入できる農畜産物の数量、五惑星（木金水土火星の順）の位置、ユーフラテス河の水位およびバビロンの支配者やエサギルなどにかかわる事件の五項目がアッカド語楔形文字で記された。この後この日誌は前一世紀まで書きつづけられる。現存する最新の記録は前六一／六〇年になる。

終―8　アラム語とギリシア語で書かれた定礎碑　アダド・ナディン・アッヘの定礎碑　上がアラム語、下がギリシア語。ギルス地区出土、前2世紀、高さ31cm、ルーヴル美術館蔵

バビロンで長い年月にわたって蓄積された知識は、新来のギリシア人に継承されていく。表面は楔形文字、裏面にはギリシア文字が刻まれた書記の訓練用の粘土板が出土している。

ウルク市出土の粘土板文書

バビロン市だけでなく、ウルク市でもアッカド語楔形文字は使われていた。

バビロニアでは、アケメネス朝支配以来、日常語としてはアラム語が使われ、行政にかかわる公用語としてはギリシア語が使われていた。アラム語とギリシア語を併記した定礎碑が、第一章で話した旧ラガシュ市のギルス地区から出土している。ウバイド文化期にまで遡れる古い習慣で、建造物の基礎部分に建造物の無事などを祈って定礎埋蔵物を埋める習慣がつづいていたようだ。ちなみに、この習慣はアケメネス朝でも採用され（終章扉図〔上〕参照）、さらに現代の日本までつづいている。

ウルク出土文書には、数学や天文学関係が多数あり、このほかに少数の特定の家族に集中している私的な契約文書もあった。楔形文字は紀元前後になっても、わずかではあるが使われていた。バビロニアで楔形文字が使われなくなるのは、アルサケス朝パルティア（前二四七—後二二四年）支配時代といわれる。つまり、セレウコス朝時代はバビロニアの古い伝統は残っていたことになる。ヘレニズム時代になぜ粘土板文書が使われていたかの説明はむずかしい。第一章で話したように文字が生まれたウルクに残っていたことは、約三〇〇〇年の楔形文字文化の伝統への強いこだわりであったかもしれない。

三　アルサケス朝パルティア対ローマ

アルサケス朝の支配とローマの侵攻

前二四七年、中国の史書で安息《あんそく》と記されている、アルサケス朝パルティア（前二四七—後二二四年）がイラン北西部からトルクメニスタンにかけて建国された。建国から一〇〇年ほど経った前一四一年に、バビロニアを支配するにいたる。ついで、ミスラダテス二世（前一二四―前八七年）治世までに、セレウコス朝をイラン高原やメソポタミアから追い払うことに成功し、版図が最大になった。前二世紀半ばには、セレウキアの対岸にクテシフォン市（テシフォンともいう）を建設する。メソポタミアはパルティアに支配され、パルティアはアジア支配を拡大しているローマと対峙することになる。

パルティアを敵にまわしたこの頃のローマは、共和政（前六世紀末―前二七年）終盤からアウグストゥス帝（前二七―後一四年）を初代とする帝政（前二七年以降）序盤にあたる。国家目的である、地中海を「われらが海」として一元的に支配しようとのローマの野望達成に邁進《まいしん》し、アナトリアおよびシリア・パレスティナへのローマの侵攻は必然であった。

終―9　ミスラダテス2世　左横顔。前124―前87年、銀　直径3cm、国立図書館メダイユ室（パリ）蔵

終―10　クテシフォン　宮殿の遺構　サーサーン朝時代の宮殿。イワーンといわれるイラン系民族の建築様式の1つ。矩形の建物の3面を壁で囲い、残る1面（正面）を開放した。正面にはアーチをつくる。3世紀、原位置、煉瓦と石、高さ約30m

終―11　ハトラ　神殿の遺構　パルティアの典型的都市遺跡。2重の城壁に囲まれ、中央部に諸神殿の聖域があった。イワーン様式が採用されている。1―2世紀

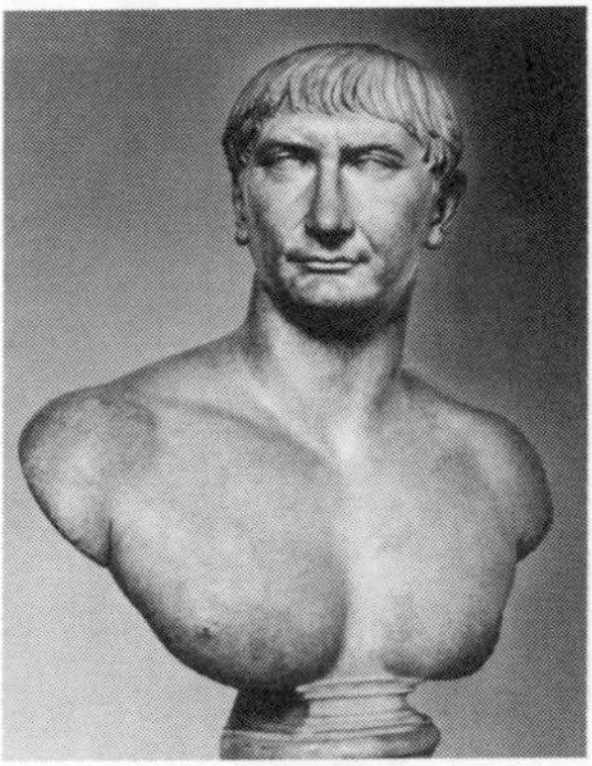

終―12　トラヤヌス帝登位10周年記念胸部像　ローマ、108年、大理石、高さ75cm、大英博物館蔵

前二―後一世紀の間に、オリエント世界の西半分、つまりアナトリアやシリアはローマの軍事力によって支配下に次々組み込まれていった。前六三年にはセレウコス朝、ついで前三〇年にはエジプトのプトレマイオス朝（前三〇四―前三〇年）が、それぞれローマによって、滅ぼされた。

ところで、東西の大国が争奪戦を繰りひろげたのが、セレウコス一世治下に軍事要塞として建設された、ユーフラテス河中流西岸の要衝ドゥラ・エウロポス（現代名サリヒエー）だった。前一一三年頃にパルティア、ついで後一六五年にはローマに占領される。さらに、二五六年にサーサーン朝（二二四―六五一年）に攻略された。遺跡からは東西の交流を物語る遺物が出土している。

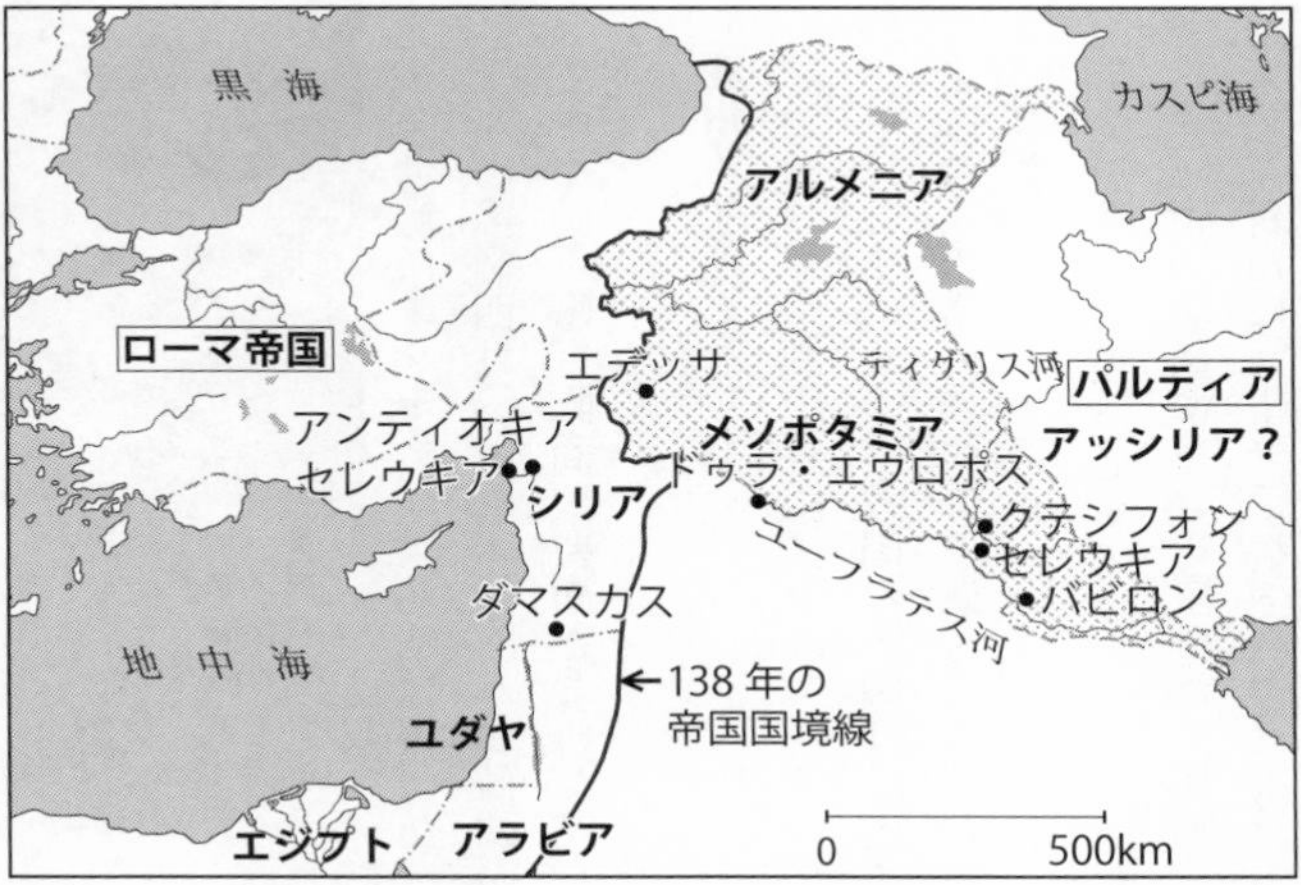

終―13　属州メソポタミア

トラヤヌス帝の親征

前九六年、パルティアのミスラダテス二世はローマの政治家で将軍のスラ（前一三八―前七八年）と交渉し、パルティアとローマはユーフラテス河を国境にする取り決めをした。だが、その後も両国はアルメニア帰属問題での対立がつづいた。

紀元後、ローマ帝国の最盛期にあたる、五賢帝時代（九六―一八〇年）の二代目、トラヤヌス帝（九八―一一七年）は積極的な外交政策を展開した。

一一三年、アルメニアの王位をめぐって対立していたパルティア遠征に出発する。

翌一一四年、アルメニアを占領し、メソポタミア平原に下る。ティグリス河を越え、クテシフォン攻略に成功、一一六年には全メソポタミアを占領した。占領地域の巡察で、トラヤヌスはバビロンを訪れるが、すでに廃墟であった。また、交易活動で栄えていた、ペルシア湾頭のカラケーネ王国（前二世紀後半—後三世紀初め）の都カラクスも訪れている。

ところで、トラヤヌスの遠征時に陥落しなかったのが、ハトラ市（現代名アル・ハドル）である。紀元後一世紀にメソポタミア北部に興ったハトラの住民はアラム系とアラブ系が中心だった。モスール市南南西九〇キロメートルの砂漠の中に位置するハトラは、ローマと対峙するパルティア支配下の軍事、隊商の要衝となった。

終—14　ハドリアヌス帝頭部像　即位後間もなくの像。117—118年、オスティア、大理石、高さ43cm、オスティア博物館蔵

属州メソポタミア

トラヤヌスが制圧した領土はアルメニア、メソポタミアおよびアッシリアの三属州に再編され、一一七年にローマ帝国の版図は最大になった。文明の中心地であったメソポタミアはローマ帝国の東の端の属州に位置付けられた。属州アッシリアの正確な場所は特定されていない。

同年夏、パルティア軍の反抗を制圧し、ローマに帰還する途中、トラヤヌスは没する。

帝位を継承したハドリアヌス帝（一一七—一三八年）は先帝とちがって、積極的な対外策をとらず、帝国防衛に重きを置いた。属州アッシリアとメソポタミアを放棄し、アルメニアは属国とし、新たにユーフラテス河をローマ・パルティアの国境線に定めている。

四　サーサーン朝のメソポタミア経営

サーサーン朝の支配

サーサーン朝ペルシアはアケメネス朝に次ぐペルシア人の王朝で、イラン高原全土を統一し、メソポタミア平原や中央アジアにまで版図を拡大した。

二二四年、アルダシール一世（二二四―二四〇年）は、アルサケス朝の王アルタバヌス四世（旧五世、二一六―二二四年）を敗北せしめ、イランにおける覇権を確立した。二二六年にはアルサケス朝の首都クテシフォンを攻略し、サーサーン朝の首都とする。ローマの東方支配政策で、クテシフォンは軍事的目標となり、再三占領された。

サーサーン朝は二三〇年に全メソポタミアを支配し、海上交易に手を広げて、ペルシア湾の支配権を確立した。その後は、軍事力を背景に各地方領主の勢力を削《そ》ぎ、アケメネス朝を理想として、イラン全土に中央集権的な国家体制を築いた。

エデッサの戦い

シャープール一世（二四〇―二七〇年）はサーサーン朝初期の有能な王で、ローマの弱体化に乗じ版図を拡大した。王の功業のなかでも最大のものは二六〇年のエデッサの戦いで、ロー

終―15（上）アルダシール1世騎馬叙任図　ゾロアスター教のアフラ・マズダー神によるアルダシール1世の叙任図。ナクシェ・ロスタム　224―241年
（下）シャープール1世の勝利　ナクシェ・ロスタム　240―270年

マに大勝し、しかもウァレリアヌス帝（二五三―二六〇年）と総勢七万ものローマ兵を捕虜とし、ファールス地方に送還したことである。エデッサはメソポタミア北部に位置し、シリア国境に近い、トルコ南東部の現代名ウルファである。前二〇〇〇年紀にはフリ人が支配していたところで、アナトリアからメソポタミア北部へ通じる交通の要衝である。

シャープール一世は三人のローマ皇帝に勝利したと「シャープール碑文」に記すと同時に、この前代未聞の成果をファールス地方の五ヶ所を選んで摩崖《まがい》浮彫にして、目で見える形で不朽の記録とした。こうしたサーサーン朝の一連の浮彫は二一世紀にいたるも、よく保存されている。

ローマ帝国の分裂

サーサーン朝はユーフラテス河を挟んで、ローマ人とさらに戦いつづける。

ローマ帝国では三九一―三九二年に異教禁止令が出され、キリスト教以外の宗教が禁止された。三九五年にはテオドシウス一世（三七九―三九五年）の死をもって、帝国は二人の息子により東西に二分された。西ローマ帝国（三九五―四七六年）と決別した東ローマ帝国（ビザンツ帝国、三三〇あるいは三九五―一四五三年）はコンスタンティノープル市（現代名イスタンブル）を首都として、南東ヨーロッパやアナトリアに加えて、肥沃な穀倉地帯であるシリアやエジプト、さらに北アフリカと、領土を拡大していった。

ユーフラテス河の西岸はキリスト教世界となり、一方東岸はサーサーン朝時代に国教となったゾロアスター教を信奉する人々が支配する世界であった。

サーサーン朝の農業政策

サーサーン朝とビザンツ帝国の関係は六世紀中頃までは、比較的平穏であった。この間、サーサーン朝の王たちは経済的基礎を固める政策を採用していた。イラン高原の三分の二はカビール砂漠やルート砂漠に代表される不毛な砂漠であって、穀倉地帯のメソポタミア南部で一朝事ある秋《とき》は、税収が激減し、危機をもたらすことは自明の理であった。

メソポタミア平原とイラン高原では、前二世紀から後六世紀まで、灌漑施設の整備、大規模な入植などによって、農業生産力を高める政策が実行された。サーサーン朝初期にはメソポタミアおよびエラム王国が栄えたフーゼスターン州で、集中的に植民活動がおこなわれた。五世

終—16　ホスロー2世の硬貨　王の右横顔。590—628年、銀、直径3cm。国立図書館メダイユ室（パリ）蔵

紀末には、ティグリス河東岸に運河が開削され、メソポタミア平原からイラン高原の中間地帯が集中的に開墾された。こうした努力によって、前四〇〇〇年紀後半からつづく、メソポタミア南部の長い歴史のなかでも、シュメル初期王朝時代以上に、サーサーン朝時代に農業生産力が高まったと、評価されている。

ホスロー二世の失政

サーサーン朝はローマ帝国およびビザンツ帝国と西アジア世界を二分していたが、国家としての実力はローマにくらべてはるかに劣っていた。ユスティニアヌス二世（五六五—五七八年）がビザンツ皇帝に即位すると、まもなく国境地帯で小競り合いがはじまり、南方のイエメン支配をめぐる争いは、サーサーン朝の勝利に帰した。

さらに、サーサーン朝のホスロー二世（五九〇—六二八年）は、ビザンツ帝国の政局の混乱に乗じてアナトリアに侵入した。これが三〇年におよぶ戦争のはじまりだった。ホスロー二世といえば、ペルシアの詩人ニザーミー（一一四一—一二〇九年）の叙事詩『ホスローとシーリーン』に、キリスト教徒の妻との恋物語が伝えられているが、王としては有能とはいいがたい人物である。

というのは、開戦当初に勝利を重ね、「パルウェーズ（勝利者）」と形容されたこともあって、成人男性たちを根こそぎ戦争に動員してしまったのである。六世紀頃には、メソポタミアは綿花栽培で土壌が荒廃し、両河は流れを変えて一部の耕地が荒蕪地《こうぶち》になっていた。これを復旧することこそ、当代のサーサーン朝の王がなすべき優先課題だったはずだが、ホスローはローマとの戦いを第一と考えていた。

イスラーム教の創唱

サーサーン朝とビザンツ帝国との間での、西アジア全域におよんだ衝突で、シルクロードおよびユーフラテス河の二大流通路が使えなくなってしまった。だが、このことで「漁夫の利」を得たのが、メッカ市の商人たちであった。東西を結ぶ交易路の安全が失われると、アラビア半島の南側を迂回《うかい》し、イエメンからメッカを経由してシリアにいたるルートが注目されることになった。少年期のムハンマド（五七〇？―六三二年）が叔父に連れられていったシリアへの隊商は、当時の国際関係を反映していたのである。

六一〇年、ムハンマドはメッカ郊外のヒラー山の洞窟《どうくつ》で最初の啓示を受けたと伝えられている。伝道を六一四年に開始し、六二二年にはムハンマドがメッカからメディナ市に移住した。これを聖遷（ヒジュラ）という。西暦六二二年七月一六日にあたり、これをイスラーム暦元年元日と定めた。イスラーム暦は純然たる太陰暦なので、一年は約三五四日と、太陽暦にくらべ

終—17　ヤズデギルド３世
632—651年、銀、直径3.2cm、国立図書館メダイユ室（パリ）蔵

て一一日短いことになる。

ティグリス河の大洪水

アラビア半島でムハンマドが支配権を確立していた頃、メソポタミアは災害に見舞われていた。六二八年、ティグリス河が大洪水を起こし、メソポタミア南部の農業を壊滅させてしまった。管理を怠った耕地を襲った大洪水は灌漑設備もろとも耕地を押し流し、肥沃な土地が沼沢地と化してしまった。

シュメル人にはじまる、この地に生きた先人たちは序章で話したように、『大洪水伝説』を伝えていた。灌漑農耕社会に生きる人々にとって、最悪の災害は大洪水だった。神の罰と受けとめると同時に、救いの神も設定され、復興再生につながる物語は長く伝承されていた。だが、このときの災害は致命的であった。この地域の灌漑施設は現在にいたるまで復興されることはなかった。三〇年間におよぶ戦争で軍事力を消耗したうえに、主たる税収源まで失ったことになる。

大洪水が起こった年にホスロー二世は暗殺され、後継者が決まらないまま、四年におよぶ内戦が勃発した。さらに、メソポタミア南部で感染症が発生した。黒死病（ペスト）ともいわれるが、何人かの王をふくむ大勢の人々が犠牲となり、人口が激減した。すでにサーサーン朝は内部崩壊していたのである。

メソポタミアからイラクへ

語源は不明だが、現在国名に使われている地名、イラクが七世紀の中頃から登場する。

六三七年、アラブ軍一万七〇〇〇がヒーラ近くのカーディシーヤでの戦いで、サーサーン朝の数万の大軍を打ち破った。アラブの目から見れば、メソポタミアは垂涎《すいぜん》の的の肥沃な土地であり、本格的なアラブの征服活動がはじまった。サーサーン朝はイラクの支配権を失い、アラブ軍はイラク中央部に進出した。同年、ティグリス河を渡ったアラブ軍はサーサーン朝の首都クテシフォンを陥落させた。

六四二年、ザグロス山脈からイラン高原にいたる要衝ニハーワンドの戦いで、ヤズデギルド三世（六三二—六五一年）率いるサーサーン朝軍はアラブ軍に敗北を喫し、六五一年には同王が暗殺され、ついにサーサーン朝は滅亡した。

メソポタミア／イラクはアラブ人世界の東の端となった。いうまでもなく、ザグロス山脈を越えれば、そこはイラン人の世界である。イランはイラクにくらべて、長い時間かかってイスラーム世界に変容していったが、ペルシア語を保った。ところが、イラクは行政用語にアラビア語を採用した。アラビア語はアッカド語やアラム語と同じセム語であり、採用しやすかったのであろう。メソポタミアはアラビア語を話すアラブの世界イラクへと確実に変わっていった。

あとがき

歴史学をふくめて学問全体でいえることだが、専門が分化し、通史を一人で書くことを躊躇《ちゅうちょ》する傾向がある。通史となると数人で分担して書く。こうした慎重な姿勢は大切であり、一概に否定するものではない。

それでも一人で書くとはどういうことか。理由がある。

私はこれまで複数の仕事を掛け持ちしてきたが、中心は歴史を話すことで、この仕事を生業として、半世紀が過ぎた。高校で世界史を、大学では西洋史概説、西洋古代史など、そして生涯学習では古代オリエント史と、広い分野の歴史を話してきた。専門のシュメル史だけを話せばよいということではなかった。決して専門をなおざりにしたということではなく、発展、拡大して、話をしている。

いつも頭にあるのは次のことである。五〇〇〇年前にシュメル人が普遍的都市文明を形成したとき、ほぼ今日の社会の祖型はできていた。この文明がどうなったか、時間の流れを追って、何が伝わり、何が伝わらなかったかを確認している。

数えたことはないが、多くの人が私の話に耳を傾けてくれた。聞き手があるということは、ありがたいことである。私が本当に歴史を理解していないと、聞き手に話は伝わらないのである。反応を見ながら、勉強させてもらった。自分が話したことを、古代メソポタミア史をどう考えているかを文字にしておくことは義務であると考えた。

さらに、別の理由は古代メソポタミア史の流れが分かる入門書が必要と考えたことである。歴史は研究者だけのものではない。多くの人に古代メソポタミア史になじんでほしい。歴史好きの読者が寝転がって、あるいは電車のなかで、気楽に読んでもらえたらとも思う。本書が入り口になって、ほかのメソポタミア関係の図書も大いに読んでほしいものである。

二〇二〇年元旦、多くの日本人は東京オリンピックの年だとまず考えたのではないだろうか。ところが、オリンピックは延期となった。多くの人が集い、行き交うことで、文明社会はつくりあげられたのに、それができなくなった。

二〇二〇年という年は「新型コロナウイルス感染症の大流行」といずれ歴史の年表に記されるだろうし、猛暑の季節にマスクをしている人々の姿も記憶されるだろう。

世界史の教科書では、代表的感染症といえば、黒死病（ペスト）が扱われている。一四世紀半ばに全ヨーロッパを襲い、人口の四分の一が死んだ。これだけの人が死んだ結果、社会は変わらざるをえず、封建社会崩壊の重要な要因になった。

こうした歴史を顧みて、研究者のなかには、長い時間の流れのなかで、環境破壊がいずれ新しい種類の感染症の大流行を招き、社会が変わり、新しい宗教が起こるだろうことを予測していた人もいる。

ほぼ一〇〇年前にはスペイン風邪が大流行した。一九一八年にはじまり、当時の人口の三分の一強の六億人もの人が感染し、五〇〇〇万人もの人が死んだという。おりしも第一次世界大戦（一九一四―一八年）が勃発していて、戦死者は約一〇〇〇万人と、五分の一である。

二〇一九年末に中国の武漢《ぶかん》市で発生したウイルスは、国際化が進んだ結果、三、四ヶ月間で世界中に広まった。世界中の誰もが、他人事《ひとごと》ではなく自分のことと、認識せざるをえない出来事である。

これまでの例から、ワクチンが開発されるなりして、感染症はいずれ終息するであろう。だが、問題はその後である。日本社会のいくつもの弱点があぶり出された。ほんとうの意味での日本の回復はかなりの時間がかかることになるだろう。いや、失速したままかもしれない。自分が生まれた国の今後を私は残念ながら見届けることはできないと思う。

こうした時期に、古代メソポタミア史の新書を出すことは意味のあることなのかと自問自答せざるをえなかった。戦争と滅亡の繰り返しが古代メソポタミア史と、冷めた見方をしたくはない。むしろ非常時が連続する古代メソポタミア史こそ、今知るべき歴史ではないだろうか。

古代メソポタミア史には数多の人が登場し、すべての人が鬼籍にはいった。執筆していて、過去帳をめくっていくような気分がした。どれだけの人が機嫌よく一生を過ごせただろうか。どれだけの人が無念の想《おも》いを抱いて世を去っただろうか。おそらく後者のほうが多いのではないだろうか。歴史を書くということは、登場した人々への鎮魂の意味があるのではと思うにいたった。

本書は朝日カルチャーセンター新宿教室、古代オリエント博物館自由学校、多摩カレッジ、NHK学園市川オープンスクール、NHK文化センター青山教室、柏教室、千葉教室、横浜ランドマーク教室での講義をもとにしている。受講者に感謝である。

本書を執筆するにあたって、数多くの文献から勉強させてもらった。本書末尾の主要参考文献は一義的には読者に利用してもらうためで、私が参照した文献を網羅することはできない。勉強させてもらったことを多くの著者や翻訳者に感謝したい。

いつも応援してくださる岡田明子先生、写真を提供してくださった池川ミナ子さん、岩下敬子さん、そしてパソコンの面倒をみてくださる折原昌司さんに厚く御礼申しあげる。

本書執筆の終盤から出版への一連の編集作業は新型コロナウイルス感染症の大流行の真っただ中であった。編集の酒井孝博さんにはお会いすることなく、ほぼメールのやりとりで編集作業が進行していった。分別なく執筆してしまい、パソコンの操作がひどく、ご迷惑をおかけした。仕事とはいえ、年表や地図などの煩雑な作業をしていただき、ありがたいことであった。

コロナ禍で、「不要不急」のことは否定され、歌舞伎も宝塚《たからづか》も野球もサッカーも中止になった。私の仕事も休講になった。こうしたなかで、競馬だけは無観客開催をつづけた。敗色濃厚な一九四四年（昭和一九年）以来の無観客でのダービーとなった。
歓声のない競馬場で緑の芝の上をいつものように馬たちが駆け抜けていった。

無敗のコントレイルがダービー馬になった年（二〇二〇年）

ブレット人003）山川出版社、2017年
山田雅道「アマルナ文書とその世界（1）」『古代オリエント』第58号（1999年）、6－8頁
山田雅道「アマルナ文書とその世界（2）」『古代オリエント』第59号（1999年）、6－9頁
山田雅道「アマルナ文書とその世界（3）」『古代オリエント』第61号（2000年）、6－9頁
山田雅道「アマルナ文書とその世界（4）」『古代オリエント』第62号（2000年）、1－4頁
山田雅道「アマルナ文書とその世界（5）」『古代オリエント』第63号（2000年）、6－9頁
吉川守他責任編集『メソポタミア・文明の誕生』（NHK 大英博物館1）日本放送出版協会、1990年
吉田禎吾他著『王者の盛衰』（古代文明の謎と発見3）毎日新聞社、1978年
リーヴス、N. 著、近藤二郎訳『図説黄金のツタンカーメン——悲劇の少年王と輝ける財宝』原書房、1993年
歴史学研究会編『世界史史料1　古代のオリエントと地中海世界』岩波書店、2012年
ワイズマン、D. J. 編、池田裕監訳『旧約聖書時代の諸民族』日本基督教団出版局、1995年
『聖書新共同訳 旧約聖書続編つき』日本聖書協会、1989年

幻の国ウラルトゥを探る』岩波書店、1981年
ビッテル、K. 著、大村幸弘・吉田大輔訳『ヒッタイト王国の発見』山本書店、1991年
ビビー、G. 著、矢島文夫・二見史郎訳『未知の古代文明ディルムン——アラビア湾にエデンの園を求めて』平凡社、1975年
フェイガン、B. 著、東郷えりか訳『水と人類の1万年史』河出書房新社、2012年
フォーブス、J. 著、平田寛他監訳『古代の技術史』上、朝倉書店、2003年
ブルヌティアン、G. 著、小牧昌平監訳『アルメニア人の歴史——古代から現代まで』藤原書店、2016年
ヘロドトス著、松平千秋訳『歴史』上中下（岩波文庫）岩波書店、1971—72年
ボウカー、J. 編著、荒井献・池田裕・井谷嘉男監訳『聖書百科全書』三省堂、2000年
前川和也編著『図説メソポタミア文明』（ふくろうの本）河出書房新社、2011年
前田徹著『都市国家の誕生』（世界史リブレット001）山川出版社、1996年
前田徹著『メソポタミアの王・神・世界観——シュメール人の王権観』山川出版社、2003年
前田徹著『初期メソポタミア史の研究』（早稲田大学学術叢書052）早稲田大学出版部、2017年
前田徹他著『歴史学の現在　古代オリエント』山川出版社、2000年
松本健他編著『NHKスペシャル四大文明　メソポタミア』日本放送出版協会、2000年
三笠宮崇仁監修、岡田明子・小林登志子共著『古代メソポタミアの神々——世界最古の「王と神の饗宴」』集英社、2000年
三笠宮崇仁著『文明のあけぼの——古代オリエントの世界』集英社、2002年
本村凌二編著『ローマ帝国と地中海文明を歩く』講談社、2013年
屋形禎亮編『古代オリエント——西洋史（一）』（有斐閣新書）有斐閣、1980年
屋形禎亮編『古代エジプトの歴史と社会』同成社、2003年
山田重郎「アッシリア王室文書における『アラブ』」『古代オリエント』第62号（2000年）、5—10頁
山田重郎著『ネブカドネザル2世——バビロンの再建者』（世界史リ

帝国の激突三百年史』白水社、2013年
蔀勇造『物語 アラビアの歴史――知られざる3000年の興亡』（中公新書）中央公論新社、2018年
ショー、I.、ニコルソン、P. 著、内田杉彦訳『大英博物館　古代エジプト百科事典』原書房、1997年
杉勇他訳『古代オリエント集』（筑摩世界文学大系１）筑摩書房、1978年
「世界の歴史」編集委員会編『もういちど読む山川世界史』山川出版社、2009年
鈴木董編著『悪の歴史　隠されてきた「悪」に焦点をあて、真実の人間像に迫る　西洋編（上）＋中東編』清水書院、2017年
高橋正男著『物語 イスラエルの歴史――アブラハムから中東戦争まで』（中公新書）中央公論新社、2008年
ダリー、S. 著、大津忠彦・下釜和也訳『バビロニア都市民の生活』（世界の考古学）同成社、2010年
デベボイス、N. C. 著、小玉新次郎・伊吹寛子訳『パルティアの歴史』山川出版社、1993年
中田一郎訳『ハンムラビ「法典」』（古代オリエント資料集成１）リトン、1999年
中田一郎著『メソポタミア文明入門』（岩波ジュニア新書）岩波書店、2007年
中田一郎著『ハンムラビ王――法典の制定者』（世界史リブレット人001）山川出版社、2014年
永田雄三編『西アジア史 II』（新版世界各国史９）山川出版社、2002年
日本放送協会学園編著、日本オリエント学会監修『メソポタミアの世界』上下（古代オリエント史）日本放送協会学園、1988年
日本放送協会学園編著、日本オリエント学会監修『ナイルからインダスへ』上下（古代オリエント史）日本放送協会学園、1989年
日本オリエント学会編『古代オリエント事典』岩波書店、2004年
パロ、A. 著、青柳瑞穂・小野山節訳『シュメール』（人類の美術）新潮社、1965年
パロ、A. 著、小野山節・中山公男訳『アッシリア』（人類の美術）新潮社、1965年
ピエンコウスキ、P. 他編著、池田裕・山田重郎監訳『大英博物館版・図説古代オリエント事典』東洋書林、2004年
ピオトロフスキー、B. 著、加藤九祚訳『埋もれた古代王国の謎――

ンの記録から―（1）」『古代オリエント』第57号（1999年）、7―11頁
川崎康司「都市国家アッシュルの交易活動――世界最古の『商社』マンの記録から―（2）」『古代オリエント』第58号（1999年）、1―5頁
川崎康司「都市国家アッシュルの交易活動――世界最古の『商社』マンの記録から―（3）」『古代オリエント』第61号（2000年）、1―5頁
ギルシュマン、R. 著、岡谷公二訳『古代イランの美術Ⅰ』（人類の美術）新潮社、1966年
ギルシュマン、R. 著、岡谷公二訳『古代イランの美術Ⅱ』（人類の美術）新潮社、1966年
ギルシュマン、R. 著、岡崎敬他訳『イランの古代文化』平凡社、1970年
クライン、E. H. 著、安原和見訳『B.C.1177――古代グローバル文明の崩壊』筑摩書房、2018年
クレーマー、S. N. 著、久我行子訳『シュメールの世界に生きて――ある学者の自叙伝』岩波書店、1989年
クレンゲル、H. 著、江上波夫・五味亨訳『古代バビロニアの歴史――ハンムラピ王とその社会』山川出版社、1980年
クレンゲル、H. 著、江上波夫・五味亨訳『古代オリエント商人の世界』山川出版社、1983年
クレンゲル、H. 著、五味亨訳『古代シリアの歴史と文化――東西文化のかけ橋』六興出版、1991年
小林登志子著『シュメル―人類最古の文明』（中公新書）中央公論新社、2005年
小林登志子著『五〇〇〇年前の日常――シュメル人たちの物語』（新潮選書）新潮社、2007年
小林登志子著『楔形文字がむすぶ古代オリエント都市の旅』（NHKカルチャーラジオ歴史再発見）日本放送出版協会、2009年
小林登志子著『文明の誕生――メソポタミア、ローマ、そして日本へ』（中公新書）中央公論新社、2015年
コロン、D. 著、久我行子訳『円筒印章――古代西アジアの生活と文明』東京美術、1996年
佐藤次高編『西アジア史Ⅰ』（新版世界各国史８）山川出版社、2002年
シェルドン、R. M. 著、三津間康幸訳『ローマとパルティア――二大

主要参考文献

和書のみ、著者名50音順

青木健著『アーリア人』（講談社選書メチエ）講談社、2009年
足利惇氏著『ペルシア帝国』（世界の歴史９）講談社、1977年
足立拓朗「考古学からみたメディア（上）」『古代オリエント』第80号（2007年）、１－３頁
足立拓朗「考古学からみたメディア（下）」『古代オリエント』第81号（2008年）、１－５頁
阿部拓児著『ペルシア帝国と小アジア――ヘレニズム以前の社会と文化』京都大学学術出版会、2015年
アッリアノス著、大牟田章訳『アレクサンドロス大王東征記―付インド誌』上下（岩波文庫）岩波書店、2001年
アンドレ＝サルヴィニ、B. 著、斎藤かぐみ訳『バビロン』（文庫クセジュ）白水社、2005年
ウァイツマン、M. 他著、矢島文夫監訳『エブラの発掘』山本書店、1983年
ウォーカー、C. B. F. 著、大城光正訳『楔形文字』（大英博物館双書）学芸書林、1995年
ウーリー、L. 他著、森岡妙子訳『カルデア人のウル』みすず書房、1986年
江上波夫著『聖書伝説と粘土板文明』（沈黙の世界史１）新潮社、1970年
大戸千之著『ヘレニズムとオリエント――歴史のなかの文化変容』ミネルヴァ書房、1993年
大貫良夫他著『人類の起原と古代オリエント』（世界の歴史１）中央公論社、1998年
大村幸弘著『鉄を生みだした帝国――ヒッタイト発掘』（NHK ブックス）日本放送出版協会、1981年
大村幸弘著、大村次郷写真『トルコ』（世界歴史の旅）山川出版社、2000年
岡田明子・小林登志子著『シュメル神話の世界――粘土板に刻まれた最古のロマン』（中公新書）中央公論新社、2008年
小川英雄・山本由美子著『オリエント世界の発展』（世界の歴史４）中央公論社、1997年
川崎康司「都市国家アッシュルの交易活動――世界最古の『商社』マ

Suter, C. E., *Gudea's Temple Building; The Representation of an Early Mesopotamian Ruler in Text and Image: Cuneiform Monographs* 17, Groningen, 2000.　1—12

Van de Mieroop, M., *King Hammurabi of Babylon*, Oxford, 2005.　2—12、20右、23右

Wisman, D. J. "A New Stela of Aššur-Naṣir-Pal II," *Iraq* XIV(1952).　4—8左

Zettler, R. I. and Horne, L. (eds.), *Treasures from the Royal Tombs of Ur*, Philadelphia, 1998.　口絵3上左・上右・中左、1—11上・下、31

写真
池川ミナ子　2—17、3—16、21上
岩下恒夫　序—6、終—7上・下
岡田明子　3—10、4—18、43
小林登志子　序—1、1—1下
photolibrary　終—3

図版作成
関根美有

口絵デザイン
中央公論新社デザイン室

Gibson, M., Hansen, D. P. & Zettler, R. L., "Nippur. B," *RLA* 9/7・8 (2001). 序—7下
Green, A., "Mythologie. B. I," *RLA* 8/7・8 (1997). 1—9
Hayes, J. L., *A Manual of Sumerian Grammar and Texts*, Malibu, 1990. 序—11
Healy, M., *The Ancient Assyrians*, Oxford, 1991. 4—3上・下、9、22上、28
Heuzey, L., "Le construction du roi Our-Nina," *RA*4 (1897). 1—15
Kramer, S. N., *The Sumerians: Their History, Culture, and Character*, Chicago & London, 1963. 序—7上
Liane, J.-R. (eds.), *Das Vorderasasische Museum*, Berlin, 1992. 口絵1中・下、4上・下、1—3左
Magi, G., *Luxor: Valley of Kings-Queens-Nobles-Artisans*, Florence, 1990. 4—27上右
Mattiae, P., *Ebla: A New Look at History*, translated by C. Faith Richardson, Baltimore and London, 1991. 1—26下
Moortgat, A., *The Art of Ancient Mesopotamia: The Classical Mesopotamia*, London & New York, 1969. 1—23上
Owen, D. I., "The'first' Equestrain: An Ur Ⅲ Glyptic Scene," *Acta Sumerologica* 13 (1991). 1—32
Parrot, A., *Sumer: L'univers des Formes 1*, Paris, 1981 口絵3中右、序—12、1—扉左、17、18、27、2—15、31
Postgate, J. N., *Early Mesopotamia, Society and Economy at the Dawn of History*, London & New York, 1992. 序—13、1—26上、2—21
Pritchard, J. B., *The Ancient Near East in Pictures Relating to the Old Testament*, Princeton, 1969[2]. 序—2、10、1—20、29下、2—4、16、27、3—8中、11左・右、12、15上、21下、29、31、4—2上・下、6上・下、17上、26(3点とも)、31、36下、終—扉下
Rashid, S. A., *Gründungsfiguren im Iraq: Prähistorische Bronzefunde. I/2*, München, 1983. 1—28
Reade, J., *Assyrian Sculpture*, London, 1983. 4—23上
Reade, J., *Mesopotamia*, London, 1991. 序—9、1—1上
Roaf, M., *Cultural Atlas of Mesopotamia and the Ancient Near East*, New York & Oxford, 1990. 序—扉上、1—5、6左、3—2、22左、4—扉、11、35、44
Saggs, H. W. F., *Babylonians; Peoples of the Past*, London, 1995. 1—7下

上

Amiet, P., *L'art d'Agadé*, Paris, 1976.　1—21、23下

André-Salvini, B., *L'écriture cuneiform*, Paris, 1987.　1—8

Aruz, J., Benzel, K. and Evans, J. M.（eds.）, *Beyond Babylon: Art, Trade, and Diplomacy in the Second Millennium B.C.*, New Haven & London, 2008.　口絵1上、2—扉、7、9、10、11、18、23左、25左・右、30、3—扉、3左・右、4上・下、5、6、7、8下、14、15下、18左、19、20、22右、24上、25

Ascalone, E., *Mesopotamia: Assyrians, Sumerians, Babylonians* translated by Frongia, R. M. G., Berkeley, Los Angeles, London, 2007.　口絵3下

Bienkowski, P. & Millard, A.（eds.）, *Dictionary of the Ancient Near East*, Philadelphia, 2000.　1—10、4—37上・下・左上、42

Brereton, G.（ed.）, *I am Ashurbanipal: king of the world, king of Assyria*, London, 2018.　4—4、7左・右・下、10、12左、13、14、15上・下、16、17下左・下右、20、22下、24、25、27上左・下、28、29、32上・下、33、34、36上、38、4—4

Caubet, A. and Pouyssegur, P., *The Ancient Near East: The Origins of Civilization* translated by Snowdon, P., Paris, 1998.　口絵2（4点とも）、2—1、4—19右上

Collon, D., *Ancient Near Eastern Art*, London, 1995.　口絵4中、1—13、1—14右、1—22、2—2、4—30、終—10、11

Crawford, H., *Sumer and the Sumerians*, Cambridge, 1991.　序—14、1—扉右

Curtis, J.（ed.）, *Early Mesopotamia and Iran: Contact and Conflict 3500–1600 BC*, London, 1993.　1—16下

Dalley, S., "The Hanging Gardens of Babylon at Nineveh," *CRRAI* 39（1997）.　4—23下

Edwards, I. E. S. *et al.*（eds.）, *The Cambridge Ancient History: Plates to Volumes I and II*, New Edition, Cambridge, 1977.　1—4、33、2—13、26、3—8上、13、27、4—21上

Eisenberg, J. M., "Glyptic Art of the Ancient Near East 'A Seal upon Thine Heart'," *MINERVA* July/August 1998.　1—34

Finkel, I. L. & Seymour, M. J.（eds.）, *Babylon: Myth and Reality*, London, 2008.　4—40

Frankfort, H., *Cylinder Seals*, London, 1939.　1—19上

図版引用文献

朝日新聞社事業本部文化事業部、東映事業推進部編集『ペルシャ文明展——煌く7000年の至宝』朝日新聞社、東映、2006—07年　終—扉上

朝日新聞社文化企画局東京企画部編『大英博物館　アッシリア大文明展——芸術と帝国』朝日新聞社文化企画局東京企画部、1996年　序—扉下、4—5

足利惇氏著『ペルシア帝国』（世界の歴史9）講談社、1977年　1—16上

足立拓朗「考古学からみたメディア（上）」『古代オリエント』第80号（2007年）、1—3頁　4—35

アンドレ＝サルヴィニ、B. 著、斎藤かぐみ訳『バビロン』（文庫クセジュ）白水社、2005年　4—39

ギルシュマン、R. 著、岡谷公二訳『古代イランの美術Ⅰ』（人類の美術）新潮社、1966年　終—1中、4、5、6

ギルシュマン、R. 著、岡谷公二訳『古代イランの美術Ⅱ』（人類の美術）新潮社、1966年　終—9、16、17

コロン、D. 著、久我行子訳『円筒印章——古代西アジアの生活と文明』東京美術、1996年　1—3右、2—14、19、20左上・左下、3—17、24下

世田谷美術館他編『世界四大文明　メソポタミア文明展』NHK、NHK プロモーション、2000年　序—4、8、1—14左、19下右、3—23左・右、4—8右、終—8

パロ、A. 著、小野山節・中山公男訳『アッシリア』（人類の美術）新潮社、1965年　4—12右上・右下、19上・右下、41

パロ、A. 他著、青柳瑞穂・小野山節訳『シュメール』（人類の美術）新潮社、1965年　1—6右、19下左、24、25左・右、2—24、29、3—26、28、30

バンディネルリ、B. 著、吉村忠典訳『ローマ美術』（人類の美術）新潮社、1974年　終—12、13、14

前田徹著『メソポタミアの王・神・世界観——シュメール人の王権観』山川出版社、2003年　1—30

『アナトリア文明博物館』アンカラ　2—6、8、3—18右、4—21右上・右下

『ティグリス＝ユーフラテス文明展』中日新聞本社、1974年　1—29

ミノア文明　126
ミレトス　243
ムサシル市　214
ムシュキ王国　218
ムシュケーヌム(=半自由人)　130
ムシュフシュ　49, 88, 129
ムテミア(王女)　157
ムハンマド　277, 278
ムリッス女神　88
ムルシリ1世　136
メシリム王　45
メスアンネパダ(王)　37, 56
メスピラ(=ニネヴェ)　264
メッカ(市)　277
メディア(王国)　193, 196, 215, 238-241, 243, 246, 258, 264
メディア人　210, 220, 236, 240, 241, 255
メディナ(市)　253, 277
メリシパク2世　176
メルッハ　55
メロダク・バルアダン2世　217, 243, 244

【ヤ　行】

ヤズデギルド3世　278, 279
ヤスマハ・アッドゥ(王)　106, 114
ヤハドゥン・リム(王)　104, 105
ヤムハド(王国)　105, 121, 122, 125, 127, 190
ヤリム・リム(王)　105, 121, 125
有翼人面牡牛像(ラマッス)　214, 216, 217, 223, 263
ユスティニアヌス2世　276
ユダ(王国)　197, 198, 213, 221, 248
ユダヤ人　248
ユーフラテス河　3, 4, 6, 8, 17, 22, 27, 28, 53, 60, 72, 77, 78, 88, 90, 99, 103, 105, 107, 118, 126, 128, 147, 148, 152, 161, 169, 173, 200, 204, 207, 218, 245, 249, 251, 267, 271, 272, 274, 275, 277
弓　19, 54, 62, 145, 191, 221, 257
ヨヤキン王　248

【ラ　行】

ライオン　17, 52, 174, 201, 232, 233, 242
「ライオン狩浮彫図」　191, 232
ラガシュ(市)　10, 16, 38-41, 43-50, 52, 55, 58, 68, 74, 268
ラガシュ第1王朝　41
ラガシュ第2王朝　48
ラガシュ地区　10, 39
ラキシュ(攻城戦)　221
らくだ　195, 196, 204, 205
ラバルナ(=ハットゥシリ1世)　97
ラピスラズリ　35-37, 81, 113, 129, 164, 179, 181, 182, 201
ラメセス3世　189
ラリサ(=カルフ)　264
ラルサ　51, 88, 108, 109, 111, 112, 116, 120-124, 128, 134, 136
ラルサ王朝　108, 109, 111
『ラルサ王名表』　111
リピト・イシュタル王　110
『リピト・イシュタル法典』　110, 131
リブ・アッディ王　160
リムシュ(王)　58-60
リム・シン王　112, 121, 123
リュディア(王国)　193, 240, 242, 243, 258
リンム職　101, 102
ルウィ系民族　218
ルガルアンダ(王)　40, 43
ルガルウレ(王)　33
ルガルキニシェドゥドゥ(王)　33, 46
ルガルザゲシ(王)　33, 48, 51, 54
ルガルシャエングル(王)　41
ルガルバンダ(王／神)　32, 69
ルルブ人　19, 62
レバノン山脈　199

【ワ　行】

ワシュカンニ(市)　145, 161
ワラド・シン(王)　111, 112
ワルム王国(=エシュヌンナ)　112, 113

197, 198, 221
ヒッタイト(王国)
97, 122, 136, 140, 145, 146, 152, 156-158, 160-162, 168, 169, 182, 183, 190, 211, 218
ヒッタイト語 31, 97, 155
ヒッタイト人 94, 97, 142, 169, 190, 218
ビート・アディニ 173, 200, 204
ビート・アムカニ 244
ヒート市 126
ビート・ダクリ 244
ピトハナ王 97
ビート・ヒラーニ様式 172
ビート・ヤキン 173, 217, 243, 244
ビブロス 77, 160, 161, 204
秤量貨幣 115, 116, 134, 180
ビララマ 113
ヒンズークシュ山脈 37
貧民 143
プアビ后妃 35, 36, 56
ファラ文書 85
フィロン 246
フェニキア 206, 238
複合弓 145
プサメティコス1世 228
プズリシュ・ダガン 78, 79
プズル・アッシュル3世 166, 177
プズル・シュルギ将軍 78
プトレマイオス朝 270
フラワシ 258, 259, 261
フリ語 31, 142, 155
フリ(フルリ)人 75, 142-145, 147, 159, 163, 274
フリ戦争 76
フリュギア(王国) 218, 219, 242
フリュギア人 219
プル(=ティグラト・ピレセル3世) 210
ブルシュハンダ(市) 94, 97
ブルナ・ブリアシュ1世 167, 177
ブルナ・ブリアシュ2世 166-168, 178-182
ブルンダ 128
ベヒストゥーン(碑文) 261, 262
ベル・イブニ(王) 222
ペルシア湾 1, 3, 8, 10-12, 18, 55, 59, 61, 65, 76, 134, 213, 220, 253, 272, 273
ベルシャザル 253
ペルセポリス 134, 255, 262, 263
ヘルモス河 242
ベロッソス 267
ヘロドトス 117, 209, 240, 243, 250, 263
北西宮殿 201-203
捕囚民 211, 212, 248
ホスロー2世 276-278
『ホスローとシーリーン』 276
ポリュビオス 7
ボルシッパ市 233

【マ 行】

マガン 49, 55, 61
マケドニア王国 186, 265
マシュカン・シャビル市 112
マティヌ・バアル(王) 204
マニシュトゥシュ(王) 59, 60
マリ(市) 27, 55, 71, 77, 81, 88, 90, 96, 100, 103-106, 108, 109, 112-114, 121, 124-129, 134
マリ文書 96, 103, 120, 121
マルギウム 128
マルトゥ(人)(=アムル人) 63, 78, 85, 86
マルドゥク(神) 49, 89, 108, 129, 170, 175, 185, 187, 188, 206, 222, 233, 250, 252, 259, 263, 264, 267
マルドゥク・アプラ・ウツル 207
マルドゥク・カビト・アッヘシュ(王) 187
マルドゥク・ザキル・シュミ1世 129, 205, 206
マルドゥク・ナディン・アッヘ(王) 188, 189
マルハシ 77
身代わり王 225
ミスラダテス2世 269, 271
ミタ(王) 218
ミダス王 218, 219
ミタンニ(王国) 122, 139, 140, 142-148, 152, 153, 156-163, 165, 166, 180, 190

4, 13, 59, 158, 159, 191, 197, 199, 205, 211, 215, 217, 221-224, 227-231, 233-236, 239, 240, 247, 251, 264
ニハーワンドの戦い 279
ニムルドの秘宝 203
『ニンイシナ女神への讃歌』 110
ニンギシュジダ神 49
ニンギルス(神) 48, 49, 52
ニンスン女神 69
ニンバンダ(后妃) 56
ニンリル(女神) 74, 88
ヌジ(市) 143, 145, 147
ヌシェ・ジャン 241
ヌジ式土器 143
ヌジ文書 143
ヌスク神 137
ヌル・アダド王 116
ネコ2世 239
ネビ・ユニス 223, 224
ネフェルティティ 155
ネブカドネザル1世 187, 188
『ネブカドネザル1世叙事詩』 188
ネブカドネザル2世 243, 245-249, 251, 252, 254, 262
ネブカドネザル3世 262
ネブカドネザル4世 262
年名 50, 51, 65, 69, 70, 72, 74, 75, 82, 86, 102, 104, 107, 114, 118, 120, 122, 123, 125, 128, 175
『農夫の暦』 17

【ハ 行】

鋼 190
パサルガダエ 258, 259
バジ王朝 244
バシャル山 86
破城槌車 221
ハッティ人 94
パッティン 207
ハットゥシャ 94, 97, 146, 168, 183
ハットゥシリ1世 97
ハットゥシリ3世 168, 183
ハトシェプスト女王 148
ハトラ 270, 272
ハドリアヌス帝 272
ハニガルバト 142, 162, 165
『バビロニア王名表』 177
『バビロニアカ(バビロニア史)』 267
『バビロニア年代記』 213
バビロニア捕囚 247, 248
バビロン(市) 3, 7, 49, 77, 88, 108, 114, 117-123, 127, 129, 136, 178, 183, 188, 205, 209, 217, 222, 225, 232, 233, 244-253, 258, 259, 263, 265-267, 271
バビロン第1王朝 14, 38, 48, 85, 118-120, 136, 139, 173-175, 190
『バビロン王名表』 119
「バビロン市の王」 129, 264
『バビロン天文日誌』 117, 267
バビロンの空中庭園 246
ハブバ・カビーラ南遺跡 28
ハブル河 99, 126, 142, 145
ハマジ市 27
ハマト 204
パラッタルナ王 144, 147
ハラブ(市) 105, 122, 125, 152, 161
バラワト 206
「バラワト門の門扉飾り」 206, 207
ハラン(市) 252
バリフ河 105, 128, 170, 200
ハル 116
パールサ 257, 258, 262
ハルシ 75
パルティア(＝アルサケス朝) 269-272
バルナムタルラ后妃 40, 47
万国の門 263
半自由人 130-132, 251
ハンムラビ(王) iii, iv, 15, 65, 70, 83, 85, 86, 98, 107, 108, 112-114, 117-124, 127-129, 132, 133, 135, 136, 175, 228
『ハンムラビ法典』 3, 48, 66, 67, 83, 110, 111, 114, 120, 123, 129-131, 133, 135, 185, 188
東ローマ帝国 275
ヒクソス 147
ビザンチウム市 246
ヒゼキヤ(王)

ティグラト・ピレセル3世 209, 210, 212, 213, 220
ティグリス河 4, 6, 8, 13, 17, 70, 72, 74, 77, 78, 89, 99, 103, 105, 106, 108, 112, 113, 122, 128, 147, 170, 173, 193, 199, 200, 227, 264, 266, 271, 276, 278, 279
帝国アラム語 198
ティシュパク神 113
ディヤラ河 54, 77, 78, 88, 98, 108, 112, 114, 122
ティル・トゥーバの戦い 230, 231
ティルムン(ディルムン) 55, 68, 111
テウマン 229, 230, 231
テオドシウス1世 275
手紙 62, 69, 78, 81, 92, 103, 106, 112, 120-122, 124, 125, 127, 153, 155-158, 160, 163-166, 168, 169, 178, 180, 181, 183, 232-234
鉄 158, 159, 168, 169, 190, 195, 196, 200, 207, 227
テプティ・フンバン・インシュシナク(=テウマン) 229
テーベ(市) 154, 156, 227, 228
テマ 253
デール(市) 70, 74, 79
テル・エル・アマルナ(=アマルナ) 153
銅 3, 49, 55, 96, 115, 116, 134, 146, 156, 158, 180, 214
同害復讐法 67, 131, 132
銅(ウルドゥ)河(=ユーフラテス河) 3
トゥクルティ・ニヌルタ1世 137, 169-172, 183
トゥクルティ・ニヌルタ2世 196, 199
『トゥクルティ・ニヌルタ叙事詩』 170
トゥシュラッタ(王) 153, 157-159, 161
トゥトゥル市 77
トゥトハリヤ2世 152
ドゥラ・エウロポス 270
ドゥル・クリガルズ 174, 178
ドゥル・シャルキン(市) 13, 101, 196, 212, 214-217, 220, 237, 241
徳政(令) 47, 48, 135, 136
トークン 22, 29, 30
図書館 175, 233, 235, 239
トトメス1世 148, 152
トトメス3世 148, 149, 152
『トトメス3世年代記』 149
トトメス4世 152, 153
トラヤヌス(帝) 270-272
ドーリス人 189
奴隷 47, 48, 67, 68, 110, 130-132, 135, 143, 171, 237, 251

【ナ　行】

ナガル市 104
ナキア(后妃) 224, 225
ナジ・ブガシュ(王) 167
ナジ・マルッタシュ(王) 168
ナハリン(=ミタンニ) 142
ナピル・アス后妃 184
ナブ神 137, 233
ナプフリヤ(=アクエンアテン) 165, 180
ナプラヌム王 111
ナボニドス(王) 57, 252, 253, 259
ナボポラッサル(王) 238, 245, 248
ナラム・シン(アッカド王) 19, 54, 55, 58, 60-62, 74, 76, 185, 188
ナラム・シン(アッシリア王) 101
ナンシェ女神 11
南西宮殿 197, 209, 221, 223, 229, 230
ナンナ(ル)(神) 52, 56, 65, 122
ニクマド2世 156, 157
ニザーミー 276
西ローマ帝国 275
日食 225, 243
ニップル(市) 8, 9, 11, 65, 66, 71, 72, 76, 77, 79, 109, 111, 112, 128, 248, 252
「ニップル市の保護者」 109
ニヌルタ・ナディン・シュミ(王) 187
ニネヴェ(市)

18, 21, 25, 26, 33, 37, 41, 48, 50, 65, 68, 103, 113, 115, 145, 276
「諸国の王」 264
シララ地区 11, 39
シン(神) 52
新アッシリア時代 15, 63, 88, 175, 211, 233, 238, 251
新アッシリア帝国 iv, 14, 88, 193, 195, 196, 203, 220, 229, 236, 239, 240, 243, 257, 265
シン・イディナム(ハンムラビ王家臣) 123, 124
シン・イディナム(王) 116
神格化 19, 32, 60-62, 65, 73-75, 81, 88, 110
シン・カシド王 115
人口調査 107, 125
シン・シャル・イシュクン王 239
シンジャル山地 99
新年祭 110, 264
新バビロニア(王国) i, v, 56, 136, 193, 211, 238, 240, 242-245, 247, 254, 257-259, 262
新バビロニア時代 35, 117, 118, 251, 252
新ヒッタイト 218
シン・マギル王 26
シン・ムバリト王 120
スア 195, 207
スキタイ 206, 215, 240
スーサ 19, 43, 44, 59, 61, 69, 74, 77, 83, 113, 130, 135, 176, 184, 185, 188, 259
錫 94-96, 106, 115, 134, 171
スタンプ印章 24, 233
ストラボン 7
スバルトゥ 62, 123, 128, 142
スヒ 207
スム・アブム(王) 119
スム・ヤマム(王) 104
スム・ラ・エル王 119
スラ 271
聖刻文字 153
聖婚儀礼 36, 110
聖遷(ヒジュラ) 277
青銅 69, 93, 94, 96, 123, 134, 156, 158, 184, 195, 206, 207, 225, 227
ゼデキア王 248
セミラミス(伝説) 209, 246
セレウキア(市) 266, 269
セレウコス1世 266, 270
セレウコス朝 266, 269, 270
セレウコス朝時代 250, 268
戦士 54, 143
戦車 80, 145, 146, 163, 164, 181, 195, 196, 204
センナケリブ(王) 88, 197, 211, 212, 217, 220-224, 228, 232, 247
賤民 143
属州アッシリア 272
属州メソポタミア 271

【タ　行】

第18王朝 140, 147
第20王朝 189
第25王朝 226
第26王朝 228, 239
『大洪水伝説』 6, 278
大ザブ河 77, 202
大プリニウス 7
タウルス山脈 29, 92, 136, 182, 214, 218
タシュルルトゥム(后妃) 56
ダドゥシャ王 113, 114
タドゥ・ヘパ(王女) 157, 158
タハルカ王 226, 227
ダマスカス 106, 253
ダレイオス1世 255, 259, 261-263
ダレイオス3世 265
タレス 243
単弓 145
地中海 55, 62, 65, 76, 77, 96, 103, 105, 127, 140, 146, 147, 156, 172, 189, 199, 200, 202, 210, 213, 238, 269
中(期)アッシリア時代 88, 139, 171, 211
『中アッシリア法典』 171
中(期)バビロニア時代 139
「朝貢者行列」 255, 262
チョガー・ザンビール 185
ツィリ・アダド王 112
ツタンカーメン王 155, 157, 159
ディアドコイ 266
ティグラト・ピレセル1世 170, 172, 173, 188, 235

ザバヤ王 111
サマッラ文化期 16
サムス・イルナ(王) 38, 119, 120, 135, 174, 175
サムス・ディタナ王 136
サムラマト(后妃) 209, 224
サルゴン(王) 25, 51, 53-56, 58, 60, 212
サルゴン2世 196, 201, 212-220
『サルゴン王伝説』 53
サルゴン朝 212
サルディス市 242
ザルマクム 128
シアトゥム(后妃) 69, 71
シェヴェル(＝ハル) 116
ジェムデット・ナスル期 21, 25, 103, 104
シェルア・エテラト(王女) 234
識字力(リテラシー) 56, 71, 125, 233, 234
下の海(＝ペルシア湾) 55, 62, 65, 76
シッパル(市) 54, 59, 130, 175, 185, 187
シドン 226
シプトゥ(王女) 125, 128
「四方世界の王」 60, 74, 75, 81, 109
ジムリ・リム(王) 105, 112, 121, 124-128
シムルム 75, 76
シャウシュガ女神 158, 159
シャト・アル・アラブ河 8
シャープール1世 273, 274
シャープール碑文 274
シャマシュ(神) 52, 83, 130, 253
シャマシュ・シュム・ウキン(王) 226, 231
シャムシ・アダド1世 iv, 86, 88, 93, 98-108, 113, 114, 117, 121, 122, 125, 136, 139
シャムシ・アダド5世 206
シャル・カリ・シャリ(王) 62, 63, 86, 118
シャル・キン(＝サルゴン) 53, 212
シャルマネセル1世 169
シャルマネセル3世 195, 198, 203-209
シャルマネセル5世 100, 212, 213
自由 47, 48
自由人 67, 130, 132, 171, 251
自由農民 163
自由民 143, 211
シュシャラ 106
シュ・シン(王) 76, 80, 81, 111
シュッタルナ2世 153, 159
シュッピルリウマ1世 160-162, 182
シュトルク・ナフンテ1世 19, 185
シュバト・エンリル(市) 99, 100, 105
シュメル iii, 8, 10-12, 18, 25, 29, 33, 34, 36-41, 43, 44, 48, 50-52, 54, 55, 57-61, 63, 64, 67, 68, 71, 72, 79, 81, 109, 110, 123, 135, 276
シュメル・アッカド 54, 56, 68, 76, 77, 79, 118
『シュメル王朝表』 14, 26, 32, 33, 37, 38, 54, 100
シュメル語 iv, 3, 9, 12, 17, 27, 30-33, 38, 44, 49, 52, 55, 56, 61, 63, 66, 71, 82, 85, 109, 115, 116, 118, 235, 250
シュメル人 iv, 3, 10, 12, 18, 21, 22, 38, 39, 43, 51, 52, 54, 57, 58, 63, 64, 82, 95, 115, 145, 234, 278, 280
『シュメル神殿讃歌集』 56
「シュメルとアッカド」 12
「シュメルとアッカドの王」 109, 111, 129
『シュメルとウル市滅亡哀歌』 82
シュルギ(王) 42, 64, 68-76, 78, 80, 86, 120, 144
『シュルギ王讃歌』 70, 71, 75
シュルギ・シムティ(后妃) 80
小キュロス 264
小ザブ河 13, 77
書記 52, 61, 71, 79, 109, 125, 197, 198, 233, 267
初期王朝時代

偽装養子縁組　143
北宮殿　191, 205, 211, 223, 224, 227, 231
キックリ　146
『キックリの馬調教文書』　146
騎兵　196, 197, 204
キャクサレス(王)　238, 240, 246
『旧約聖書』　6, 7, 51, 53, 198, 204, 213, 250
キュル・テペ文書　92, 97
キュロス2世　53, 242, 243, 253, 257-259
キュロス・シリンダー　258, 259
強制移住政策　210
キリキリ　113
ギリシア(語、人)　6, 7, 13, 25, 63, 77, 117, 118, 179, 189, 218, 219, 236, 240, 242, 247, 257, 263, 264, 266-268
キリスト教　275, 276
ギルガメシュ(王/神)　28, 31-33, 69, 216
『ギルガメシュ叙事詩』　6, 7, 31, 235, 258
『ギルガメシュ神とアッガ』　33
ギルザヌ　195, 207
ギルス(地区)　16, 38-40, 42, 44, 48-50, 58, 267, 268
ギル・ヘパ(王女)　157
銀　4, 29, 43, 66, 67, 81, 95, 96, 114-117, 123, 131, 134, 171, 180, 200, 216, 242, 255, 267, 269, 276, 278
「金星観測記録(ヴィーナス・タブレット)」　14
ギンディブ　204
釘人形　42, 49, 69
グザーナ市　172
楔形文字　iv, 25, 30, 31, 39, 44, 49, 63, 153, 155, 175, 198, 207, 228, 230, 234, 255, 258, 259, 261, 267, 268
クシャラ市　97
クセノポン　264
クセルクセス1世　263, 264
『クタ市(現代名テル・イブラーヒム)伝説』　62
グデア(王)　39, 42, 45, 48, 49
グデア期(王朝)(=ラガシュ第2王朝)　48
グティ(人)　34, 62, 64, 77, 123
クティル・ナフンテ2世　185
クテシアス　247
クテシフォン(市)　269, 271, 273, 279
クドゥル　175, 176, 187, 189
クドゥル・マブク　111
クバウ女王　26
クバトゥム(后妃)　81
クババ女神　218
グブラー市(=ビブロス)　77
クユンジュク　223, 224
クリガルズ1世　178, 179
クリガルズ2世　168
クルディスタン山地　13
「クルナの災難」　8
クロイソス王　242
グングヌム王　111
決疑法形式　66, 91, 110, 130
ゲメニンリルラ(后妃)　80
ケルマンシャー(市)　219, 259
原エラム文字　44
古アッシリア時代　85, 86, 88, 94, 98, 100
硬貨　116, 242, 276
黒色オベリスク　195, 207, 208
「国土の王」　50, 51, 54, 55
五賢帝時代　271
古拙文字　29, 30
古代ペルシア語　31, 255, 261
古バビロニア時代　26, 32, 50, 54, 68, 69, 71, 77, 80, 81, 85, 103, 116, 133
こぶ牛　134, 255
ゴルディオン市　219
コンスタンティノープル市　275

【サ　行】

サウシュタタル王　147
ザクトゥ(=ナキア)　224
ザグロス山脈　8, 16, 19, 78, 174, 197, 200, 208, 210, 219, 220, 240, 266, 279
サーサーン朝(ペルシア)　269, 270, 273-279

123, 124, 127, 130, 134, 139, 176, 184, 185, 187, 188, 213, 217, 222, 224, 229-231, 244, 258, 275
エラム絵文字 43, 44
エラム王朝 244
エラム語 19, 31, 44, 61, 230, 255, 261
エラム人 43, 81, 113, 184, 211, 230, 231
エラム線文字 43, 44
エリシュム1世 102
エリシュム(2世) 101, 102
エリドゥ(市) 10, 16, 17, 65, 128
エリバ・アダド1世 163
エルサレム 221, 248
エレファンティネ島 262
エンエンタルジ(王) 40, 43
エンキ(神) 17, 52
エンキドゥ 32, 216
エンシャクシュアンナ(王) 33, 50, 51
円筒印章 18, 22, 24, 25, 31, 35, 37, 40, 49, 52, 55, 56, 81, 93, 113, 129, 147, 163, 169, 179, 206, 261
エンニガルディンナ王女 57
エンヘガル(王) 41
エンヘドゥアンナ(王女) 56, 57
エンメテナ(王) 45-49
エンメバラゲシ王 33
エンメルカル(王) 32
エンリル(神) 9, 52, 54, 61, 72, 74, 76, 88, 99, 109, 119, 175, 188
エンリル・ナディン・アヒ(王) 185
黄金 95, 113, 115, 123, 157-159, 165, 166, 168, 178-180, 182, 208, 218, 219, 227, 242, 263
王讃歌 65, 69, 109, 110
王室書簡 69
「王の奴隷」 212
王の道 72, 259, 261
大きな海(＝地中海) 199
オベリスク神殿 161
オロンテス河 106, 122, 204, 207, 266

【カ 行】

カク王 58
カシュティリアシュ4世 170, 183
カダシュマン・エンリル1世 178-180
カダシュマン・エンリル2世 183
カダシュマン・トゥルグ(王) 183
カダシュマン・ハルベ1世 178
学校 11, 69, 71, 81, 82, 155
カッシート(王朝) 135, 139, 174, 175, 177, 179, 180, 183-188
カッシート語 174
カッシート人 167, 174, 175, 186
カーディシーヤの戦い 279
カデシュ侯 148
カドゥシオイ人 186
カトナ(市) 106, 121, 122, 190
カナート 215
カニシュ(市) 90-94, 96, 97
カファジェ遺跡 33
上メソポタミア王国 105
カラインダシュ(王) 167, 177, 178
カラクス 272
カラケーネ王国 272
カラナ市 99, 100
カラハル 75
カラハルダシュ(王) 167
カルカル(市) 204
カルカルの戦い 204, 205
カルケミシュ(市) 148, 152, 161, 204, 245
カルデア人 173, 217, 222, 231, 243-245
カル・トゥクルティ・ニヌルタ 171
カルドゥニアシュ 101, 139, 174, 181
カルナク(神殿) 146, 149, 227
カルパルンダ 207
カルフ(市) 13, 89, 195, 199-203, 205, 208, 209, 211, 215, 216, 264
カールム 92-97, 102
皮に書く書記 198
宦官 179, 236, 237
キウリ 12, 13
キエンギ(ル) 12, 13
「キエンギとキウリ」 12
キシュ 27, 33, 37, 41, 45, 50, 51, 53, 54, 60
キシュ第1王朝 37
キシュ第3王朝 26

100-102
イルクム（イルク） 132
イワーン 269, 270
インシュシナク神 19
インダス河 55, 257
インダス文明 55, 113
ウァレリアヌス帝 274
上の海（＝地中海） 55, 62, 65, 76
ウガリト（市） 96, 127, 156, 157
ウガリト語 31
牛 17, 29, 79, 110, 131, 146, 158, 242
ウトゥ（神） 52
ウトゥヘガル（王） 34, 64
ウバイド文化 16
ウバイド文化期 16, 17, 21, 27, 34, 49, 268
馬 43, 79, 145, 146, 164, 181, 182, 191, 196, 197, 230, 232, 238, 240, 257, 284
「海の国」第1王朝 135, 139, 174, 177
「海の国」第2王朝 243, 244
海の民 140, 189, 190
ウライ河の戦い（＝ティル・トゥーバの戦い） 230
ウラルトゥ（王国） 142, 206-208, 210, 213-215, 245, 250
ウラルトゥ語 31, 143
ウル（市） 10, 16, 27, 34, 37, 38, 45, 46, 51, 55-58, 64-66, 71-78, 81, 82, 109, 111, 128, 134, 244
ウル第1王朝 37
ウル第3王朝 21, 26, 34, 38, 50, 64, 65, 73, 74, 76, 78, 82, 85, 86, 90, 108-111, 120, 133, 144
ウル第3王朝時代 17, 18, 26, 37, 65, 68-70, 78, 79, 81, 103, 115, 118
ウルイニムギナ（王） 40, 43, 48, 50
ウル王墓 4, 35-37, 56, 64, 79
ウルク（市） 10, 24, 26-34, 46, 50, 51, 54, 60, 64, 65, 77, 111, 115, 124, 128, 177, 178, 244, 251, 267, 268
ウルク第2王朝 33
ウルク第3王朝 33
ウルク第5王朝 34
ウルク古拙文書 30
ウルク文化期 21, 24, 28, 71
ウルザババ王 53
『ウル市滅亡哀歌』 82
ウルナンシェ王 39, 41-43
ウルナンシェ王朝 41, 43
ウルナンム（王） 12, 64-66, 69, 70, 72
『ウルナンム王の死（と冥界下り）』 71
『ウルナンム法典』 48, 66, 67, 72, 110
「ウルのスタンダード」 22, 36, 37
ウンタシュ・ナピリシャ王 184
ウンマ（市） 43-48, 51, 74, 81
エア（神） 52
エアギド 86
エアンナ（神殿） 28, 29, 251
エアンナトゥム（王） 39, 44, 46
エカラトゥム（市） 99, 101, 104, 106, 128
エクバターナ（市） 219, 240, 241
エサギル神殿 232, 250, 263, 267
エサルハドン（王） 211, 220, 223-226, 228, 231, 232
エジダ神殿 233
エシュヌンナ（市） 77, 88, 99, 107, 108, 112-114, 121-123, 185
『エシュヌンナ法典』 114, 115
エデッサの戦い 273
エテメンアンキ（神殿） 250
エテメンニグル 35, 65
エニンヌ神殿 48
『エヌマ・エリシュ』 235
エヒウ 207, 208
エブラ（市） 61, 62, 77, 90, 91
エブラ・アッシュル通商条約 90
エブラ語 31, 91
エフルフル神殿 252, 253
エラム（王国） 19, 27, 43, 44, 55, 58, 59, 61, 63, 68-70, 74, 77, 82, 111, 114, 121,

王　226
アフラ・マズダー神　255, 261, 274
アマヌス山脈　28, 62, 200
アマル・シン(王)　77, 80, 81
アマルナ　153-155, 159
アマルナ時代　63, 115, 154, 227
アマルナ文書　63, 153-155, 160, 178
アミティス王女　246
アムル王朝(=バビロン第1王朝)　119
アムル語　86
アムル国　160
アムル人　**iv**, 63, 78, 81, 85, 86, 88, 98, 103, 108, 109, 111, 112, 114, 119, 135
「アムル全土の王」　129
アメル・マルドゥク(王)　252
アメンヘテプ2世　146, 152
アメンヘテプ3世　155-159, 178, 179
アメンヘテプ4世(=アクエンアテン)　154
アラシア　156
アラブ(人)　**ii**, **iv**, **v**, 9, 10, 28, 51, 204, 205, 231, 257, 272, 279
アラプハ王国　143, 147
アラム(系、人)　140, 172, 173, 188, 189, 197, 200, 222, 244, 272
アラム語　63, 173, 197, 198, 224, 262, 267, 268, 279
アラム・ダマスカス　204
アラム文字　197, 198
アララト山　3
アララハ(市)　143-145
アララハ文書　143
アリュアッテス王　242
アール・ウンタシュ・ナピリシャ(=チョガー・ザンビール)　184
アルサケス朝(パルティア)　268, 273
アルタクセルクセス1世　264
アルタクセルクセス2世　264
アルダシール1世　273, 274
アルタタマ1世　153
アルマヌム市　62
アルメニア　142, 227, 271, 272
アルメニア帰属問題　271
アルワド　204
アレクサンドロス3世　186, 262, 265, 266
アワン(市)　27, 61
アンケセナーメン后妃　157
アンシャン　59, 77, 258
アン神　175
アンティオキア市　266
アンティオコス1世　266, 267
アンミ・ツァドゥカ(王)　14, 15, 135, 136
アンミ・ディタナ王　119
アンモン　204
異教禁止令　275
イシュタル(女神)　28, 52, 90, 123, 127, 199, 253
イシュタル門　49, 249
イシュヒ・アダド王　106
イシュビ・エラ(将軍→王)　81, 82, 109
イシュメ・ダガン1世　106
イシュメ・ダガン王　110
イシン(市)　82, 108, 109, 111, 112, 128, 136
イシン第1王朝　26, 82, 108, 109, 225
イシン第2王朝　109, 139, 185, 187, 189, 243
イシン・ラルサ時代　85, 108, 115, 133
イスラエル(王国)　204, 207, 208, 213, 247
イスラエル人　51
イスラーム教　11, 205, 223, 257
イッソスの戦い　265
イッティ・マルドゥク・バラトゥ(王)　187
イッディン・ダガン王　110
イッビ・シン(王)　81, 82
イドリミ王　144
イナンナ(女神)　24, 28, 37, 52, 177, 178
『イナンナ女神讃歌』　56
イバル・ピ・エル2世　107, 113, 114, 121
イブニ・アダド　101
イラ・カブカビ(王)

索引

＊索引のページは本文、各章扉の説明文、本文中の図版説明文から抽出した。

【ア　行】

アウグストゥス帝　269
アキヤ　159
アクエンアテン(王)　154-156, 160, 163, 165, 178, 180
アケト・アテン　154
アケメネス朝(ペルシア)　53, 72, 186, 193, 198, 215, 230, 243, 247, 253, 255, 257, 259, 262-268, 273
アケメネス朝ペルシア時代　34
葦ペン　30, 31, 191
アダド(神)　98
アダド・イドリ(王)　204
アダド・シュマ・ウツル(王)　183
アダド・ニラリ1世　168, 183
アダド・ニラリ2世　199
アダド・ニラリ3世　209
アダブ市　47
アタマル・イシュタル　101
アッガ王　33
アッカド(市)　iii, 8, 12, 51, 54-57, 59-61, 110, 123
アッカド王朝　21, 25, 27, 54, 58-60, 62, 63, 74, 76, 86, 90, 118, 212
アッカド王朝時代　11, 48, 52, 55, 64, 77, 113, 116
アッカド語　12, 27, 28, 31, 52, 53, 62, 63, 71, 82, 86, 92, 94, 114-116, 118, 121, 135, 139, 153, 155, 168, 174, 175, 197, 198, 212, 224, 230, 235, 255, 259, 261, 267, 279
『アッカド市への呪い』　62
アッカド人　iv, 12, 18, 21, 51, 52, 56-58, 63
アッシュル　iii, 4, 13, 88-91, 93-95, 99, 102, 103, 105, 106, 137, 163, 202, 211, 212, 235, 251
アッシュル・ウバリト1世　89, 162-169
アッシュル・ウバリト2世　163, 239
アッシュル市　4, 13, 88, 89, 91, 92, 94, 98, 99, 102, 170, 199, 236, 238, 245
アッシュル・シャラト(后妃)　231, 234
アッシュル商人　92-97
アッシュル神　49, 88, 89, 98, 102, 162, 170, 195, 236
「アッシュル神の副王」　89, 101, 102, 164, 236
アッシュル・ダン1世　89, 184
アッシュル・ナツィルパル2世　89, 197-200, 202, 203
アッシュル・ナディン・アッヘ2世　165
アッシュル・ナディン・シュミ(王)　222
アッシュル・ニラリ(王)　89
「アッシュルのくびき」　236
「アッシュルの地」　7, 13, 88, 236
アッシュル・バニパル(王)　42, 89, 191, 220, 223, 225, 226, 228-235, 239, 245, 247
アッシュル・ベル・ニシェシュ(王)　167
アッシュル・レシュ・イシ1世　187
『アッシリア王名表』　98, 100-102
「アッシリアの王」　164, 199, 201
「アッシリアの狼」　199
アテン神　154, 155, 157
アドダ　52
アニッタ(王)　93, 94, 97
アヌニトゥム女神　118
「アヌのジックラト」　29
アバ神　118
アハブ(王)　204, 208
アビ・エシュフ王　175
アビ・シムティ(后妃)　80, 81
アピル・シン王　120
アブディ・ミルクティ

小林登志子（こばやし・としこ）

1949年，千葉県生まれ．中央大学文学部史学科卒業，同大学大学院修士課程修了．古代オリエント博物館非常勤研究員，立正大学文学部講師，中近東文化センター評議員等を歴任．日本オリエント学会奨励賞受賞．専攻・シュメル学．

主著『シュメル—人類最古の文明』（中公新書，2005）
『シュメル神話の世界』（共著，中公新書，2008）
『文明の誕生』（中公新書，2015）
『古代オリエントの神々』（中公新書，2019）
『古代オリエント全史』（中公新書，2022）
『古代メソポタミアの神々』（共著，集英社，2000）
『5000年前の日常—シュメル人たちの物語』（新潮選書，2007）
『楔形文字がむすぶ古代オリエント都市の旅』（日本放送出版協会，2009）
など

古代《こだい》メソポタミア全史《ぜんし》

中公新書 *2613*

2020年10月25日初版
2023年6月5日5版

著　者　小林登志子
発行者　安部順一

本文印刷　三晃印刷
カバー印刷　大熊整美堂
製　　本　小泉製本

発行所　中央公論新社
〒100-8152
東京都千代田区大手町 1-7-1
電話　販売 03-5299-1730
　　　編集 03-5299-1830
URL https://www.chuko.co.jp/

Published by CHUOKORON-SHINSHA, INC.
Printed in Japan　ISBN978-4-12-102613-2 C1222

中公新書

世界史

e1

2683 人類の起源 篠田謙一
1353 物語 中国の歴史 寺田隆信
2392 中国の論理 岡本隆司
2728 孫子―「兵法の真髄」を読む 渡邉義浩
7 宦《かん》官《がん》(改版) 三田村泰助
15 科《か》挙《きょ》 宮崎市定
12 史記 貝塚茂樹
2099 三国志 渡邉義浩
2669 古代中国の24時間 柿沼陽平
2303 殷―中国史最古の王朝 落合淳思
2396 周―理想化された古代王朝 佐藤信弥
2542 漢帝国―400年の興亡 渡邉義浩
2667 南北朝時代―五胡十六国から隋の統一まで 会田大輔
2742 唐―東ユーラシアの大帝国 森部豊
1812 西《せい》太《たい》后《こう》 加藤徹

2030 上海 榎本泰子
1144 台湾 伊藤潔
2581 台湾の歴史と文化 大東和重
925 物語 韓国史 金両基
2748 物語 チベットの歴史 石濱裕美子
1367 物語 フィリピンの歴史 鈴木静夫
1372 物語 ヴェトナムの歴史 小倉貞男
2208 物語 シンガポールの歴史 岩崎育夫
1913 物語 タイの歴史 柿崎一郎
2249 物語 ビルマの歴史 根本敬
1551 海の帝国 白石隆
2518 オスマン帝国 小笠原弘幸
2323 文明の誕生 小林登志子
2727 古代オリエント全史 小林登志子
2523 古代オリエントの神々 小林登志子
1818 シュメル―人類最古の文明 小林登志子
1977 シュメル神話の世界 岡田明子 小林登志子

2613 古代メソポタミア全史 小林登志子
2661 アケメネス朝ペルシア―史上初の世界帝国 阿部拓児
1594 物語 中東の歴史 牟田口義郎
2496 物語 アラビアの歴史 蔀勇造
1931 物語 イスラエルの歴史 高橋正男
2067 物語 エルサレムの歴史 笈川博一
2205 聖書考古学 長谷川修一
2647 高地文明 山本紀夫
2253 禁欲のヨーロッパ 佐藤彰一
2409 贖罪のヨーロッパ 佐藤彰一
2467 剣と清貧のヨーロッパ 佐藤彰一
2516 宣教のヨーロッパ 佐藤彰一
2567 歴史探究のヨーロッパ 佐藤彰一
2753 エルサレムの歴史と文化 浅野和生